JN410019

# 새로운 세상을 꿈꾸며

안문자 수필집

교음사

# 글쓰기는 나의 사랑, 나의 기쁨

나의 글쓰기는 삶을 사랑하는 마음과 연결됩니다. 글쓰기는 나의 사랑입니다. 내가 살아 움직이는 존재의 이유이고 가장 기쁘고 행복한 시간이기도 합니다. 나의 글쓰기는 선택이 아니라 운명같이도 느껴집니다.

두 번째 수필집을 조심스럽게 내 놓습니다. 평범한 일상에서 건져 올린 생각들을 모아 삶에 색깔을 입혀보았지만 아무래도 부끄럽기만 합니다.

은퇴를 하고 막막했던 앞날을 고민하던 나에게 잠자던 문학 사랑의 불씨를 끌어내 불을 당겨주신 분은 김학인 교수님입니다. 지금까지도 사랑과 격려로 지도해 주십니다. 김 교수님께 존경의 마음을 담아 감사드립니다. 문학 사랑을 나누고 있는 문우들의 우정도 고맙습니다.

특별히 변변찮은 수필집의 서평을 맡아주신 수필문학사 강석호 회장님, 무더위에 수고해주신 이자야 편집국장님과 강병욱 발행인님께도 깊은 감사를 드립니다.

늘 곁에서 모든 어려움을 도맡아 물심양면으로 적극적 후원과 첫 번째 독자로 힘을 돋구어주는 남편과 먼 곳에서 사랑과 신뢰를 보내주는 두 아이들, 그리고 인생의 동반자들인 형제들에게도 따뜻한 고마움을 전하고 싶습니다. 이번에도 막내 동생(안형남, 재미 조각가)의 그림이 수필집을 돋보이게 해주었습니다.

나의 문학하기, 글쓰기를 가장 자랑스러워하시던 부모님께 이 책을 바칩니다.

2017. 11.

저자 안문자

| 안문자 수필집 |

새로운 세상을 꿈꾸며



## 1부 꽃보다 귀한 사람마음



## 2부 엄마의 행복

## 3부 천사가 듣는다

## 4부 샘물 같은 내 친구



## 5부 노틀담 성당에서, 영혼의 소리를

## 6부 축복의 포인세티아

# 새로운 세상을 꿈꾸며

김학인
(한국문인협회 워싱턴주 지부 초대회장 )

안문자 선생이 수필집 『사랑하는 나의 아버지』를 출간한지 5년 만에 두 번째 수필집 『새로운 세상을 꿈꾸며』를 내놓게 된 것을 진심으로 축하한다.

인디언들은 봄이 되면 이런 말을 한다.

"모두들 뒤꿈치를 들고 사뿐사뿐 걸어라. 땅 밑에서 이제 막 봄의 씨앗들이 올라오니 그것들을 짓밟지 말라."

요정 같은 안문자 선생은 앞장서서 길을 인도한다. "아, 여긴 조심하세요, 아니요, 거긴 밟으면 안돼요." 인디언들의 순수한 자연 사랑의 말을 생각하면서 수필가 안문자가 떠올랐다.

그림이 딱 어울린다. 나는 안문자 선생을 '무공해 수필가'라고 부른다. 그녀의 자연사랑 특히 꽃 사랑은 유명하다. 꽃을 보면서 그녀도 함께 꽃이 된다. 향기도 난다. 그녀의 수필집에 꽃에 대한 글이 유난히 많은 것은 그런 연유다.

꽃 사랑은 바로 사람 사랑으로 이어진다. 그녀는 친구가 많다. 한국을 떠나 온지 30년이 넘었지만 손쉬운 이메일에는 온기가 없다며 해마다 한국으로 손 글씨로 쓴 70여 장의 카드에 해외우표를 붙이면서 즐거워한다. 친구도 오가는 정이 있어야 오래간다. 그러니까 친구 관리를 잘한다는 말이 되겠다. 그래서 수필집에는 친구 이야기가 많이 나온다. 두 손을 꼭 쥐고 소리 내어 웃으며 기뻐하는 정감어린 성품이 그대로 글에 나타나 있다.

안문자 선생의 여섯 형제 우애는 보기 드물게 돈독하다. 사람은 가정에서 만든다는 말이 있듯이 이는 평생을 어린이 사랑으로 사신 아동문학가인 안성진 목사님과 남편을 주님처럼 모셨다는 자애로운 어머니의 영향이 컸으리라 짐작된다. 그래선지 황혼을 바라보는 육남매는 지금도 만나면 부모님 이야기를 하며 눈시울을 붉힌다고 한다.

또 안문자 선생이 좋아하는 것은 책이다. 읽을 만한 신간서적이 나오면 누구보다 먼저 구입해서 책에 흠뻑 빠진다. 그리고 글을 열심히 쓴다. 마치 글을 쓰지 않고는 견딜 수 없는 운명처럼.

또 있다. 음악이다. 아무리 바빠도 음악회는 빠지지 않는다. 조카 중에 유명 바이올린이스트가 몇 있다. 이 재능 있는 음악가들이 주축이 되어 매해 성탄절을 즈음하여 주류사회를 향한 음악회를 갖는다. 안성진 목사님 생전에 시작한 이 귀한 행사는 올해로 23년째다. 해마다 수준이 높아가는 안 씨네 음악회는 머킬티오 시민들뿐 아니라 시애틀의 미국인들이 손꼽아 기다리는 귀한 행사가 되었다.

『새로운 세상을 꿈꾸며』는 첫손자를 본 감격과 그들이 살아갈 창창한 미래를 축복하며 쓴 글이다. 이를 표제로 삼은 수필집의 그림을 맡아준 안형남은 그녀의 막냇동생으로 세계적인 화가요, 재미 조각가다.

안문자 선생은 늘 미소를 머금고 있다. 애교 흐르는 자태가 예쁜 여성이다. 함께한 세월이 10년이 넘었지만 나는 한 번도 그녀가 역정 내는 모습을 본 적이 없다. 아들 며느리가 하버드 출신 교수로 있지만 그녀의 삶이라고 어디 봄바람만 산들거렸을까. 깊은 생각에 잠길 때면 눈을 가늘게 뜨고 머리를 갸웃거린다. 모든 것을 품고 삭힐 줄 아는 지혜는 신앙에서 비롯되었는지 모른다.

저자를 닮아 이 책은 재미있고 맑고 깨끗하다. 읽으면서 안문자 수필가의 삶의 면모를 낱낱이 볼 수 있어 모처럼 잔잔한 감동과 편안한 마음을 갖게 될 것으로 믿어 일독을 권한다.

1

# 꽃보다 귀한 사람 마음

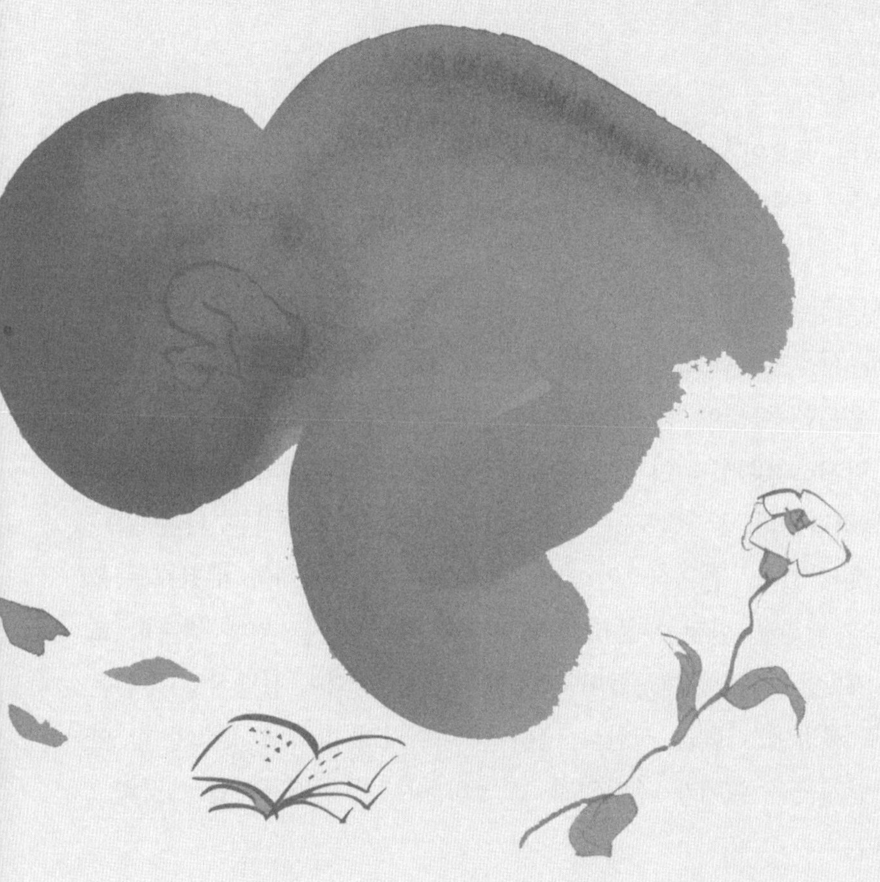

# 안개꽃 사랑

색색의 꽃들이 저마다 자랑스러운 얼굴로 아름다움을 드러낸 꽃집. 구름처럼 소복이 피어오른 안개꽃 앞에 잠시 멈춘다.

결혼식장은 안개꽃으로 가득했다. 와~모두 안개꽃이네~. 너무 황홀해서 신음 같은 소리가 절로 나왔다. 초봄, 해는 이미 기울기 시작했고 은은한 불빛이 안개꽃을 꿈길같이 비추고 있었다. 눈부신 꽃물결은 마치 하얗게 눈이 내린 것처럼 깨끗했다. 신부의 부케도 안개꽃, 들러리들의 꽃다발도 안개꽃이다. 안개꽃을 좋아하는 나는 숨이 막힐 것 같았다. 결혼식장안 가득 안개에 감싸인 안개꽃 무지개는 봄날 밤의 낭만을 한껏 부풀리고 있었다. 다른 꽃들을 위해 겸손히 조연의 역할을 하던 안개꽃들이 모처럼 주인공이 되어 살랑살랑 수줍은 미소로 사방에 기쁨을 전한다. 신부의 어머니가 환하게 웃으며 한 아름의 안개꽃을 나에게 주었었지. 그날의 신부도 안개꽃처럼 깨끗하고 예뻤다.

안개꽃을 화병에 꽂는다. 앙증맞은 작은 송이들이 어울려 하늘하늘

레이스를 수놓아간다. 안개꽃은 수명이 끝나도 살아 있다. 화려하게 도도하던 장미꽃처럼 고개를 숙이지 않는다. 맞아. 이미 정호승 시인이 「안개꽃」을 그렇게 읊었지.

얼마나 착하게 살았으면/ 얼마나 깨끗하게 살았으면/ 죽어서도 그대로 피어있는가/ …(중략), 너는 사는 것과 죽는 것이 똑 같구나/

안개꽃은 어떤 색의 꽃과도 잘 어울린다. 심지어 푸른 이파리하고도 어울린다. 아니다. 안개꽃 때문에 다른 꽃들이 더 돋보인다. 안개꽃과 함께하면 꽃들이 더 청초하고 아름다워 보인다. 그래서 마치 다른 꽃들을 위해 존재하는 것 같다. 안개꽃은 언제나 주연을 살리는 조연이다. 주인공인 꽃이 다소 맥없이 보여도 안개꽃과 어울리면 생기가 나고 충만해진다. 안개꽃은 예쁜 꽃이나 소박한 꽃이나 따뜻하게 껴안는다. 그처럼 안개꽃은 너그러운 꽃이다. 다른 꽃들과 함께 있을 땐 꽃들의 사이사이에 끼어 있는 듯 없는 듯 다소곳하다. 꽃꽂이 손길은 언제나 안개꽃을 조연으로 만들어주지만 불평이 없다. 안개꽃의 꽃말은 '맑은 마음, 깨끗한 마음'이라지. 그러나 '사랑의 성공'이란 꽃말이 가장 알맞다. 사랑하는 사람과 마주 앉으면 탁자위의 안개꽃은 속삭이는 것 같고, 슬픈 사람과 함께 있으면 한숨 짓는 것 같다. 행복할 때나 슬플 때, 같이 기뻐하고 같이 슬퍼하는 표정이 된다.

안개꽃은 신부의 부케에도, 식탁 위의 장식에도, 환자를 위로하고, 생일을 축하하는 꽃다발에도, 사랑을 고백하는 꽃바구니에도, 어머니날의 코사지에도 그 날에 알 맞는 표정을 짓는다. 안개꽃은 순결한 신부의 너울같이 행복하다. 아침 햇살에 피어난 새싹들을 따뜻하게 어루만지는 맑은 아침의 안개 같은 엄마의 손길이다. 착하디착한 안개꽃, 그래서 나는 꽃 중에 안개꽃을 제일 좋아한다.

간혹 누구하고나 차별 없이 함께 어울리는 안개꽃 같은 사람이 있다. 신영복 교수의 글에서처럼 '사랑의 가장 확실한 방법은 여럿이 함께 걸어가는 것이라고. 한 송이의 장미꽃이 아니라 함께 핀, 함께 어울리는 안개꽃' 이라고.

사람도 마찬가지 아닐까. 아무리 똑똑하고 잘났어도 혼자서는 빛을 내지 못한다. 수수한 안개꽃처럼 주위를 받혀주고 감싸주어야 비로소 그의 진가가 드러나는 것이 아니겠나.

작은 송이들이 모여 따뜻한 사랑이 되듯, 작은 마음들이, 작은 기쁨들이 엄청난 슬픔을 견디게 하며 일어서게 하는, 작지만 큰 사람이 있다. 자신에게 너그럽지 못한 사람은 남에게도 너그럽지 못하다 하였거늘. 안개꽃에게 배운다. 송이 송이들은 연약하지만 자신에게도 너그러워 최선을 다해 함께 피어난다. 다른 꽃들을 애틋하게 보듬어 주기 위해 언제나 준비되어 방긋방긋 웃는다.

자기의 공은 숨기고 다른 사람들이 더 잘 보이도록 몸을 낮추는 사람, 다른 사람이 빛나도록 뒤에 숨은 사람이 있다. 서로에게 도움이 되려고 애쓰는 사람도 있다. 손해 보는 것 같아도 하나님이 사랑하는 착한 사람들이다. 그런 사람들이 모인 곳엔 갈등도 분열도 없을 게다. 더 더욱 싸움 같은 건 없을 거야. 삿대질하며 붉어지는 험악한 얼굴은, 그런 순수한 얼굴이 있는지도 모를 게다. 나는 옳고, 너는 그르다며 서로가 서로를 의심하며 미워하는 일도 없을 텐데. 안개꽃 같은 사람들이 모인 곳엔 마주보며 착한 아이처럼 언제나 웃을 거야. 내가 먼저 저들을 기쁘게 해 주려고 두리번거리다가 마주치며 또 웃을 테지. 그렇게만 된다면 아, 그렇게만 된다면 미움이나 질투심이 사르르 안개 걷히듯 말갛게 변화되는 세상이 되겠건만.

못 마땅해도 참고 이해하면 '같이 가는 것의 가치'를 알게 될 텐데. 나만 알고 상대를 우습게 여기는 마음 좁은 사람들이 안타까워 안개꽃의 포용력이 새삼 그리워진다. 아, 나도 안개꽃 같은 사람이 되었으면 얼마나 좋을까.

# 6월의 작약

연한 초록이 날로 익어가는 뜰에 나갔다. 향긋하다. 네모난 잔디 둘레로 몇 그루의 나무들이 다소곳하게 서있다. 향긋함은 분홍색 작약과 수국, 두 그루의 장미가 발원지다. 꽃집을 만나면 기웃대지만 이젠 심을 자리도 없다. 화려하진 않아도 분홍과 녹색이 어울려 풋풋한 6월을 고스란히 드러낸다. 그 중에도 소담스레 피어있는 작약이 싱그러움을 더해주는 것 같다.

『타샤의 정원』이라는 책에는 상상을 초월한 아름다운 정원이 소개된다. 1915년 보스톤에서 태어난 타샤 튜더! 정원의 주인인 그 예쁜 할머니는 미국에서 사랑받는 동화작가요, 삽화가다. 그러나 그녀의 가장 큰 즐거움은 정원 가꾸기다. 사진으로 본 정원엔 온갖 꽃들이 구름떼처럼 피어있고 각종 열매들은 달콤한 향기를 뿌리는 것 같다. 책을 번역한 작가는 '천국 같은 정원으로의 나들이'라고 표현했다. 30만 평의 정원은 버몬트주의 한 시골에 있다. 초대를 받았거나 구경하러 온 사람들은 꽃들의 찬란함과 향기에 취해서 숨이 멎어버릴 것 같다고 했다. 지금도 후손들이 그녀의 정원을 이어오고 있는지 모르겠지만 6월이면 타샤의 정원에 가고 싶다. 그녀의 정원에도 작약이 흐드러지게 피어 있다. 타샤는 말했다. "작약, 나는 폭탄이 터지는 것 같은 이 꽃이 좋아요." 그렇다. 크고 작은 꽃잎들이 겹치고 포개져 터질 듯 넘치게 피는 작약에 가장 잘 어울리는 표현일 게다.

우리 집의 연분홍 작약도 꽃송이가 너무 커서 사방으로 늘어졌다. 더러는 고개를 숙이고 있다. 6월의 가슴 아린 역사를 기억하며 묵념이라도 하는 것일까. 땅을 바라보고 있는 힘겨운 꽃가지를 꺾어다가 여기저기 꽃병에 꽂는다. 온 집안에 작약의 향기가 은은하다. 그 탐스러운 꽃송이를 들여다보고 있자니 콧등이 시큰댄다. 아, 평양의 6월에도 작약이 피었겠지.

그 옛날, 아버지가 전도사로 있던 평양의 동부교회에서는 어린이 주일을 꽃주일이라고 했다. 아이들은 모두 꽃을 들고 와 교회 안은 온통 꽃으로 가득했다. 그 주일은 6·25가 터지기 몇 주 전이었다. 이 꽃주일이 예배의 마지막이 될 것이라는 예감이 들었을까? 젊은 전도사였던 아버지에게 어느 권사님이 사진을 찍자고 했다. 금테 안경의 고상한 권사님과 어린이 성가대 몇 명이 사진관에 가서 사진을 찍었다. 성가대였던 언니는 세라복을 입었고 성가대에 끼이지 못한 꼬맹이 나는 엄마가 만들어 주었던 치마에 주름이 레이스처럼 달린 원피스를 입고 있었다. 우리들은 모두 꽃을 들고 있었다. 권사님의 꽃다발에 한 송이, 연분홍의 큼지막한 작약이 늘어져 있었다. 권사님은 작약을 빼어 아버지의 꽃묶음에 끼어주었다. 아버지는 웃으며 권사님의 꽃묶음에 다시 끼워 주었다. 꽃송이가 왔다 갔다 하며 서로 양보하던 모습이 선명하게 떠오른다. 결국은 아버지의 꽃묶음에 작약이

들어갔다. 아버지의 묶음에서도 꽃송이는 옆으로 기울어져 있었다. 카메라를 바라보고 있는 아버지와 권사님의 그늘진 얼굴 때문에 어린 이들도 꽃을 들고 있지만 시무룩해 보였다. 우리들의 마음도 가라앉은 것은 어른들이 수군대던 이야기에서, 무엇인가 불길함이 가까이 오고 있다는 소문이 있었기 때문이다.

사진은 이별을 위한 마지막 인사였다. 사진을 찍은 후, 아버지의 꽃과 나의 꽃을 합쳐 내가 안고 있었던 꽃다발에서도 작약은 슬프게 늘어져 있었다. 소문대로 얼마 후에 전쟁은 터지고 말았다 내 안에 묻혀있는 서글픈 작약의 추억이다. 그때의 사진은 아직도 어머니의 앨범에서 잠잔다.

조붓한 정원에서 꽃송이들이 폭탄처럼, 그리고 잔잔한 미소처럼 피어난다. 아침을 맞는 작약에선 눈부신 꽃잎 사이에 살포시 안긴 이슬이 반짝이며 웃는다. 저녁엔 온 종일 사랑의 햇살에 빼꼼, 봉오리가 더 나타났다고 우쭐댄다. 아, 신비는 숨어 있고 생명은 약동한다. 새소리, 물소리, 꽃들의 숨소리는 가냘프게 들려도 웅장한 하나님의 손길은 크게 느낄 수 있다. 비록 버거운 꽃송이로 가지가 늘어졌을지라도 나의 작약은 슬프지 않다. 꽃송이가 무거워 늘어진 작약이 평양의 작약과 닮았다. 은은한 향기를 풍기고 있는 커다란 작약에 아버지의 젊은 얼굴이 겹쳐진다. 아버지는 꽃송이를 조심스럽게 바쳐 들었었지. 넘치는 풍성함에 늘어진 꽃가지를 조심스레 세워본다. 그 옛날 아버지가 하셨던 것처럼. 사연을 담은 세월은 속절없이 가는데 흐려지는 눈시울 아랑곳없이 6월의 작약은 함박웃음으로 나를 달랜다.

# 제비꽃의 노래

뽀얀 안개가 망사를 펴놓은 것 같다. 편지를 부치려고 문을 나서자 촉촉한 안개가 몸을 휘감는다. 무심코 휘어진 나무를 바라본다. 물기 어린 가지에서 숨소리가 들리는 듯하다. 색 바랜 잔디 위엔 뒤틀린 낙엽과 겨우내 비바람에 맞서다 꺾어진 가지가 멋대로 뒹굴고 있다. 모두 봄을 기다리는 몸짓이다. 찬바람을 안고 초라하게 서있는 우체통에 편지를 넣고 돌아서는데 구겨진 덤불 사이에 갇혀있는 보라색이 눈에 띈다.

"어머나, 제비꽃이잖아?"

쪼그리고 앉아 덤불을 헤치니 실오라기 같이 가냘픈 꽃대에 반쯤 피어난 꽃송이들이 애처롭게 떨고 있다. 내가 좋아하는 꽃, 틀림없는 제비꽃이다. 주위에는 뾰족한 새싹들이 여기저기 파랗게 돋아나고 있다. 아, 봄은 이미 와 있었구나.

제비꽃은 이름이 많다. 반지꽃, 병아리꽃, 또 오랑캐꽃이라고 불리기도 한다. 왜 하필 오랑캐꽃일까. 오래 전 제비꽃이 필 무렵이면 어김없이 중국 오랑캐들이 국경을 넘나들며 노략질로 사람들을 괴롭혀서 그리 불렀다는 조금 슬픈 이야기가 있다. 어찌 보면 꽃모양이 머

리채를 드리운 오랑캐의 뒷머리와 닮았기에 얻은 이름이라고도 한다. 하지만 병아리 꽃이란 이름은 얼마나 앙증맞은 꽃 모양을 잘 나타내었는지. 너무 작아서 가련한 꽃, 그래서 더 사랑스런 보라색 꽃. 그 제비꽃이 우리 동네에 새싹들을 몰고 찾아와 꽃잎을 열었다. 덤불 속에서 여린 이파리를 들어낸 녀석들이 낯선 풍경에 술렁거리며 얼굴을 내밀고 있었다. 순간 공연히 가슴이 뭉클해진다.

흙을 뚫고 가장 먼저 봄을 알리는 꽃 중에 하나가 제비꽃이다. 산과 들에는 물론 아스팔트 도로 갓길이나 시멘트 담장 아래같이 척박한 곳에서도 한 번 뿌리를 내리면 그 자리에서 해마다 꽃을 피운다. 이듬해엔 더 넓게 퍼지는 작지만 강인한 제비꽃. 잎은 나물로 먹고 꽃잎은 쌀에 넣어 꽃밥을 만들어 먹는단다.

1960년대 말, 우리 가족은 정릉의 운치 있는 산 근처에서 산적이 있었다. 집을 나서면 뒤쪽으로 다정한 산길이 있고 소박한 마당에 이르면 작은

절이 나부죽하게 자리 잡고 있었다. 구슬 부딪치는 소리를 내며 흐르던 약수는 파여진 돌확에서 넘쳐흘렀고 작은 표주박이 물위로 춤을 추듯 동동 떠 다녔다. 약수터 옆으로 앞동산, 뒷동산을 시작으로 야트막한 산들이 계절 따라 색을 바꾸곤 했다. 봄이 오면 꽃샘추위는 아랑곳하지 않고 산자락엔 제비꽃 향연이 펼쳐지곤 했다. 한 묵음씩 뭉쳐진 푸른 잎 속에서 다소곳하던 봉오리가 다섯 잎의 꽃송이를 피워내면 온통 보라색 꽃물결에 눈이 부셨다. 너무 예뻐서 탐이 났다. 나는 우리 집 정원을 보라색으로 메우리라, 마음먹고 꽃삽으로 꽃 뭉치를 떠다가 정성껏 옮겨 심었다. 산에까지 가지 않아도 우리 집 마당에서 제비꽃을 볼 수 있으리라 기대했건만 다음 날 아침, 불쌍한 꽃들은 하나같이 고개를 숙이고 있었다. 몇 번의 경험으로 제비꽃은 옮겨 심으면 절대로 살지 않는다는 사실을 알았다. 무지했던 나의 욕심은 잘 자라던 꽃들에게 상처만 주고 말았다.

수줍은 듯 숨어서 피어있는 제비꽃 같은 사람이 있다. 바위틈이나 마른가지 덤불에서도 빛을 발하는 풀꽃처럼 겸손하게 작은 주위를 밝히는 사람이다. 작은 것이 아름답다, 작은 것이 큰 것이다, 작은 자의 행복이라는 말이 있듯이 이해인 시인은 테레사 수녀를 일컬어 '숱한 향기로 끝없이 피어나는 작은 꽃이여'라고 읊었다. 작은 꽃잎처럼 고요한 말씀도 있다. 큰소리를 내지 않아도 깊게 울려오는 속삭임. 그러나 말씀의 깊은 향기를 나는 더디 깨닫는다. 미세한 음성은 자갈밭의 들꽃에서도, 마른풀 더미 속의 새싹에서도, 죽은 나무의 가지에서도 들려올 텐데. 그렇지만 나는 안다. 들릴 듯 말 듯한 소리들, 어떻게 계절이 바뀌는지, 어떻게 삼라만상이 질서 있게 움직이고 있는지를…. 숨겨진 생명의 비밀들은 내일을 향한 약속이 아닐까. 온갖 꽃들은 때맞추어 제자리에서 빛을 내고 사람들은 자기가 있는 자리에서 빛을 낸다. 빛들은 어둠을 걷어가면서 세상을 밝고 아름답게 이어갈 것이다. 그래서 김후란 시인은 이렇게 노래했나 보다.

> …(전략) 깨끗한 돌계단 틈에/ 어쩌다 작은 풀꽃/ 놀라움이듯/
> 하나의 목숨/ 존재의 빛/ 모든 생의 몸짓이 소중 하구나/

덤불 속에 핀 제비꽃을 찾은 반가움에 떨리는 기쁨을 맛본 아침. 너울 같은 안개가 꽃비처럼 흔들린다. 따뜻한 은총이 가득 숨어 있는 봄이 왔다. 제비꽃이 살랑거린다. 세상이 절망뿐인 것 같지만 우리들이 피고 있는 한 희망은 있다고 노래하는 것처럼. 안개가 자리를 뜨자 꽃잎 위의 이슬이 반짝인다. 물기어린 생명의 소리가 앞뜰에, 길가에, 그리고 내 마음에 잔잔히 울려온다.

# 민들레

봄비 소리, 사락사락 노래 부른다. 촉촉한 줄기의 연둣빛 잎들도 소곤소곤 이야기 한다. 봄 향기는 아지랑이를 타고 땅위를 거닌다. 아, 봄이 왔구나! 노랗게 물든 물방울이 내 발을 간질인다. '어머나, 민들레였네~.' 딱딱한 땅을 뚫고 용케도 올라와 조용히 움직이는 숨결들 속에서 살포시 젖고 있다. 민들레 때문에 잔디가 못산다고 구박을 하는데도 숨어있던 뿌리는 수줍게 올라온다. 새순을 힘차게 밀어 올려 한, 둘 꽃을 피우고 있었다.

초등학교 3학년이었나? 소풍을 다녀 온 다음 날, 선생님이 '소풍'이라는 제목으로 작문을 써오라고 하셨다. 나는 지천으로 피어있던 민들레가 떠올랐고 민들레가 나에게 웃었다고 썼다. 글을 읽은 아버지가 빙그레 웃으시더니 "민들레가 너를 보고 웃었니?" 하며 잘 썼다고 칭찬하셨다. 샛노란 민들레들이 방긋 방긋, 나와 눈을 맞추며 웃는 것처럼 느꼈으니까 거짓말은 아니라고 생각했다. 민들레의 웃음 때문인지 나의 작문은 교실 뒤, 벽에 오래오래 붙어 있었다.

민들레 김치를 좋아하셨던 아버지를 위해 어머니는 여름 내내 김치를 담그셨다. "이놈의 민들레는 열 번은 헹구어야 돼. 귀찮아 죽겠어." 하시면서도 쌉싸름하고 질긴 민들레 김치는 어머니의 사랑이었다. 우리는 민들레 때문에 잔디에 비료를 뿌리지 않았다. 민들레 김치는 슬프고도 따뜻한 그리움이다.

오래 전, 우리 동네에 마당이 너무 넓어 잔디 깎기가 힘든 오막사리 집이 있었다. 출근길에 나서면 엉성한 잔디밭 가득, 샛노란 민들레들이 활짝 피어 있었다. 꽃들의 물결은 마치 제주도의 유채꽃처럼 예뻐서 탄성이 터지곤 했다. 여기는 우리들의 세상이야, 아우성치듯 돋아난 민들레들은 하루 종일 웃음소리 나부끼며 즐겁기만 하다. 아침에 활짝 피었던 꽃들은 퇴근길엔 새침 뜨기처럼 샐죽 오므리고 있었다. 웃음이 사라진 해질녘 들판은 쓸쓸하고 고요했다.

어느 날, 앞집의 민들레들이 사정없이 깎여 있었다. 벼르고 벼르던 주인이 정원사를 부른 모양이다. 그 예쁜 샛노란 꽃들을 다 없애버리다니…. 벌거숭이가 된 벌판은 오히려 나를 향해 손사레를 쳤다. 민들레가 언제 여기에 있었는데? 어두워진 들녘엔 싸늘한 바람만이 오락가락 흔들리고 있었다.

민들레는 빛에 예민하여 '농부의 시계'라고 했다. 이해인 시인은/ 밤낮으로/ 당신만 기다리는/ 노란 꽃시계/ 라고 읊었다. 어느 시인은, 바람에 날아다니는 민들레의 하얀 씨를 '기쁨의 꽃씨'라고 표현 했다. 기쁨을 전한다는 의미일까, 모든 고통을 훨훨 날려 보내면 기쁨이 온다는 의미일까. 모두 사랑스러운 희망의 상징들이다.

솜털 같은 씨는 가벼운 바람에도 멀리멀리 날아간다. 옛 어른들은 바람이 없는데 씨가 날아다니면 비가 온다고 했다.

민들레는 노아의 홍수 때도 있었다고 전해온다. 온 천지에 비가 쏟아지자 다른 풀들은 뿌리가 뽑혀 도망갔지만 민들레는 뿌리가 너무 단단해서 뽑히지 않았단다. 물이 목에까지 차올라 벌벌 떨던 꽃이 그만 하얗게 세어버렸다나. 민들레들은 하나님께 살려달라고 부르짖었데요. 가엾게 여긴 하나님께서 그 씨앗들을 바람에 날려 멀리멀리 산중턱 양지바른 곳에 내려놓으셨으니 민들레는 퍼지고 또 퍼졌다. 이렇게 귀여운 이야기는 누가 만들었을까? 그래서 민들레들은 그 은혜가 고마워 하늘을 향하여 방긋방긋 웃나보다.

우리네 인생은 삶의 이런저런 고통으로 짓눌려 있다. 호미로, 기계로 뽑히고 깎이는 민들레처럼. 그러나 민들레의 상처 입은 뿌리들은 넉넉한 대지의 품에 안겨 겨우내 살찌운 뿌리로 다시 힘차게 솟아오른다. 사람들은 아픈 속내를 어디에 감추며 희망의 꿈을 키울까? 나는 마음의 눈으로 감추어져 있는 신비의 힘을 쫓는다. 민들레가 내 마음을 알았나? 속삭인다. '우리들이 여기에 있어요, 저~기에도 있어요. 어느 곳에나 생명은 약동 하고, 어느 곳에나 신비는 숨어 있어요. 어디에나 다~요.' 나도 반가워 민들레에게 말한다. '상처 입은 불행한 운명 고달프다 아니하고 언제나 방긋 웃는 민들레야, 너는 샛노란 금메달이구나. 맞아. 금메달이 너희들을 닮았어.'

아, 아름다운 어느 봄날 나는 민들레의 방글방글 웃음이 무엇을 의미하는지 알았다. 사락사락 노랫소리, 그쳤던 비가 다시 내리고 있다.

## 큰일 났다. 봄이 왔다

'큰일 났다. 봄이 왔다.' 이 말은 어느 사진작가의 작품 제목이다. 화면 가득 매화가 만발한 장면을 찍은 사진이라고 했다. 나는 이 작품을 직접 보지는 못했지만 제목을 접했을 때 묘한 감동과 함께 가슴이 두근거리기까지 했다. 한 평론가는 '무거운 주제를 장난하듯 톡톡 건드리는 기발한 작품' 이라고 했다. 그렇다. 제목 속에 함축된 여러 가지의 느낌은 각자가 다를 것이다.

어느 덧 시애틀에도 봄이 왔다. 추위를 견딘 나뭇가지에 새순이 살포시 고개를 내민다. 나는 사계절 중 아이 때부터 봄을 제일 좋아 한다. 꽃이 많아서다. 꽃들은 봄의 얼굴이다. 개나리를 비롯해서 진달래, 수선화, 민들레, 제비꽃, 벚꽃, 영산홍, 앵두꽃, 시애틀의 로도댄드론, 빨 주 노 초 파 남 보, 봄꽃들의 향연이 시작 됐다.

유치원에 들어가기 전, 평양에서다. 봄이 되면 큰 함지에 꽃을 가득 머리에 이고 다니는 꽃장수가 있었다. 나는 꽃장수 아줌마를 만나면 무조건 집으로 데려와 엄마에게 꽃을 사달라고 졸랐다. 꽃아줌마

는 호호 웃으며 "꼬마가 꽃을 아주 좋아하나 봅네다. 우리 집에 가서 꽃을 팔라고 날 끌고 와시요." 나는 무조건 꽃 한 묶음을 골라잡았다.

그 시절. 멋쟁이 여자가 꽃을 들고 지나가고 있었다. 매화 같은 꽃이었다. 구술 같은 봉우리와 활짝 핀 분홍 꽃이었다. "야~예쁘다." 나도 모르게 소리쳤다. 그런데 그 여자는 생긋 웃으며 "너 가져." 꽃다발을 불쑥 내밀었다. 얼떨결에 받아 쥔 작은 꽃다발. 너무 좋아 가슴이 콩콩대었다. 가죽구두의 그 여자가 왜 나에게 주었을까? 어린 나에게 꽃들이 준 감동이다.

어머니의 생신이나 어머니날에 꽃을 달아 드리면 언제나 하시는 말씀, "너는 어려서 꽃장수만 보면 무조건 집으로 끌고 왔잖니. 꽃을 사 내라고 졸라댔어. 아이 때부터 꽃을 그리 좋아하더니 평생 나에게 코사지를 만들어 달아 주누나." 이렇게 꽃은 또한 사랑이요, 행복이다.

몇 년 전 거제도에서 눈부시게 흰

매화꽃을 보았다. 쌀쌀한 이른 봄이었다. 산골짝마다 터지기 직전의 봉우리들과 이미 피어 만발했던 나무들이 엉켜 있었다. 멀리 바라본 봉오리는 마치 밥풀떼기를 뿌려 논 것 같았다. 동백 다음에 피는 꽃이 매화라 했다. 꽃이 지면 매실이 열린다는 것, 6월에 딴다는 것도 처음 알았다. 백매화, 청매화, 홍매화가 있다는 것도 금시초문. 도자기나 그림 속에 굵은 나무가 지그재그로 그려졌고 그 가지에 봉우리 또는 활짝 핀 분홍색의 꽃송이들이 대롱대롱 매달려있는 것만 보았는데 사과나무처럼 큰 나무에 매화꽃이 뽀얗게 너울처럼 나부끼고 있었다.

거제도에 있는 애광원 방문길에 올랐던 네 사람. 우정의 꽃은 매화만큼 만발했다. 매실이 매화의 열매냐고 신기해하던 나에게 친구들은 매실의 약효와 장아찌 만들기를 가르쳐 주었다. H가 운전하는 차는 매화 향기 짙은 봄바람 뚫고 비취색의 바다를 끼고 달렸다. 거제도가 이처럼 아름다운 곳인 줄 미처 몰랐다. 거제도는 우리나라에서 두 번째로 큰 섬이라 했다. 초가집 마당에도 매화가 만발했다.

그런데 매화의 고장은 따로 있었다. 전남 광양의 백운산 기슭에 매화마을이 있다지. 해마다 삼월이면 백운산과 섬진강 하류를 끼고 매화가 뒤덮인단다. 광양의 섬진 마을은 또 어떻고. 사만 여 평의 넓은 들판이 온통 매화 밭이란다. 십만여 그루의 매화나무에서 일제히 난리가 난 듯 꽃망울을 터뜨린다니 그 장관은 정말로 큰일이 터진 듯, 사진 작품은 이곳에서 찍었을까?

하여간에 나는 왜 이 제목을 재밌어 하다가 가슴이 서늘해 졌을까? 왜 나도 큰일이 난 것 같았을까? 사진 예술에 조예가 깊은 것도 아니고 작품을 본 것도 아니면서. 이런 시가 있다.

큰일 났다. 봄이 왔다/ 비슬산 가는 길이 꿈틀 거린다/ 꿈틀 꿈틀 기어가는 논둑 밑에서/ 큰일 났다. 봄이 왔다/ 지렁이 굼벵이가 꿈틀 거린다/ 큰일 났다. 봄이 왔다/ 가난한 내 사랑도 꿈틀 거린다

이 시인은 가난으로 잠자고 있던 사랑이 만물의 소생과 함께 일어났다고 했다.

그런데 나는? 곰곰이 생각해 본다.

숱한 세월 뒤로 하고 지금 여기에 이렇게 있다. 그냥 저냥 떠밀려 왔다. 지나온 날들이 허송세월 같아서 화들짝 놀란 게 분명하다. '또 봄이 왔구나.' 무심코 바라보던 봄이다. 가슴이 쿵 했던 것은 나의 영혼이 겁먹은 것 아닐까? 터지는 매화의 함성을 가슴으로 느낀 게 분명하다. '큰일이 났다. 봄이 왔다.(정신 차려!)' 꽃망울 터뜨리며 아우성치는 소리, 엉뚱한 한 작품의 제목은 나를 향한 꾸지람 같았다. 아니다. 무디어진 내 가슴에 초록 소리 들어보라고, 새싹이 돋아나듯 사랑이 피어나라고, 다른 건 몰라도 감동의 나날이면 희망이 있다고 속삭인 것 아닐까?

밥풀떼기 같은 매화의 봉오리가 봄바람에 활짝 터지며 꽃비같이 흩어진다. 상상속의 매화. 내 마음의 제목은 바로 이렇게 고쳐졌다. '신난다. 봄이 왔다. 또 왔다!'

매화의 함성과 함께 나는 힘차게 일어섰다.

# 수수 빛 꽃나무

수수 빛 꽃나무는 결국 죽고 말았다. 하얀 꽃이 주렁주렁 핀다는 나무는 담장이보다 높게 자랄 것이고 주먹만 한 흰 꽃송이들은 가을이 다 가도록 화사하게 피어 있으리라 믿었다. 설명서의 그림이 그랬으니까.

이사를 하고 보니 뒷마당의 나무들이 마음에 들지 않았다. 낑낑대며 제멋대로 비실대는 두 그루를 파버렸다. 빈약했던 나무들은 보기와 달리 뿌리가 깊고 넓어서 뽑는데 반나절이 걸렸다. 장미와 수국 등 몇 그루로 빈자리를 메웠다. 흰 꽃나무도 정성스레 심었다. 하얀 꽃들이 동글동글 피어있는 상상을 하며. 그런데 나무는 죽어버렸다. 꽃나무의 설명서가 잘못된 것일까?

여름이 가기 전에 나무는 주인의 눈치를 살피듯 조심스럽게 수수 빛의 봉오리를 내밀었다. 어머나, 이게 웬일? 하얀 꽃이라고 했잖아? 매일 들여다보았다. 꽃이 피었다. 당연히 수수 빛. 깨알 같이 잔잔한 잎들이 뭉쳐 몇 송이의 작고 납작한 꽃을 피웠는데 예쁘지 않았다. 세상에 미운 꽃도 있긴 있다. 다른 나무에 물을 줄 땐 수수 빛에도 뿌리지만 속았다고 단정하니 기대는 없었다. 뭐 이런 나무가 다 있어? 구박까지 했다. 멀쩡하던 나무는 같은 햇빛에 같은 물을 먹는데도 비실댔다.

겨울이 지나자 봄바람에 나무들이 기지개를 켜며 파랗게 물이 올랐다. 라일락과 단풍나무에도 연분홍 새싹이 수줍게 솟았다. 그러나 수수 빛 나무는 바삭하니 말라버렸다. 솔직히 바랐던 일이다. 미련 없이 파버리니 속이 시원했다. 수수 빛 꽃나무는 내 기억에서 차츰 멀어졌다.

늦가을, 가까운 곳으로 여행을 했다. 시애틀의 가을은 변함없이 아름다웠다. 어디를 가나 어느 곳에 멈추나 풍성한 햇빛과 촉촉한 단비를 만족하게 누렸던 표정이 역력했다. 노란색과 붉은 색으로 물이든 단풍과 마지막을 장식하는 농익은 꽃들이 싱싱하게 나부끼고 있었다. 바다처럼 넓은 농장엔 끝물인 라벤더의 물결을 껴안으며 내 키보다 더 큰 해바라기들이 기울기 시작한 해를 향해 살짝 고개를 숙이고 있다. 주황색 노을과 맞닿은 비취색 바다…. 아, 이토록 눈부시게, 환상적인 경관이 눈에 가득한데 사람들이 없다. 와, 와~감탄하며 거닐고 있으려니 너무 적막해서 무서워지려고까지 했다. 사방을 둘러봐야 충만한 가을의 표정만이 짙게 익어 갈 뿐이다.

우리는 한가롭게 가을을 만끽하며 맑은 공기를 마셨다. 표현할 수 없는 감동으로 거저주시는 신비의 손길도 느꼈다. 순간, 아름다움에 취한 내 눈에 성큼 들어선 꽃 들이 내노라 한들댄다. 우뚝 서서 멀거니 꽃들을 바라보았다. 그곳에 군락을 이루며 이어진 꽃들이라니. 아, 싱싱한 수수 빛 꽃! 꽃들은 우리들을 알고 있지? 하는 표정으로 나를 빤히 올려다보았다. 사이좋게 어우러진 꽃들은 그제야 제몫의 아름다움을 뽐내고 있었다. 유감없이 뽑아버렸던 녀석에게 한 대 맞은 기분이었다. 수수 빛 꽃들이 그토록 고상한 색으로 도도한줄 몰랐으니까. 맞았어. 내가 구박했기 때문이었어. 실수든, 속였든 나무가 무슨 죄가 있다고. 비실대는 나무나 버려진 화분에 정성스레 물을 주며 사랑한다, 속삭이면 살아난다는 사실을 알고 있었으면서. 성급했다. 한 번도 대견하다 쓰다듬어 주지 못해 결국 말라죽게 만든 꽃에 대한 편견이 부끄럽다.

사랑받지 못했던 나무가 서있던 자리는 쓸쓸했다. 주먹만 한 흰 색의 꽃이라야 한다는 억울한 누명을 썼던 꽃나무. 고상하고 품위 있는 아름다움을 숨기고 있었구나. 문득 요절한 어느 문인의 글이 떠오른다.

"우리들의 인생이란 신이 내려준 정원에 심은 꽃들이다. 사랑을 먹고 자라는 꽃들이다. 그러기에 인생은 아름다운 것."

사람도 사랑을 받지 못하면, 사랑을 주지 않으면, 버림받은 수수 빛 신세가 되는 거야. 사랑이야 말로 완전한 아름다움을 탄생시키는 것이라고! 정원의 나무들이 나무라듯 속삭인다. 조지 애플린의 기도하는 시에도 있지 않더냐? "하나님, 주께서 만드신 모든 창조물이 저마다 완전함에 감사합니다." 라고.

나는 참회하는 마음으로 꽃들을 어루만진다. 꽃들은 완전함을 향하며 제 몫을 빚고 있나 보다. 향기로운 숨소리가 나직이 들린다.

# 꽃보다 귀한 사람 마음

"어머나! 또 폈네~." 아침 햇살에 진주이슬 반짝이며 붉은 장미가 방긋 웃는다. 아, 너무 예뻐서, 너무 기특해서 '얘들아 고마워' 속삭이다가… 맞아, 그곳. 잔잔한 꽃 파도를 배경으로 구름떼처럼 피었을 그 꽃집은 얼마나 아름다울까? 눈을 가느다랗게 뜨고 그려보다가 아기들의 도리도리처럼 나도 고개를 흔들며 지워버린다.

시애틀 근교에 꽃밭으로 소문난 집이 있다. 넓디넓은 뜰에 만발한 온갖 꽃들이 서로의 향기에 취해서 춤을 추고 푸른 바다는 꽃들을 감싸 안으며 출렁거리고. 한국인 부부가 가꾸는 정원은 보지 않고는 상상이 안 된다. 관광지처럼 지나가던 사람들이, 여행 중인 손님을 데리고 아무 때나 구경 오지만 주인은 환영한다. 친지들에게는 라벤다로 우려낸 차까지 대접한다는, 멋있고 친절한 부부의 정원이다.

친구 K는 꽃마을의 주인이 남편의 동창이라 몇 번 그곳에 초대를 받았다. 그들은 동네에 한국 사람이 없어서 한인들이 그립다고 말하더란다.

어느 날, K가 꽃을 꺾어가라는 그들의 연락을 받고 내게 꽃구경을 가자고 했다. 가고 싶은 마음이 솟구쳤지만 잘 모르는 분들인데…. 용

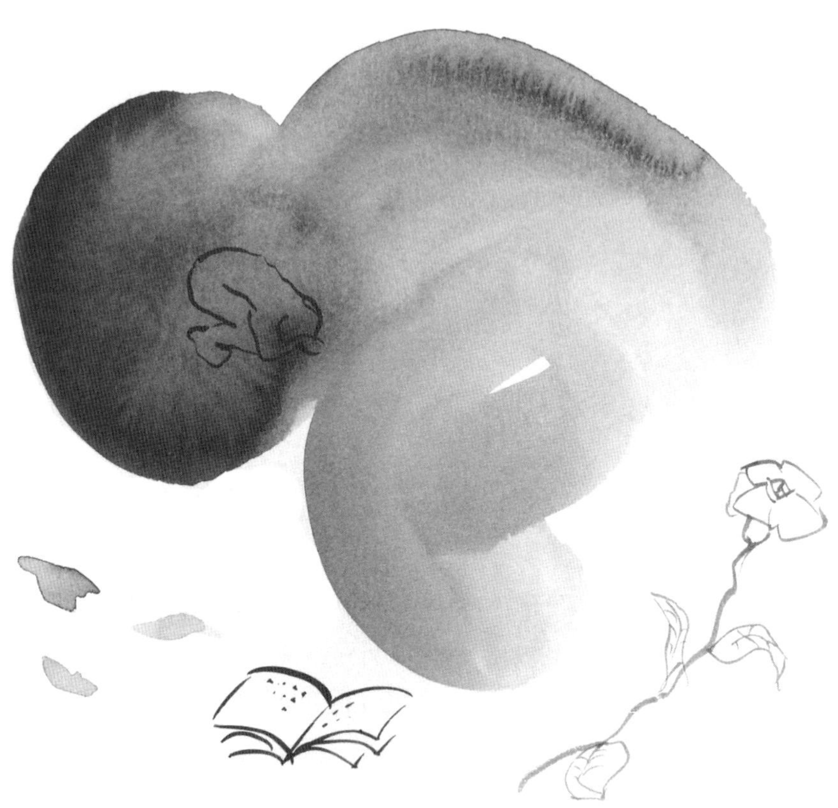

기가 나지 않았다. 그렇지만 그들의 삶이 아름답고 부인이 국문과 출신이라니 내가 쓴 책이라도 주고 싶었다. 아마도, 아니 틀림없이 그들은 꽃을 사랑하는 마음으로 책을 즐기고 그 속에서 영혼의 풍요를 누리며 살아가리라. 나는 『사랑하는 우리 아버지』라는 책을 썼는데, 가족을 사랑하는 사람이라던가, 책을 좋아하는 사람에게 그 책을 주고 싶어 한다. K도 반색 하며 그러자고 했다.

까맣게 잊고 있던 어느 날, K가 내 책을 들고 나타났다. 의아해 하는 내 표정을 살피며 "기분 나빠 할 가봐서 말이야." 하며 책을 만지작거린다. 사연인즉, 아무개라는 사람이 쓴 책인데 당신들이 이토록 아름답게 산다니까 이야기를 듣는 것만으로도 좋아서 이 책을 주고 싶어 했고, 나 또한 같은 생각으로 갖고 왔노라고 했다지. 반가워 할 줄 알았는데…. 부인은 시큰둥한 표정으로 책의 제목을 쓱 보더니,

"우리, 이런 책 안 봐요! 한글 책도 안 봐요!"

"네? 왜~요?"

"한국에 가 보세요, 너도나도 자기네 가족이나 자기를 칭찬하는 책들이 얼마나 많은지 알아요? 잘난 척 하며 책들을 주는데 난 다~버려요."

"책을 어디에 버리세요?"

"쓰레기통에 버리지 어디다 버려요."

주는 책을 마다하는 것도, 책들을 쓰레기통에 버렸다는 것을 말하면서도 전혀 거리낌이 없더란다. K는, 자연을 사랑하고 한국 사람들이 그립다던 그들이 실망스러워 가슴까지 두군 거렸단다. 민망하고 어이없기는 내가 더 할 터.

"잘 가져왔어, 하마터면 쓰레기통에 들어 갈 뻔 했네그랴. 아무에게나 책을 주면 안 되겠구나."

쫓겨 온 책을 가슴에 안았다.

근래에 박완서 작가의 딸, 호원숙 씨가 쓴 『엄마는 아직도 여전히』라는 책을 읽었다. 어머니가 생존하셨을 때와 돌아가신 후의 추억들을 쓴 글이다. 어머니에 대한 그리움으로 쓴 글들을 읽으며 나도 어머니 생각에 가슴이 뭉클 했다. 어머니는 이 세상에 안계시지만 어머니의 책을 펼치면 방금 넘긴 원고 같은 활기가 여전히 살아 있는 느낌이라고 썼다. 아버지에 대한 글을 쓴 나도 같은 마음이다. 나는 아버지가 살아오신 귀한 삶의 역사를 기억하려고, 아버지에 대한 사랑 때문에 글을 쓴 것이다. 나의 이 간절한 마음을 제목만 보고 단번에 잔인한 평가를 해버리다니! 한 대 얻어맞은 기분으로 씁쓸했다.

세월이 얼마간 흐른 후, 우연히 어떤 문화행사장에서 그들을 만났다. 참석자들이 여기저기 무리지어 차를 마시며 환담하고 있었다. 옆 사람들의 대화가 들렸다. 분명히 그곳의 꽃 이야기와 구경 갔을 때의 이야기들이 오가고 있었다. 반가움과 섭섭함이 교차되며 그들을 바라보았다. '쫓겨 온 내 책!' 남편과 나의 눈이 마주쳤다. 나는 그들과 말이 하고 싶어졌다. 웃으며 다가갔다. 우리는 K와 친분이 있는 사람이라고 소개하니 그들이 반색한다. 꽃을 가꾸며 아름답게 사는 분들로 알고 있고, 많은 사람들이 아무 때나 구경 와서 힘들겠다고 했더니 그들의 답이 의외다. 관광지같이 다녀가는 사람 말고 오래 오래 친구가 될 수 있는 사람이 오면 좋겠다고 한다. 친구 사귀기의 소중함을 알고 있는 것 같았지만 나는 고개를 갸웃거렸다. 언젠가 꼬인 마음으로 던져주었던 그 책의 저자라는 사실은 알 턱이 없으니 우리의 만남은 어색하지 않았다. 그러나 내 눈의 색안경은 아무리 벗으려 해도 벗겨지지 않았다. 쓰레기통을 면한 내 책…. 그래, 섭섭해 할 가치도 없다. 애써 언짢았던 마음을 다스렸다.

자연을 사랑한다는 것은 사람을 사랑하는 것과 같다고 생각한다. 꽃과 열매와 살아있는 생명들을 사랑한 『월든』의 작가 소로우나, 자연과 함께 산 법정스님이나, 『소박한 밥상』을 쓴 자연주의자 헬렌 니어링이나, 삶의 가치를 중요하게 생각하는 사람들은 책을 얼마나 사랑했는지, 사람들과의 관계를 얼마나 귀하게 여겼는지, 인간에 대한 이해는 어떻게 보여줬는지 알 수 있다. 책을 무시한다면, 사람의 진실된 마음을 오해한다면 그들이 가꾸는 꽃밭이나 마음 밭에 잡초가 무성해져 황량해질 수밖에 없을 게다. 친구가 되고 싶다고요? 사람에 대한 예의와 꽃보다 귀한 사람의 마음 존중이 먼저 일 텐데요.

# 사과나무

이사하던 그해 뒷마당에 사과나무 두 그루를 심었다. 흙구덩이를 파고 거름과 흙을 섞어 깔은 후 나무모를 묻었다. 부드러운 새 흙 위로 물을 듬뿍 주고 다독다독 밟아주었다. 나무들은 어느새 물 먹은 얼굴로 제법 의젓하게 서있었다. 얼마 후 타원형 연두 잎이 나오면서 가장자리에 둔한 톱니를 펴 보이며 자라고 있다는 신호를 보내왔다.

마침내 가지 끝 잎겨드랑이에 달린 하얀 꽃은 초록의 꽃자루를 밀고 피기 시작했다. '우리 집 두 녀석도 이 사과나무처럼 미국에 심어졌구나.' 두 그루의 나무는 마치 뿌리내리기에 여념 없는 두 아이들 같아서 안쓰럽기까지 했다. 찡하게 울리는 가슴으로 빨간 사과가 그려져 대롱거리는 쪽지에 아들과 딸의 이름을 붙여 속으로 뇌어본다. 가족이 된 이름표를 달고 나무들은 정답게 마주보고 서있다.

심은 첫 해에 포도 알 만한 열매가 맺었다 떨어지더니 이듬해엔 자두만한 사과가 열렸다. 삼년 째는 내 주먹보다 더 큰 빨간 사과가 보란 듯이 주렁주렁 달렸다. 그것들은 하얗게 서리가 내리는 초겨울까지 빨갛게 반짝이며 비바람을 이겨냈고 한입 베어 물때마다 입 안 가득 단물을 뿌리며 아삭하니 살얼음 갈라지는 소리를 냈다.

1950년대 말은 전쟁 때문에 누구나 가난이 몸에 배었던 시절이었다. 당시 미국에 계시던 아버지의 편지 한 구절이 기억 속에서 맴돈다. 학교의 운동장이 파란 잔디밭이어서 신기했고 그곳에서 공을 치며 즐겁게 놀고 있는 아이들을 보니 헐벗은 우리나라 아이들 생각에 눈물이 핑 돌았다고 쓰셨다. 그런데 나는 그 다음 사과나무 이야기가 더 부러웠다. 주렁주렁 달린 주먹 만 한 사과를 아무도 따먹지 않을 뿐더러 잔디 위에 툭툭 떨어진 그대로 뒹굴고 있다는 이야기 말이다.

그 시절 어머니는 해질 무렵이면 시장에 가서 팔다 남은 야채나 과일을 싸게 사오셨다. 어머니께서 떨이로 싸게 사 온 사과를 우리 형제들은 똑같이 나누어 먹었다. 낱알이 작고 볼품없는 사과였지만 꿀맛이었다. 주인 없는 사과들이 툭툭 떨어져 뒹굴고 있는 미국은 얼마나 좋을까? 우리는 꿈꾸는 눈으로 상상해 보았다.

피난지 대구는 사과의 고장이었다. 피난 온 친구와 나, 두 꼬마는 본토박이 대구의 부잣집 딸과 삼총사였다. 대구시의 가장 번화가에 자리 잡은 친구의 집은 빵과 얼음과자를 만들어 파는 가게였다. 그곳에선 달콤한 빵 냄새와 함께 기계 소리가 요란했다. 어린 내게 그 소리는 마치 부자방망이 소리로 들렸다. 친구는 으쓱대는 표정으로 시끄럽게 부릉대는 기계의 뚜껑을 번쩍 열고 서리가 가득한 통에서 아이스케키를 꺼내 우리에게 주곤 했다. 그러면서 저네 집엔 아이스케키보다 사과가 더 많다고 자랑했다. 과수원이 있다는 이야기였다. 눈이 똥그래진 우리들을 보며 과수원집 딸은 눈을 깜빡였다. "거짓말

아이다. 너들 가보고 싶나?" 부러움에 가득 찬 꼬마들이 따라나섰다. 버스에서 내려 한참을 걸었다. 끝이 없는 산들이 모두 사과밭이란다. 팔을 벌리면 닿을 듯이 사과나무가 빽빽했다. 다닥다닥 매달린 파랗고 빨간 사과들, 세상구경을 많이 못한 꼬마들에게는 딴 세상 같았다. 제멋대로 뒹굴고 있는 싱싱한 사과가 얼마나 많던지…. 마음대로 가져가라는 과수원지기의 말이 떨어지자 어린 객들은 사과 줍기에 정신이 없었다. 신나고 좋아서 박수 칠 형제들의 얼굴이 떠올랐다. 우리 식구들, 모두 깜짝 놀라겠지? 이 많은 사과를 어떻게 가져가나? 옳지, 여기 있네. 어머니가 만들어 주신 인조 속치마를 벗어 끈이 있는 쪽을 단단히 묶었다. 풀어지면 낭패니까. 크고 잘 생긴 사과를 주울 때마다 알 수 없는 힘이 솟았다. 헉헉대며 무거운 줄도 모르고 사과자루를 지고 왔다. 해질녘까지 오지 않는 나를 걱정하던 가족들 앞에 속치마 자루를 풀어 놓으니 사과가 와르르 쏟아졌다.

지금 생각하니 당시 나의 초인적인 힘은 가족을 사랑하는 싹의 시작이었다. 사과는 나의 사랑이었다. 형제들의 놀라움과 환성을 들으며 가슴이 뭉클했던 흐뭇함은 사랑의 기쁨을 가르쳐준 사건이었다. 그리고 그건 내가 사과나무를 사랑하는 이유가 됐다.

시애틀에서 한 시간 정도 북쪽으로 달리면 라코너라는 마을이 있다. 조용하면서도 낭만이 넘치는 그림같이 아름다운 곳이다. 사과나무로 구운 피자가 유명하고 토속맥주와 함께 황금빛 황혼이란 별명의 노을을 감상할 수 있다. 그런데 그곳에는 주인 없는 사과밭이 있다. 사과를 파는 데도 주인이 없다. 허름한 통나무 건물엔 아름다운 음악이 흐르고 나무로 된 칸막이에 파란 사과 빨간 사과가 크고 작은 것들로 나뉘어져 있다. 〈돈은 가격대로 통에 넣고 비닐봉지에 마음껏 담아가시오.〉 라는 팻말이 붙어 있다. 어릴 때 아버지의 편지를 만나는 듯 했다. 이처럼 마음이 넉넉한 주인은 대체 어떤 사람일까. 우리는 그들의 여유를 부러워하면서도 욕심을 비껴가지 못했다. 그리고는 한껏 담은 비닐봉지를 보며 "너무 많지?" 하며 깔깔대는 것으로 멋쩍음을 대신했다. 어느 사이 비닐봉지의 사과가 '여유란 소유가 아니고 베푸는 것'이라고 이르는 것 같다.

나에게 사랑의 싹을 심어준 추억 때문인지 나는 집을 옮길 때마다 사과나무를 심었다. 돌이켜보면 낯선 이국땅에서의 삶의 애환을 사과나무로 달랬으리라. 숱한 세월 동안 우리 가족은 비바람 속에서도 서로를 감싸주며 떨어지지 않았던 사과나무를 닮았던 것 같다. 그러나 아이들은 자라서 모두 우리 곁을 떠났다. 동그마니 남은 우리 부부. 소박하게 옮겨 앉은 이곳 정원에 다시 사과나무 두 그루를 심었다. 그리고 내 마음에도 심었다. 어릴 적 친구의 사과나무가 내게 가족의 사랑을 일깨워 주었듯이 내 마음 속의 사과나무 또한 이웃의 아픔을 함께 나눌 줄 아는 더 큰 사랑으로 자라날 것이라 믿고 싶다.

문득 『열한 번째의 사과나무』(이용범 지음)가 떠오른다. 사랑이란 결과가 아닌 과정의 예술이라는 것을 말해주는 작품이다. 슬픈 사랑의 이야기는 사랑의 소멸을 통해서 사랑의 회복을 찾아가는 작가의 희망이었다. 그래서 네덜란드의 철학자 스피노자는 '내일 지구의 종말이 오더라도 나는 오늘 사과나무 한그루를 심겠다'고 말했을까. 어디에 정착하든 나도 스피노자처럼 사과나무를 심어야지. 떨리는 기쁨으로 사과나무를 바라본다. 다소곳한 사과들은 조용히 저녁 그늘에 잠겨있다. 빨갛게 익어가는 소리 들려온다.

# 올리브나무처럼

'9월에 심은 나무를 한 가지 꺾어 물가에 꽂았더니 물이 맑아졌다.'

딸아이가 보낸 남편의 생일카드에 쓰여 있었다. 낯이 익은 딸의 글씨가 또렷했다. 어리둥절한 나, 꿈을 꾼 것이다. '글이 더 있었는데 다 읽지 못하고 깨버렸네.' 아쉬워하며 얼른 종이에 적었다. 무슨 말이지? 9월에 심은 나무는 남편이고 물이 맑아졌다니 남편이 좋은 사람이란 뜻? 꿈을 꾼 날, 딸아이에게서 생일 선물이 왔다. 선물을 받으려고 이런 꿈을 꾸었나보다.

9월에 심는 나무가 있는지 궁금해서 검색해 보니 가을에 심는 나무만 나왔다. 주로 유실수들인데 두껍게 왕겨를 덮어주어야 된단다. 그 해 가을, 부산에서는 무궁화, 은행, 단풍나무 등 삼만 그루를 범국민적으로 심는다고 했다. 나는 눈을 가느다랗게 뜨며 삼만 그루의 나무들이 다 자랐을 때를 상상해 보았다. 물가에 꽂았던 꿈속의 나무는 무슨 나무였을까?

남편의 생일 이야기를 하려고 하니 해외토픽 한 가지가 떠오른다. 캘리포니아의 한 가정주부가 남편을 팔겠다고 광고를 냈다. 왜냐하면 주말마다 아내를 팽개쳐 두고 혼자 사냥을 가거나 골프를 치러 간다는 것이다. 울화통을 가라앉히던 아내는 남편을 팔아먹기로 했다.

'남편을 염가로 양도함. 사냥도구와 골프채, 그리고 개 한 마리를 덤으로 드림.' 60여 통의 전화가 왔다. 남편을 사겠다는 사람은 한 사람도 없었다. '남편이 죽었다면 어떻겠는가? 살아 있다는 것을 다행으로 여기시오.', '남편과 헤어진 다음에 오는 고통에 비하면 지금이 행복이요.', '개만 살 수 없을까요?' 웃기는 전화도 줄을 이었다. 남편과 아내가 깨달았는지 모르겠지만 '있을 때 잘 해.' 하는 것 같다.

9월에 남동생의 생일도 있다. 올케는 형제들에게 전화로 소곤거렸다. 남편의 생일을 서프라이즈로 축하하고 싶으니 어디어디로 십오 분 전에 와 있으란다. 형제들도 신이 나서 살금살금 전화를 했다. 동생이 깜짝 놀라며 함박웃음을 짓겠지? 하며. 당황한 동생은 다들 바쁜데 괜한 짓을 했다며 몇 마디 하다가 금세 환하게 웃는다. 우리들의 식탁은 푸짐하고 행복했다. 아무리 나이가 들어도 사랑이 넘치는 생일놀이는 즐겁다. 그날의 생일선물은 나무였다.

성경에도 나무에 대한 말씀이 있다. 예수님은 올리브나무 아래서 최후의 기도를 하셨고 감란산에서 최후 설교를 하셨다고 기록되어 있다. 한 남자가 겨자씨 한 알을 밭에 심었더니 다 자라 큰 나무가 되자 공중의 새들이 와서 그 가지에 깃들고…. 예수님께서 천국에 대해 비유하신 이야기다. 씨 중에 겨자씨가 가장 작아서 그런 말씀을 하셨나? 내 생각에는 올리브나무 같은데. 번역이 잘못되어 열매가 비슷한 감람나무라고 쓰여 졌다는 해석도 있다.

지중해 연안의 터키나 튀니지 등 여러 나라에는 올리브나무들이 산맥을 이룬다고 한다. 어린 나무들과 수백 년 묵은 나무들이 한데 어울려 가뭄도 아랑곳 않고 장관을 이루고 있는데 지중해 지역 사람들은 이 나무를 '신이 주신 선물'이라고 부른단다. 올리브는 일년생부터 열매가 맺기 시작하는데 나무의 크기에 따라 엄청난 열매들이 달려 대추나 사과를 따듯 할 수가 없어 빗같이 생긴 기구로 열매를 훑으며 딴다고 한다. 나는 올리브기름, 또는 짭짤한 올리브 열매만 아는데 열매뿐 아니라 줄기나 이파리까지 그 용도가 수 십 가지가 된다니 참으로 충실한 나무다. 일반 과일 나무들은 대개 20여 년의 수명을 누리고 있지만 올리브의 수명은 놀랍게도 천 년이란다. 그런데 예루살렘의 겟세마네 동산에는 한 술 더 떠, 2천 년 된 나무가 있다는데 아직도 푸르른 잎과 함께 열매를 맺으며 그 위용을 자랑하고 있다니 그 신기함이 과연 신이 주신 선물이라 말할 수 있겠다.

내가 존경하는 Y목사는 올리브나무를 닮고 싶다고 글에 썼다. 그의 생애가 올리브나무처럼 의미가 있고, 가치가 있으며, 아름답고도 안정감이 있는, 그리고 항상 기쁨이 넘치는 열매로 가득한 올리브나무처럼 되고 싶다고. 아, 나도 이 나무의 한 가지만이라도 닮을 수 있다면 얼마나 좋을까?

나는 남편의 생일에 서프라이즈나, 근사한 생일상을 차려주진 못하지만 소박한 축하와 함께 바라는 것이 있다. 그가 어디에 있던지, 무슨 일을 하든지, 누구를 만나든지 물가에 꽂은 꿈속의 나무처럼 물은 맑아지고 주위의 풀들이, 꽃들이 더 싱싱해지는 삶이되기를 바란다. 좋은 나무는 세월의 흐름과 함께 나이테는 늘어날 것이고 나무의 모습은 수려해질 것이다. 그렇다. 올리브나무처럼. 영육이 강건하고 튼실한 열매를 맺으며 살아주기 바라는 마음 간절하다.

남편도 생일과 함께 올리브나무를 닮고 싶은 마음이 되었으면…. 아, 맞다. 꿈속의 나무는 혹시 올리브나무가 아니었을까?

2

# 엄마의 행복

# 사진

사진이 너무 많다. 평생토록 찍어댔으니까. 나는 또 시작이다. 사진 정리 말이다. 매사에 조직적이지 못한 내가 사진 정리만은 꼼꼼이다. 취미라고까진 아니지만 참 재미있는 일 중의 하나다. 옛날엔 부모님 사진은 물론 시댁, 삼촌, 언니, 친구네 사진까지 다 정리해 주었다.

꽃꽂이를 할 때 꽃송이들이 서로 마주보며 대화를 하듯이, 그러니까 들쑥날쑥 꽂아야 아름답다고 한다. 잡지나 신문도 구도가 잘 맞게 편집을 해야 된다. 앨범의 사진도 마찬가지다. 큰 사진 작은 사진, 사진의 성격대로 편집을 해야 산만하거나 답답하지 않고 재미있게 볼 수 있다. 찍은 날짜까지는 몰라도 연도대로 정리를 하려면 여간 복잡하지 않다. 간혹 이 사진은 여기에 붙여야 되는데 저기에 있으면 떼어서 그 부류의 사진을 찾아내어 붙여야 되니 나도 참 괴상한 사람이다. 뭐 그렇게 까지. 정리를 하다보면 이게 누구지? 어느 집 자녀들이지? 답답할 때도 있다. 친구들이 자기네 아이들이나 손주들의 사진을 보내 줄 때가 있다. 몇 년이 지나면 누군지 모른다. 자기와 같이 찍은 사진이 아니면 받는 즉시 아무개의 누구라고 써야 된다. 사진을

구별 없이 보내면 안 되겠다. 나중에 푸대접 받을 테니까.

우리가 어릴 때는 사진 찍는 일이 별로 없었다. 아쉬운 건 어머니가 연분홍 물을 드린 명주로 언니와 나에게 두루마기를 해 입혀 주셨는데 우리들의 깜찍이 모습을 누가 아나? 사진이 없으니. 후에 꼬맹이 딸에게 두루마기를 해 입히고 사진을 찍어 주었다. 우리는 1.4후퇴 때 평양에서 피난을 왔다. 어느 날, 갑자기 떠나오게 되어 아버지와 어머니는 우왕좌왕 하며 짐을 싸는데 어린 언니와 나는 앨범의 사진들을 뜯어냈다. 지금 생각하니 신통하다. 그 북새통에 어떻게 사진 생각이 났을까? 그래서 부모님의 결혼사진, 할머니, 외삼촌, 고모 사진이 지금껏 간직되어 있다.

책장에 꽂혀있던 앨범들이 햇빛으로 더 낡아졌다. 알아볼 수 없는 얼굴들, 보기 싫은 사진들을 미련 없이 쓰레기통에 버린다. 좋은 사진만도 주체할 수 없이 많으니까. 미처 정리하지 못한 사진들도 여기저기서 나온다. 앨범도 구식이다. 다시 정리한다.

익살부리는 귀여운 모습으로 예쁘게 놀던 우리 녀석들의 사진을 보며 쿡쿡 웃는다. 돌아가시기 얼마 전까지 건강하시던 아버지, 어머니가 활짝 웃고 계신다. 콧마루 찡해온다. 형제들이 모두 새파랗다. 귀엽던 꼬마 조카들까지 이젠 다 자라서 집을 떠났으니 사진 찍을 일도 없다. '한 세상 이렇게 잠깐이구나.' 서늘해진 나의 가슴이 쿵쿵 뛴다.

오래 전 아들이 약혼자를 데리고 왔다. 둘이서 구석에 앉아 깔깔대며 웃는다. 아기 때와 어린 시절의 사진을 보며 재미있어 허리를 잡는다. 결혼 후 생일 선물로 아들의 탄생부터 이민 전까지의 사진을 들쑥날쑥 편집해 주었다. 딸에게도 물론이다. 엄마 아빠가 자기네들을 얼마나 예쁘게 키웠는지 사진들을 보면 알겠지?

사진정리…. 일단 분리한다. 형제들과 자랄 때, 중 고등학교와 대학 시절, 직장생활, 연애시절과 결혼, 아이들의 탄생과 유치원까지, 이민 전, 이민 후, 형제들의 결혼, 아이들의 졸업과 결혼, 한국 방문, 특별한 여행. 이렇게 나열하고 보니 정리된 서랍처럼 시원하다. 오구잡탕 차렷 자세로 부치면 금세 지겨워지니까. 하여간에 시간을 엄청 소비했다. 허리도 끊어지게 아팠다.

세월은 흐르고 시대는 바뀌었다. 카메라는 골동품이 되었고 필름은 더 이상 필요 없다. 디지털 카메라가 없을 땐 스마트폰으로 찍는다. 찍자마자 사진을 볼 수 있다. 마음에 안 들면 지워버린다. 컴퓨터나 텔레비전으로 크게도 본다. 인터넷으로 상대방에게 사진을 보내고 오기도 한다. 집에서도 사진을 만든다. 여러 사람이 사진을 보려면 모두 스마트폰을 들여다본다. 또는 텔레비전 앞에 앉는다. 한 번 보고 그냥 잊어버리기도 한다. 아쉽기도 하지만 무거운 앨범이 필요 없으니 좋은 면도 있다.

어쨌거나 나는 정리했다. 부모님의 모습도, 형제들과 귀여운 조카들도, 아-그리운 우리 아이들과의 행복한 시절도, 우리들의 아름답던 젊은 날의 추억도, 잊을 수 없는 사람들과의 기억들도 모두 새 앨범에 붙여있다. 언제나 꺼내 볼 수 있다.

맹자의 말씀이다. "부모의 생존하심과 형제의 무고가 제일의 낙이니라." 맹자 할아버지 의미 있는 말씀 하셨지만 사진 속에 웃고 계시는 아버지와 어머니는 이 세상에 안 계신다. 가족들과 꽃피웠던 사랑과 인생의 노래는 이제 황혼에 걸려있다. 그러나 낙엽이 떨어지고 새싹이 돋아나듯 아이들은 변화된 세상 속에서 희망의 꽃을 심고 뿌린다. 사라져 가는 것 같지만 우리들이 이어온 역사의 흔적은 남을 게다.

시대는 변해도 부모자식간의 사랑은, 형제자매와의 우애는, 친구들과의 우정은 영원하다. 아무리 부인하고 싶어도 하나님이 주신 인연은 변할 수 없다. 어느 유명한 시인의 아들이 아버지와의 작품을 책으로 엮으며 말했다. '핏줄을 움켜잡고.' 나도 같은 마음이다. 잘 정리된 사진들은 가족들과 사랑으로 연결된 뿌리를 보여주며 평생 동안 이어온 아름다운 인연들을 보여준다. 그렇기에 사진 정리에 대한 나의 극성스런 정성은 바로 부인할 수 없는, 살아온 모습이다. 보람 있게, 즐겁게 살아보려고 애썼던, 삶에 대한 감사의 증거다.

다정하게 붙여 있던 사진들이 일제히 말하는 것 같다.

'살아 온 발자취를 돌아보니 발자국마다 은총이었지?'

'그래, 그건 어느 멋쟁이 목사님의 고백이잖아? 나의 진실 된 고백도 된단다.'

사진들이 잘 정리해 주었다고, 너의 삶이 그만하면 괜찮은 거라며, 자기들이 증명한다고 뽐내는 것 같다.

# 치마저고리

외국 사람과는 절대로 결혼을 안 하겠다던 딸은 얼마 전에 중국 청년을 만나 결혼했다. 한국 여성을 만날 기회가 전혀 없어 보이던 아들, 어쩌면 자기는 외국여성과 결혼할지 모른다고 은근히 엄마에게 침을 놓던 아들은 한국 여성을 만나 결혼했다. 사랑엔 모든 것이 변할 수 있다.

꽃분홍치마에 연두저고리를 입은 새색시 옆에 연분홍 바지저고리에 꽃분홍 마고자를 입은 새 신랑은 '뷰티풀'을 연발하며 싱글벙글했다. 사위에게 꼭 한복을 입히고 싶었던 나의 바람이 이루어 졌다. 바지 위쪽으로 끈이 흘러내리지 않게 고리가 붙어있고 대님은 단추로 되어 있어 허리띠와 대님에 대한 걱정이 사라졌다. 그동안 불편했던 바지는 편리하게 개량되어 있었다.

설날마다 천방지축인 손자들의 대님을 다시 매어 주고 해마다 잊어버리던 대님매기를 아들들과 사위들에게 가르쳐 주시던 아버지, "자, 이렇게 한 바퀴 돌린 후 요렇게 매는 거지." 곱게 맨 매듭을 탁 치며 즐거워 하셨는데…. 한복을 입고 행복해 하시던 아버지의 모습이 떠올라 잠시 허공을 바라본다.

"미국에선 입을 기회도 없는데 뭐." 하던 딸은 노리개까지 달고 생글거렸다. 아들처럼 족두리에 사모관대까지 입혀 한국의 전통인 폐백을 하고 싶었는데 중국엔 또 그들의 전통이 있다고 하니 양보했다. 늦게까지 이어지던 피로연이 끝난 후 신랑신부는 양쪽 친척들에게 차를 대접하며 허리 굽혀 인사를 한다. 우리는 선물과 대추를 던져주며 덕담을 하는데 이들도 약간의 돈을 넣은 빨간 봉투를 건네주며 잘 살아라 축복 한다. 중국에서는 설날에도 빨간 봉투에 돈을 넣어 세뱃돈을 주는데 결혼을 하지 않은 사람만이 받을 수 있다고 한다. 그러니까 쉰이 넘었어도 미혼이면 받을 수 있고 스물이라도 결혼을 했으면 봉투를 주어야 한다니 재미있다. 결혼을 해야만 어른이 된다는 뜻인가 보다. 설날에 받은 빨간 봉투를 뜯지 않고 베개 밑에 넣어 두면 행운이 온다나.

어머니가 만들어 주신 색동저고리에 분홍색 명주 두루마기를 입고 까치설날, 우리 설날을 부르던 나의 모습이 희미하게 떠오른다. 언니와 함께 두루마기의 모습을 사진으로 남기지 못한 게 아쉽다. 우리들은 너무 좋아 깡충거리던 추억을 간직하려고 딸들에게도 색동저고리와 분홍색의 두루마기를 해 입혔었다. 앙증맞은 꼬맹이들의 모습에서 멈출 수 없이 흘러가버린 나의 시간들을 눈을 가느다랗게 뜨고 헤아려보았다.

빨리 완성되기를 기다리며 쪼그리고 앉아 어머니가 깃과 동정, 그리고 고름을 반듯하게 인두질 하시던 젊은 미소도 기억난다.

지금은 하얗게 눈이 내린 포근한 시골 동네, 흐트러진 바지를 가까스로 걸치고 팽이를 치는 사내아이들, 울긋불긋한 치마저고리에 댕기를 휘날리며 널을 뛰는 처녀들의 모습은 신년카드로만 볼 수 있다.

대학생 때다. 미국에서 유학을 마치고 온 멋쟁이 교수님이 계셨다. 화장기 없는 얼굴에 긴 생머리를 자연스럽게 틀어 올리고 특별한 옷이 아닌데 늘 세련된 모습을 보여주셨다. 음악사를 원서로 강의하여 우리들에게 엄청난 스트레스를 주셨던 그는 친구의 언니여서 친근했다. 그냥 둘러 하신 말씀인지는 몰라도 집에 한번 놀러오라고 하셨다. 가정의 모습도 궁금했던 터라 친구와 함께 갔다. 봉오리 가득한 국화 화분을 들고. 교수님은 한복을 입고 계셨다. 의아해하는 우리들의 표정을 보고 집에선 언제나 한복을 입는데 참 편하다고 하셨다. 자주색 치마에 남색 끝동이 달린 옅은 옥색 저고리, 양단이다. 긴 치마를 찰찰 끌며 맞이하시는데 황홀하기까지 했다. 그날 보았던 교수님의 고상한 한복 맵시는 편안하고 아름답게 보여 오랫동안 인상에 남아 있다.

결혼을 앞두고 어머니가 사철의 한복감을 끊어다 차곡차곡 쌓아 놓으셨을 때 나도 그 교수님처럼 집에서는 한복을 입어야지 했다. 1970년대다. 지금도 그렇지만 그때도 한복은 결혼식이나 명절 때만 입었다. 그런데도 철없던 나는 한복만 입으면 우아하고 고상해 지는 줄 알았으니. 결혼 후 직장에서 돌아오면 한복을 입었는데 여름엔 재미로 적삼까지 입어 보았다. 사람들마다 불편하다던 치마저고리가 습관이 되니 신기하게도 편했다. 그러나 얼마 후에 접고 말았다. 세탁도 문제지만 수시로 갈아야 하는 동정을 달지 못하겠고 무엇보다 한복을 입고는 동네의 시장에도 다닐 수 없었다. 우리나라 옷인데 다들 호기심에 찬 눈으로 쳐다보기 때문이었다.

한복은 세계의 고유한 옷들 속에서 아름답기로 손색이 없다고 생각해 왔다. 여유로움을 보여주는 치마의 주름들은 살이 쪘거나 말랐거나 품위 있게 허리를 감싸 준다. 그뿐인가, 넓은 치마폭 위로 짧고 단정한 저고리의 모습은 작은 키라도 크게 보이는 것 같다.

옛날에는 여자의 바느질 솜씨를 보고 가문을 알 수 있었고 품격을 가늠했다. 치마저고리는 삼국시대부터 내려왔다고 하는데 지금의 모습을 갖추게 된 것은 고려 때, 또는 조선시대의 초창기라는 설이 있다.

그런데 언제부터인가 편리한 개량 한복이 나왔다. 그러나 나는 개량 한복을 좋아하지 않는다. 통치마에 저고리 기장이 길고 동정이 없는 모습은 투박하고 멋이 없어 정이 안 간다. 그 옷들은 한국 여인의 맵시를 잃게 하는 것 같다. 반면에 너무 화려한 파티복의 한복은 고유한 멋이 없다.

한동안 겨울에도 깨끼로 만든 잠자리 날개 같은 한복들을 입었는데 지금은 복고풍으로 유행이 바뀌어 가는 듯, 옛 어머니들이 입으시던 홍콩 양단 같은 무늬의 치마저고리가 유행인 것 같다. 가늘던 동정도 다시 넓어졌으니 과연 유행은 돌고 도는 모양이다.

설날이 가까워진다. 홀로 계신 어머니께 세배를 하기 위해 형제들은 깊숙이 보관했던 유행지난 한복들을 꺼내 입겠지. 신기한 얼굴로 뷰티풀을 연발하던 사위는 한국의 옷을 다시 입고 사진에서 본 세배와 윷놀이가 하고 싶어 시애틀 행 비행기를 예약했다. "정말로 살아온 세월이 꿈만 같구나. 그저 한 평생이 잠깐이란다." 옷고름을 매어주며 말씀하시던 어머니의 세월이 그새 내 앞에 다가섰다. 점점 쇠잔해 지시는 어머니, 정신이 번쩍 들도록 명랑한 손녀사위의 세배를 받고 기운이 솟아나지 않으시려나?

설날은 새해가 시작되는 날, 훈훈한 사랑을 쏟아내며 덕담 속에 커지는 축복의 날이다. 새로운 가족이 된 사위와 함께 오랜만에 만난 형제들은 감사의 눈빛을 나눌 것이다. 어머니 앞에 모인 가족들의 웃음소리가 들려오는 듯 내 마음엔 어느새 행복이 가득하다.

조그만 자개장 속의 유행 지난 치마저고리들도 내 마음 같이 설레어지나? 비단소리 사각사각 들리는 것 같아 살그머니 귀를 대어본다.

# 아버지의 기일

우리가 먼저 도착했다. 가을비 속에 속수무책인 뾰족한 지붕이 흠뻑 젖어있었다.

막내 동생의 예술로 빚어진 비석이 먼지와 빗물로 얼룩져 있다니. 괜한 일인 줄 알면서도 싸-한 가슴으로 빗물을 쓸어 낸다. 다음으로 도착한 조카 부부가 환하게 웃으며 인사한다. "이모님 안녕하셨어요?" 조카며느리는 언제나 살갑다. 그녀는 내가 들고 있는 분홍 꽃다발을 보더니 얼른 흙속에 박혀 있는 무쇠 꽃병을 들고 수돗가로 향한다. 비는 점점 더 세차게 뿌린다.

12년 전, 그날도 비가 억수로 쏟아졌는데…. 울적한 마음으로 회색빛 하늘을 올려본다. 아버지가 묻히시던 그 시간, 장대비가 줄기차게 쏟아졌다. 슬픈 마음을 감싸고 있던 상복 위로 빗줄기가 사정없이 내리쳐 더 슬펐다. 그날의 장대비는 우리들의 안타까운 마음을 흔들었고 가족들은 흐르는 눈물을 빗줄기로 씻으며 아버지를 가슴에 묻었다.

차례로 동생들이 도착한다. 아버지의 둘째 아들은 물이 가득한 양동이와 솔을 들고 웃는 건지 우는 건지 알 수 없는 표정으로 다가온다.

그는 비석에 물을 붓고 솔로 닦는다. 사뭇 엄숙한 손놀림이다. 우리 모두는 우습기도 슬프기도 한 분위기가 되어 잠시 조용해진다. 구석구석 쌓여있던 먼지가 검게 흐르며 샤워하듯 씻겨나간다. 그리운 아버지에 대한 그의 사랑이리라. 비석은 말쑥한 얼굴이 되었다. 한결 위로가 된다.

사방을 휘 둘러본다. 그새 비석들은 더 늘어나, 크고 작은 여러 모양의 돌들이 빼곡하다. 저 멀리 천막이 쳐진 것을 보니 내일 쯤 어느 누가 또 묻히려나보다. 비를 맞고 있는 수많은 꽃들의 표정이 쓸쓸하다. 반쯤 시든 꽃들은 물방울을 뚝뚝 떨어뜨리며 자기의 임무는 여기 묻힌 주인을 위해서 오랫동안 피어있는 거라고 말하는 것 같다.

우리는 우산을 들고 동그랗게 섰다. 아버지가 좋아하시던 찬송의 하나 '주님의 뜻을 이루소서…'를 조용히 부르고 아버지의 맏아들이 기도를 한다.

아버지가 살아오신 삶은 고난의 역사였다. 험난했던 시대의 소용돌이에서도 하나님을 의지하며 오로지 어린이 교육을 위해 헌신하신 성공적 일생은 주님과 동행하신 삶이었으며 그토록 뜻 깊게 살아오신 아버지의 삶을 감사했다. 또한, 평생 우리들에게 주셨던 교훈과 사랑도 감사하다고 울먹인다. 이제 우리들은 황혼에 섰지만 아버지의 후손들이 할아버지의 존경스러운 인생의 발자취를 따르도록 간절히 기도하니 우리들의 아멘에 따뜻한 위로가 등을 두드려 준다.

나는 아버지의 12주기가 다가오자 문득 할아버지의 사랑을 많이 받았던 우리 아들, 영재를 생각했다. 그는 지금 할아버지의 기일을 기억하고 있으려나? 할아버지와 손자가 나누던 아름다운 추억을 되새김 하려고 그가 할아버지를 추모하며 쓴 글을 찾아 읽었다. 글의 일부다.

할아버지께서 이룩하신 많은 업적들 중에서 사람들이 첫째로 꼽는 것은 기독교 교육자로, 아동문학가로서 하신 일이다. 물론 나는 할아버지께서 그렇게 많은 사람들의 존경을 받는다는 사실을 매우 자랑스럽게 생각한다. 하지만 다른 사람들이 존경하는 목사이며 저술가이신 할아버지께서는 내가 알고 존경한 할아버지의 일부분에 지나지 않는다. 할아버지의 열정, 권위, 매력을 사람들에게 상세하게 표현할 수 없지만 분명히 말할 수 있는 것은 우리 손자 손녀들에게 참 좋은 할아버지였다는 것이다. 나는 할아버지의 저서를 읽으며 할아버지께서 글로 발표 하시는 내용과 할아버지의 일상생활이 일치한다는 것을 느낀다. 한번은 『이민과 교육』이라는 글을 읽었는데 그 글에서 '교육은 인간이 인간되게 하는 것'이라고 정의를 내리셨다. 할아버지께서는 그 말씀대로 대화로, 편지로, 그리고 생일이나 졸업축하 카드 등을 통해 좋은 글로 우리를 교훈 하셨다. …(중략) 할아버지께서는 부드러우면서도 옳고 그른 것에 뚜렷하셨고, 겉보기와는 달리 단호하셨으며, 언제나 미소를 띄우시면서도 엄격하셨다. 나는 할아버지께 더 이상 배우며 대화할 수 없는 것이 아쉽다. 하지만 할아버지가 가르쳐주신 대로 살아가고자 노력하는 한 그 대화는 내 마음속에 계속 살아남아 있다.

– (할아버지의 기일을 추모하며)

할아버지가 살아 계셔서 손자가 쓴 이 글을 읽었다면 얼마나 기뻐하셨을까? 참으로 아쉽다.

얼마 전에 세상을 떠나신 김영운 목사는 또 이렇게 글에 쓰셨다.

'세상의 모는 아버지들이, 세상의 모든 할아버지들이 그처럼 자손들을 사랑하고 또 사랑을 받을 수 있다면 얼마나 좋겠습니까? 그런 일이 명령으로 되겠습니까? 요청으로 이루어지겠습니까? 안성진 목사님께서 평생토록 아름답게 사신 열매라고 생각합니다.'라고. 김 목사님은 어느 해 머킬티오의 아버지 집에서 몇 달을 함께 지내신 일이 있었다. 두 분의 깊으면서도 재치가 번쩍이던 대화소리가 들리는 것 같다.

이곳에 어머니도 함께 묻히셨다. 우리 형제들은 기념일마다 찾아와 비석을 닦고, 꽃을 꽂은 후, 찬송하고 기도하며 조용히 머리를 숙인다.

비는 계속해서 내린다. 뽀얗게 안개 낀 묘지의 끝이 보이지 않는다. 너무 고요해 적막감만이 감돌고 있는 것 같지만 나는 알고 있다. 이곳은 영원한 생명이 흐르는 곳임을. 무의미한 것 같지만 편견과 오해와 미움을 뛰어넘는 곳. 공의로운 손길로 거두시고, 일으켜 주시는 곳, 언제나 눈부신 부활의 아침 같은 곳…. 가을비는 성령의 꽃비가 되어 그리움에 젖은 우리를 위로해 준다.

겨울을 재촉하는 비인가보다. 모두들 추워서 떨고 있다. 우리는 우르르 조카의 신혼집으로 갔다. 조카며느리는 따끈따끈한 붕어빵을 사왔다. “우리 집에서 누구누구는 누구누구와 완전 붕어빵이야!”, “하하하.” 신기한 듯 붕어빵을 들여다보며 잠시 왁자지껄 했다.

우린 다시 모여 앉았다. 2014년 12월 18일에 있을 안 씨네 음악회인 ‘크리스마스콘서트’를 위한 준비모임으로 이어졌다. 유수와 같은 세월, 어느덧 20회를 맞게 되다니…. 새로운 감격에 젖는다. 붕어빵처럼 우리들은 서로 닮았다. 붕어들의 따끈함과 달콤함이 음악 이야기와 섞여지니 가슴과 가슴은 감사로 연결되고 흩어져 풀어졌던 매듭은 다시 단단히 메어졌다. 화기애애한 안 씨네의 꿈이 새로운 희망으로 서서히 다가온다.

# 손맛 대신 마음 맛

뉴욕에 사는 딸이 스마트폰으로 '나 깍두기 만들었다!' 하며 사진을 보냈다. 남편과 함께 신기한 듯 들여다보다가 '와~맛있겠다!' 하고 답을 보냈다. 딸아이가 결혼할 때 나처럼 음식을 못 할까봐 걱정을 했다. 중국인 사위는 결혼 전에 그의 어머니가 음식 만들기와 부엌일을 가르쳐 주었단다. 아내를 위하여 네가 많이 알아 두어야 한다면서. 아들이 부엌에 들어가는 것만도 질색하는 한국의 어머니와는 다르다. 중국남편들이 아내를 극진히 위한다는 평가는 허튼말이 아니었다.

나는 음식 만들기 하면 기가 죽는다. 40여 년 넘게 이렇게 살아 왔으니 남편은 할 수 없이 나의 음식에 길이 들여졌다. 결혼 후 15년 이상, 그러니까 아이를 낳고부터 이민 오기 전까지 우리 집에 출퇴근하던 도우미 아주머니가 있었다. 내가 직장에서 오면 부엌에 얼씬도 못하게 했다. 이것이 나의 복인 줄 알았지 요리할 기회를 놓쳐 곤경에 빠지게 될 줄은 꿈에도 몰랐다. 시애틀에서 부모님이 우리 집에 왔는데 아침을 차린다고 계란 프라이를 하던 나를 보고 한심해 했다. 노란 자위가 터져 일그러진 모양이 되었으니까. "너는 아직도 프라이도 제대로 못하니? 쯧쯧."

우리가 이민을 오니까 어머니의 걱정이 태산이다. 얘가 과연 무얼 만들어 식구들을 먹이겠나? 음식이야기만 나오면 프라이 사건을 빼놓지 않고 무안을 주었다. 그러나 무얼 어떻게 먹였던 간에 두 아이는 건강하게 자랐고 남편과 나도 강산이 몇 번 변하도록 잘 살아왔다. 어머니는 프라이 사건 대신, '우리 문자가 이젠 음식을 제법 하며 식구들 건사를 잘 하는구나' 하고 안심했다. 만들기는 하는데 맛이 없는 게 문제지 뭐. 자랑도 안 되는 일을 거침없이 말 하는 것은 내 주위에 있는 사람들은 거의가 다 아는 사실이니 새삼스러울 것도 없다.

음식솜씨가 좋은 사람은 머리가 좋은 사람들 같다. 한국에서 어떤 여성이 의과대학 본과까지 다니다가 고만두고 요리 전문가가 되어 큰 호텔의 권위 있는 세프가 된 예도 있다. 어느 가정이나 한 두 가지씩은 주부가 자신 있게 내세우는 별미가 있다. 냉면이라든가, 매운탕이라든가, 고등어조림이라든가. 내겐 그 단골 메뉴조차 없다. 요즘은 한국의 음식문화가 세계에 떨치고 있다. 신선한 재료를 가지고 맛있게 만들기도 하지만 차림새도 격을 갖추었다. 접시에 요리를 꽃모양으로 담기도 하고 어울리는 접시에 사랑스런 모양을 내기도 한다. 음식 만들기를 즐기고 거기에 사랑을 담아 대접하고 싶어 하는 사람들은 착하고 아름답다. 특별한 재능과 선함을 타고난 사람들이다.

『살아 있는 동안 꼭 해야 할 49가지』라는 책이 있다. 먼 훗날, 후회하지 않는 삶을 위하여, 그리고 사랑하는 사람들을 위해 당장 무엇인가를 실천하라는 책이다. 이 중에 '사랑하는 사람을 위하여 요리하기'도 있다. 내가 가장 잘 못해 주던 일을 망설이지 말고 곧 실행에 옮기란다. 바쁜 일 때문에, 우선순위를 따지다가 중요한 일을 놓치지 말라는 경고의 책이기도 하다. 그런데 나는 요리에 자신이 없지만 큰 문제가 된다고 생각하지 않는다. 우리 아이들도 남편도 내가 요리를 못하는 일에 대해서 불평을 한 적이 없다. 나는 먹는 일에 그리 큰 비중을 두지 않았다. 물론 내가 잘 못하는 일 중에 하나였지만 삶의 의미 중에는 요리 잘하기보다 더 중요한 일들이 많다고 생각했다.

스코트 니어링과 헬렌 니어링 부부는 1930년대에 『조화로운 삶』이란 책을 썼다. 시골에서 자연과 더불어 살며 사람이 지켜야 할 원칙과 관심을 가져야 할 것이 무엇인지에 대해 몸으로 겪으며 쓴 책이다. 그들은 생야채와 과일이 주식이었는데 먹는 일에 대한 자세가 얼마나 중요한지, 먹는 것이 인간의 삶에 어떠한 영향이 있는지를 말하고 있다. 하여, 요리법을 가르치지 않는 요리책으로 『소박한 밥상』이란 책도 냈다. 여자들이 요리를 하느라고 부엌에서 많은 시간을 소비하는데 간단한 밥상으로 시간을 줄이고 책을 보거나 문화생활을 하라는 것이다. 주로 생식을 하되 조리는 아주 간단하게 하란다. 몸도, 삶도, 밥상도 가볍게. 나 같은 사람이 반길 책이다. 그러나 먹는 즐거움이 얼마나 큰지, 맛있는 음식을 누구와 함께 먹는가는 또 얼마나 신나는 일인지 나도 잘 알고 있다. 좋아하는 사람들과 함께 맛있는 음식을 먹는다는 것, 정말 행복하지 않은가.

어쨌거나, 나는 아무리 머리를 굴리며 맛을 내어도 언제나 시큰둥한 맛이니 어쩌겠는가. 얼마 전에 시애틀에서 많은 사람들이 존경하는 분의 9순 잔치에 갔다. 그분은 평생 음식타박을 한 적이 없단다. 국이 짜면 물을 붓고, 싱거우면 간장을 치면 된다고 하여 축하객들이 와-하고 웃었다. 무엇이나 맛있게 먹고 감사하게 생각 한다면 건강하게 살 수 있다고 했다. 그러니까 나 같은 사람도 부끄러워하지 않고 즐겁게 살 수 있다는 합리화에 힘을 보태준 셈이다.

음식 만들기에는 '손맛'도 있지만 사랑이 담긴 '마음 맛'도 있다고 생각한다. 정성스런 마음으로 만들면 맛있게 먹을 수 있고 감사하는 밥상도 될 것이다. 소박한 밥상이야말로 참 쉽다. 니어링 부부의 음식 먹기를 배우면 되니까. 기름기 많은 성찬으로 차려진 밥상에서 채소위주의 간소한 밥상으로 바꾸면 된다. 간소한 밥상이야말로 음식을 아끼고 시간을 아끼는 것. '잔치하듯 먹지 말고 금식하듯 먹어라. 이것이 영적인 삶을 추구하는 삶이다.' 라고 어느 목사님도 말했다.

내 솜씨 없는 음식 탓에 식탐을 절제할 수 있다면 그것도 건강을 위해 좋은 일이 아닐까. 먹는 일의 절제는 깨끗한 삶의 기본이고 몸을 성스럽게 만드는 거룩함에 기여할 수 있을 것 같다. 소박한 밥상이야말로 믿음의 사람들이 앞장서서 실천해야 할 식생활이며 영성을 위한 삶의 첫 걸음이라고 부르짖는다면 지나친 비약일까. 음식 만들기가 부실한 나를 변명하고 싶어서 억지를 부리는 내 모습이 아니었으면 좋겠다.

오늘도 나는 손맛대신 마음 맛으로 밥상을 대해주길 바라며 남편을 위해 부엌에서 꼼지락거린다.

## 새로운 세상을 꿈꾸며

뉴욕에 있는 며느리의 출산 예정일이 가까이 다가오면서부터 안절부절, 수화기를 들었다, 놨다 해댔다. 괜스레 불안해지려는 마음을 달래려고 자꾸만 아들의 아기 때 사진을 드려다 본다.

새해의 설렘이 깔려있던 어느 날 새벽에 드디어 우리의 아기, 손자가 태어났다. 기쁜 소식은 가슴을 뛰게 했고 눈가는 뜨거워졌다. 당장 뛰어가 보고 싶다. 손자는 아빠와 엄마를 쏙 빼 닮았을 게다. 똑똑한 것도, 멋있는 것도. 콩 심은데 콩 나고, 팥 심은데 팥 난다고 하지 않던가.

낙엽이 떨어지고 새 순이 돋아나듯 새 창조의 축복이 오늘 새벽 사돈댁과 우리 집에 내렸다. 우리 두 집은 서로 축하를 나누었다. 두근대던 내 가슴에 새싹이 트고 몽롱했던 정신에 꽃이 피었다. 안개는 걷히고 이슬 먹은 세상에 무지개도 떴다. 아기는 무디어진 나의 가슴에 기쁨을 뿌렸고 신비로 가득한 두 가정엔 새로운 희망이 빛을 발했다.

삼십 여 년 전 그때도 아들은 새벽에 태어났다. 밤새도록 딸의 곁에서 아픔을 함께 나누던 친정어머니는 기운이 떨어진 산모가 미역국을 먹어야 되는데 부엌이 닫혀 있다고 의사와 간호사에게 막무가내였

다. 단잠 중이던 아주머니가 웃으며 갖고 온 미역국을 억지로 먹인 후 긴장이 풀린 어머니가 쓸어졌다. 졸지에 입원한 어머니와 나는 나란히 누었었지. 엊그제 같다. 증조할머니가 된 어머니는 나의 기도가 이루어 졌다고 활짝 웃으셨다.

총명한 그들은 알고 있겠지? 자녀들을 주의 교양과 훈계로 양육하라는 에베소서의 말씀을. 자식은 여호와가 주신 기업이라는 시편의 말씀도 있다. 자녀들은 하나님께서 우리에게 맡겨주신 생명인 것이라 했으니 하나님의 뜻대로 키워야 되는 것 말이다. 새 생명을 얻고 축복 속에 태어난 우리 손자가 주님의 가르침대로 잘 자라기를 바란다. 부모의 믿음과 인격, 그리고 삶의 자세가 아기의 인간성에 그대로 심어진다는 것도 물론 알고 있을 게다. 괜한 기우다.

할머니가 되기가 한 참 멀다고 생각하던 때 일찍이 할머니가 된 친구들에게 물었었다. 정말로 손자손녀들이 우리의 아이들을 키울 때보다 더 예쁘니? 하고. 이구동성으로 소리쳤다. 너무 예뻐서 죽을 지경이래나. 의무감이나 기대가 없으니 마냥 예쁘기만 하단다.

축하를 하던 형제들의 표정이 야릇해졌다. 졸지에 이모할머니, 삼촌할아버지들이 되었기 때문이다. "뭐야? 촌수가 그렇게 되는 거라-구? 하하하."

사실 우리는 지각 할아버지, 할머니다. 이제야 질서의 대열에 들어선 남편과 나는 신기하고 감사해서 자꾸만 웃었다.

존경하는 K 교수님, 손자손녀를 본다는 것은 '다른 세상이 열리는 것'이라며 축하해 주셨다. 드디어 나에게도 다른 세상이 열렸다.

아들의 사진 옆에 새로 태어난 어린 왕자님의 사진을 놓는다. 세상에 물들지 않은 순결한 새 생명. 하나님께서 우리 가정에 주신 신비한 선물을 보며 나의 눈은 더 멀리 더 높이 펼쳐질 새로운 세상을 꿈꾼다.

뉴욕과 시애틀은 한참이지만 아기가 놀고 있는 꽃밭에 나도 있고 싶다. 귀여운 우리 손자, 새록새록 맑게 자라거라. 토실토실 예쁘게 자라거라. 언제나 주님의 품에서 밝게 웃으면 건강한 정신도 곧게 뻗으리.

서로 닮은 세 식구, 하나의 숲 이루고 따뜻한 빛으로 가득 채우면 푸른 숲은 창대해지고 우리 손자는 재능이 자라겠지. 그 후엔 따뜻한 인격의 소유자가 되리라. 나도 이젠 돈 내면서 자랑 하고픈 손자가 있다. 예쁘기만 하고 사랑스럽기만 한 우리 손자가 태어났다.

# 꿈을 키워준 비둘기 집

사람들은 그때의 그 집을 비둘기 집이라고 불렀다.

빨간 벽돌의 작은 이층집은 주황 노랑 연두색으로 사랑스럽게 꾸며졌었다. 지금도 눈에 선 한 그 곳. 그리운 중구 저동2가 영락교회 건너편. 아버지의 사무실이 있던 빌딩 왼쪽으로 살짝 돌아가면 있었다. 빨간 벽돌 벽 사이로 주황색 대문이 집에 오는 사람들을 다정하게 맞아주었다. 현관에서 바라보면 안방, 왼쪽엔 귀여운 부엌, 뒤쪽으론 수세식 화장실이 있었지. 오른쪽으로 뱅그르르 동그라미를 그으며 이층으로 올라가면 탁 트인 유리벽에 의지한 응접실은 이웃집이 보였지만 쏟아지는 햇살로 겨울에도 따뜻하고 아늑했다. 책들과 잡동사니를 넣을 수 있는 붙박이장들이 갖추어졌고, 방은 세 개 뿐이었지만 노란색과 연두색의 문을 열면 작은 책상과 이층침대, 옷걸이가 속삭이는 듯 아기자기했다. 집 주위에는 아담한 집들이 옹기종기 사이좋았는데 우리 집은 귀여우니까 비둘기 집이라고 했다. 1960년 대 후반, 30평의 작은 집에서 여덟 식구가 복작대며 살았지만 좁은 줄 몰랐다.

우리는 딸 셋, 아들 셋이다. 육남매가 많이 먹고 잘 크며 학교에 다니던 그 시절엔 아버지가 어린이와 청소년을 위한 문서사업을 가장 왕성하게 하던 시기였다. 출판 일이 바빠지면 살림은 더 어려워졌다. 전셋집으로 전전하던 고달픈 시절, 쌓이는 빨래와 작아지는 옷가지들, 주식, 부식, 간식 준비로 어머니는 지쳐버렸다.

걱정스럽던 아버지는 뒷골목에 숨어있던 허름한 집을 싼값에 샀다. 형편도 안 되는데 용기를 낸 것은 아버지를 존경하던 건축가 지망생인 한 청년이 경험을 쌓기 위해, 그러니까 연습 삼아 설계를 하기로 했고, 또 다른 분이 집 짓는 자재를 저렴하게 공급해 주어 경제적인 부담이 크지 않았기 때문이었다. 의욕에 찼던 젊은 건축가의 실력이 최고로 발휘된 작은 집은 노란색, 연두색, 주황색으로 마치 동화속의 놀이 집 같았다. 후에 크게 성공한 청년의 첫 작품이 된 그 집은 작은 공간을 빈틈없이 살려 감탄할 정도로 오밀조밀하게 필요한 건 다 갖추어 넣었다.

부엌엔 주입식 가스렌인지와 붙박이 찬장, 여덟 식구가 끼어 앉을 수 있는 작은 식탁까지 붙박이였다. 수세식 화장실은 온 동네를 뒤져야 우리 집 뿐. 재미있는 구조는 그 시절엔 드물었던 신식 디자인이었다.

어머니는 오랫동안 쓰던 양은이나 플라스틱의 잡동사니 그릇들을 치우고 적당한 크기의 사기접시들을 사왔다. 그 시절엔 호텔에도 뷔페가 등장하기 전이었다. 그즈음 아버지가 미국을 다녀왔는데 인상적인 뷔페 방법을 시도한듯하다. 식탁 중간에 수북이 놓여 있는 밥과 몇 가지의 반찬들을 먹을 만큼만 자기 앞 그릇에 덜어 먹는데 좀 생소했지만 곧 익숙해졌다. 우리는 깨끗이 다 먹은 후 설거지통에 갖다

넣도록 훈련도 받았다. 버리는 음식이 없음은 물론이다. 아들, 딸 구별 없이 두 사람 씩 짝을 지어 예쁘게 써 놓은 순서대로 설거지를 했다. 소꼽놀이처럼 재미있었지만 살림이 넉넉해 진건 아니었다. 집까지 지었으니 우리는 여전히 가난을 벗어나지 못했다. 그래도 가족들은 집에 있기를 좋아했다. 작은 집인데도 편리하게 설계 되었다는 입소문을 듣고 구경 오는 사람들이 많았다. 신문사에서 취재까지 했다. 아버지를 중심으로 대화하는 모습의 사진과 함께 '이상적인 가정생활'이라고 소개된 일도 있었다.

우리 형제들은 어린 동생 둘만 빼고 이 집에서 대학을 졸업했다. 나는 대학을 마치고 명동에서 일했으니 사방팔방 금싸라기 땅들을 앞마당처럼 활기차게 다녔다. 그 지역에서는 다 기억하리라. 여명이 동쪽 하늘을 물들일 때, 영락교회에서 울려 퍼지던 챠임벨의 찬송 소리를. 나는 학생 때 한동안 챠임벨의 건반을 연주 했다. 싸한 새벽 공기를 마시며 조용하게 들어섰던 교회 안은 엄숙하고도 평화로웠다. 그 고요함을 감싸며 은은하게 퍼지던 멜로디. 명상의 아르바이트를 잊지 못한다.

결혼을 앞두고 애인이 인사를 오고 반지와 옷감이 들어있던 초록색 가방의 소박한 함이 들어왔었지. 동네에서 함이 들어온다고 구경거리가 있으려니 기웃댔지만 점잖은 함진아비 두 친구는 "목사님, 안녕하셨습니까?" 허리 굽혀 인사를 하는 것으로 끝내고 말았으니, 사람들이 킥킥, 웃었다. 신혼여행 후의 잔치도, 아들의 첫돌 잔치도 이 비둘기 집에서 했다. 비둘기 집은 내가 공부하고 성숙하는 과정을 다 보아 주었다. 동생들은 유학에, 언니와 나는 결혼, 막내둥이는 부모님과 함께 이민을 갔으니 슬프게 이별했던 곳도 그 집이었다. 한 번 헤어지니 다시 합쳐지지 않았다. 자기들의 길로 가고 말았으니까.

세월이 흐른 뒤, 부모님이 정착한 시애틀의 북쪽인 머킬티오로 기적처럼 육남매 가족이 다시 모였다. 계곡의 물처럼 흘러간 30년의 세월. 속절없이 흘러간 나날 속에 부모님은 하늘나라로, 후손들은 푸른 꿈을 안고 동쪽, 서쪽으로 흩어져 살아가고 있다. 남겨진 형제들은 빈 둥지를 지키며 늙어 가는데…. 한 세상 이리도 잠깐이구나. 멀리, 아이들의 소식이 오고갈 땐 쓸쓸한 눈빛 감추다가 마주보며 웃는다.

아, 우리가 행복했던 비둘기 집. 몇 번의 주인이 바뀌더니 지금은 구두공장이 되었다네요. 그러기에 추억이란 아름답고도 슬픈 것이라 하는 것이지. 젊은 날은 지나갔고, 비둘기 집은 안개 속에 있다. 그러나 또렷하게 남은 건 살아온 세월의 감사다. 남은 삶의 감사도 넘치게 이어지리라.

# 이혼의 사유라고?

고등어가 탔다. 지글거리는 생선이 비리고 매캐한 기름 냄새를 풍기며 납작하게 엎드려 있다. “어머나, 다 타버렸잖아?” 약한 불에 15분으로 타이머를 돌려놓고 책을 읽고 있었는데 타이머 소리를 못 듣다니. 새까맣게 탄 가운데 한 토막이 운이 나빴다. 다행이 다른 녀석들은 납작해졌지만 제법 노릇 거린다.

외출했던 남편이 언제 들어 왔는지 “아니, 생선을 태우다니, 이혼증서를 써야 되겠군.” 하며 고등어를 드려다 본다. “오호라, 구약시대의 몰지각한 남자들이 떠올랐나?” 나는 호들갑으로 태워먹은 무안함을 얼버무린다. 그는, 안문자의 실수가 한두 번 이래야지? 하는 표정으로 웃었고 나는 철판 깔은 얼굴이 되어 쯧쯧 대기만 한다.

구약 신명기 24장에 이혼사유가 있다.

“누가 아내를 맞아 부부가 되었다가 그 아내에게 수치스러운 일이 있어 남편의 눈 밖에 나면 이혼증서를 써주고 쫓아낸다.” 라고. 거기에는 수치스러운 일들이 무엇인지 밝히지 않았다. 그런데 탈무드에 보면 나와 있다. 간통은 이해가 가는데 음식 태우기, 음식의 간이 안 맞을 때,

아내보다 더 예쁜 여자가 나타났을 때라고 한다. 하도 어이가 없어서 시쳇말로 '놀고 있네.' 라는 소리가 절로 나올 지경이다.

독선적인 남성들의 굴레에서 벗어나지 못하고 무시당하고 살아야 했던 그 시대의 불쌍한 여성들. 그런데 인도에서도 구약시대 못지않게 여자들을 무시했다지. 쫓겨난 여자가 갈 곳이 없으면 거지신세가 되거나 나쁜 길로 빠진다고 했다. 그뿐인가 요즘도 신문에서 보지만 중동의 여러 나라들에서도 마찬가지다. 우리나라는 뭐가 다르랴. 유교사상에도 이혼의 사유로 칠거지악이란 것이 있는데 이 중 한 가지만 있어도 쫓겨나지만 그래도 삼불거(三不去)라고 하는 세 가지가 있을 땐 쫓아내지 않았다고 한다. 이를테면 갈 곳이 없다던가, 10년 동안 시부모의 제사를 지냈다던가, 결혼한 당시 보다 집안 형편이 많이 좋아졌다던가.

그런데 신약에는 완전히 상반되는 말씀이 있다. "하나님이 짝지어 주신 것을 사람이 나누지 못한다." 예수님께서는 남녀가 평등하다는 창조신앙에 근거하여 사랑으로 맺어졌다면 하나님이 짝지어주셨다고 말씀하셨고 이렇게 결혼한 사람들은 마음대로 헤어질 수 없다고 이르셨다.

며칠 전 한 결혼식에 갔다. 신랑신부가 어찌나 아름답던지. 행복에 겨워 어쩔 줄 모르는 그들을 보면 헤어질 수 있다는 것은 상상을 할 수가 없다. 그러나 사랑 없이 신분상승을 위해서, 또는 혼수의 조건을 따지며 결혼을 했다면, 그러니까 사랑 외에 다른 목적이 있는 결혼이라면 그것은 사람의 욕심으로 짝지어진 것이니 하나님이 나누신다고 어느 신학자가 말했다.

결혼식에 가서 아름다운 신랑신부를 바라볼 때마다 생각나는 주례사가 있다. 내가 존경하는 S 교수의 주례사다. 그분은, 행복한 가정의 조건으로 성경이 가르치는 사랑을 말씀하셨다. 성경에서 말하는 부부의 사랑은 '에로스'가 아닌 '아가페'의 사랑이라고 하셨다. 사랑스럽기 때문에 사랑하는 것이 아니고 사랑스럽지 않을 때도 사랑하는 것이라고. 아가페의 사랑을 극단적으로 표현한 것이 '원수를 사랑하라'는 가르침이 성경이 말하는 사랑이라고 하셨다. 아가페는 하나님께서 인간을 사랑하시는 방법이므로 사람들도, 부부들도 이런 사랑을 해야 한다고 간곡하게 말씀 하셨다.

검게 탄 고등어 한 토막을 아린 마음으로 버렸다. 납작하게 튀겨졌지만 노릿하게 과자같이 되어버린 고등어가 씹을 적마다 바삭댄다. 남편이 좋아하는 생선인데…. 무슨, 대단한 독서 삼매경에 빠졌다고 태워버리다니. 그런데 나도 참 웃긴다. 미안한 마음보다 태운 음식 때문에 이혼증서를 받아야만 했던 구약시대의 이혼법이 점점 더 괘씸해진다. 음식을 태운 것이, 음식의 간이 안 맞는다고, 더 거슬리는 것은 지금의 아내보다 더 예쁜 여자가 나타났을 때 이혼의 사유가 된다니. 그 시대에도 착한 남자들이 있었을 텐데…. 부인을 사랑해서 실수를 덮어 주며 용서해 준 남자도 있었을 게다.

남편이 과자같이 되어버린 생선을 바사삭 소리를 내며 먹는다. 그 소리가 마치 '이혼증서를 쓴 구약시대의 남편들이 이해가 되는구만.' 하는 것 같다. 췻, 만약 그런 생각을 한다면 이거야 말로 증서는 내가 써야지. 혼자 킥킥 웃다가 "고등어가 더 고수하고 맛있네, 뭐~." 라고 억지를 부려본다. 남편은 배가 고팠는지 맛있게 먹고 있지만 속으로 무슨 생각을 하는지 알 수가 없다. 아무리 철판을 깔아도 체면은 좀. 어쨌거나, 먹어주는 게 고맙다. 나는 남편에게 미안한 마음을 담은 윙크를 보낸다.

# 엄마의 행복

첫 아이를 낳을 때, 딸이었으면 했다. 그런데 아들이었다. 병원에서 엄마와 언니는 아들이란 말에 깡충깡충 뛰며 기뻐했고 남편은 감사합니다. 기도가 절로 나왔다고 했다.

눈을 꼭 감고 있는 아기가 처음으로 내 품에 안길 때의 그 신비스럽던 감격에 대해서는 표현할 길이 없다.

그것 참, 너무 귀엽다. 이름은 이영재다. 아주 총명한 것 같다. 어느 엄마나 다 그렇게 생각하고 싶을 게다. 하나부터 열 가지를 보면 알 수 있다고 할머니가 말했다. 아기 때부터 음식은 먹을 만큼만 먹었다. 크레용으로 벽에 북북 그림을 그렸을 때도 여기에 그리면 안 돼! 하니 절대로 그리지 않았다. 아무 책이나 쓱쓱 꺼내 읽는 흉내를 내며 동네에 있는 학교에 가고 싶다고 아파트의 창문을 열고 학교를 바라보곤 했다. 나는 바보같이, 공부를 아주 잘 하려나봐. 기분이 좋았다. 아기가 처음 읽은 책은 외할아버지가 쓴 『엄마와 함께 보는 그림성경』이다. 잘 시간이 되면 눈을 비비며 책을 들고 와 "엄마, 할아버지 책 읽자." 하곤 했다. "할아버지가 영재 줄려고 만들었지?" 하며

표지 뒤 할아버지 사진에 뽀뽀를 했다. 보드라운 머리를 쓰다듬으며 책을 읽고 있노라면 어느새 새록새록 잠이 들곤 했다. 이 책을 두 번 읽는 동안 한글을 줄줄 읽게 되었고 매일 밤 아이는 혼자 읽고 잤다. 네 살이었다.

아이가 네 살이 되었을 때 둘째가 태어났다. 나는 의사에게 "이번엔 딸이었으면 좋겠어요." 라고 여러 번 말해 보았다. 혹시 의사는 알고 있지 않을까 하고 물어보았지만 의사는 빙그레 웃기만 했다. 지금은 미리 알아서 분홍색, 파란색으로 아기의 옷이나 용품을 준비하지만 1976년, 그때만 해도 낳기 전 까지는 알 수가 없었다.

영은이라고 남편과 함께 이름을 지었다. 야무지게 논다. 밥도 잘 먹고 튼튼하다. 깔깔 웃기도 잘 한다. 호탕하게 웃는 아빠를 닮은 모양이다. 딸아이의 웃음은 밝고 특이하다. (먼 훗날, 어느 모임에서 누군가가 깔깔깔 하고 웃었다지. 한 남성, 그 웃음소리가 들릴 적마다 뒤를 돌아보다가…. 사랑이 이루어졌다.) 아기는 눈을 살짝 흘기면서도 입으로는 웃는 버릇이 있다. 책 읽는 척, 글 쓰는 척 오빠가 하는 대로 졸졸 따라했다. 너무 일찍 말을 잘해서 할머니는 요거, 변호사같이 말을 잘 하는구나. 라고 하셨다. 영은이가 놓아둔 우유와 과자를 먹고 살짝 놓고 간 산타할아버지의 선물, 전기를 꽂으면 지글지글 소리 내는 계란 후라이를 하루종일 만들었지. 집안이 온통 기름 냄새가 나는 듯 고소했다. 막내 외삼촌이 미국에서 서울을 방문했었는데 영은이의 후라이 냄새를 맡으며 "아, 꼬시다~계란 좀 주세요." 하니 영은이는 "네~"하며 접시를 내밀었고 삼촌은 하하하 웃었다, 영은이는 재미있게 놀다가 물었다. "엄마! 산타 할아버지가 어떻게 내가 갖고 싶은 것을 알았을까?" 라고. 나는 "그러게 말이야." 하며 시치미를 뗐다. 어느 아기나 다 이렇게 예쁘게 자란다는 것을 나중에야 알았다.

영은이가 여섯 살 때 오빠와 자꾸 싸우며 시끄럽게 난장판이 되곤 했다. 남편과 나는 아이들의 버릇을 고쳐주기 위해 사랑의 매를 들먹이게 되었다. "너희들 왜 서로 도와주지 못하고 싸우기만 해!" 위엄을 부린 남편은 두리번거리다가 옆에 있는 빗자루를 들고 말았는데…. 오빠는 눈물을 뚝뚝 떨어뜨리며 종아리 걷는 시늉을 하는데 영은이는 앙앙 울며 오빠를 째려보다가 "아빠 왜 그래?" 소리치며 빗자루를 뺏어 아빠의 엉덩이를 마구 때렸다. 어이없던 나와 남편은 너무 우스워서 하하하, 웃고 말았다. 울고 있던 아이들도 히히히 웃었다. 지금도 빗자루 이야기만 하면 재미있게 웃는다. 우리 집엔 사랑의 매 같은 건 영영 비집고 들어올 자리가 없어지고 말았다.

우리는 영은이가 4학년이 되자마자 미국으로 이민을 왔다. 학교 가는 첫날, 걱정이 태산 같았다. 많은 아이들이 처음 학교에 갔다 오면 울더란 이야기를 들었기 때문이다. 영재는 이미 공부 잘하는 아이로 소문(?)이 났었기에 미국학교도 잘 다닐거야, 걱정 하지 않았다.

1986년, 그때만 해도 우리가 살고 있던 시애틀의 북쪽 머킬티오란 동네 학교에는 동양 아이들이 없었다. 우리는 문밖을 내다보았다. 아이가 울면서 올 것 같아서다. 영은이가 생글거리며 나풀나풀 뛰어온다. 마음이 놓였지만 궁금하기 짝이 없다. 우리 영은이 복도 많다. 동양아이를 처음 본 미국 아이들이 너도 나도 도와주려고 안달을 했다니 참으로 신기할 뿐이다. 좋은 선생님의 배려였을 게다.

다음 날, 남편은 학교에 가시 창문으로 들여다보았다. 60명이 넘는 한국의 콩나물 교실을 떠 올리며. 20명도 안 되는 학생들이 동그랗게 앉아 공부를 하는 건지, 놀고 있는 건지…. 한 녀석은 교실 뒤의 수도꼭지를 틀고 물을 마시고, 한 녀석은 화장실에 다녀오고, 한 녀석은 선생님의 이름을 부르며 질문을 해서 깜짝 놀라기도 하고. 이곳에서는 교장을 만나도 하이! 아무개 하며 이름을 부른다는 사실을 몰랐으니까. 영은이가 노랑머리를 길게 늘어뜨린 한 소녀와 웃으며 무슨 말인가 주고받더란다. 무슨 말을 했을까? 근심스러운 남편은 공부가 끝난 후 선생님에게 영어를 빨리 못 배울 가봐 걱정이라고 했다지. 예쁜 선생님은 생긋 웃으며 영어는 아무 염려 말고 한국말이나 잊지 않도록 노력하라고 했다니, 과연 여기가 참다운 교육 현장이로구나 하고 우리는 안심 되었다.

세월은 흐르고 아이들은 자랐다. 그들은 자연스럽게 미국생활을 즐기며 공부하게 되었다. 어느덧 아이들의 걱정은 사라지고 남편과 나는 바쁜 이민자의 세월을 보내고 있었다.

영재와 영은이의 첫 번 댄스파티에 파란 눈의 미남 미녀로부터 프로포즈를 받았을 땐 내 가슴도 설레었다. 감청색 공단으로 멋있게 조화된 턱시도에 꽃을 달고 있는 영재의 핸섬한 모습에 엄마는 즐거웠다. 보라색 드레스에 소년이 갖고 온 꽃을 단 영은이도 숙녀 같았다. 남편은 재미있고 신기해서 사진을 펑펑 찍었다.

학교에서는 이것저것 잘 했다고 상장도 많이 받아 왔다. 아이들의 사기를 위해 여러 가지 이름을 붙여 상을 많이 주는 것 같다. 참 좋은 방법이라고 생각된다.

영재는 동부에 있는 대학으로 갔다. 내 그럴 줄 알았다고 할아버지

할머니, 삼촌 이모들로부터 한껏 축하를 받았다. 우리는 너무 기분이 좋아서 처음으로 동부로 여행을 갔다. 나이아가라도 보고 신이 났지만 마지막 날 밤에 아이의 땀에 젖은 반바지를 빨다가 수돗물을 틀어놓고 울었다. 우리에게 기쁨을 주었던 녀석을 살벌한 곳에 떼어 놓게 되었으니 걱정이 태산이다. 시애틀로 오는 내내 비행기 안에서도 울었다. 한 번 떠나면 영영 함께 살 수 없을 거란 부질없는 생각 때문에.

영은이가 고등학교를 졸업할 무렵에는 보이후렌드가 생겼다고 한다. 보이후렌드? 미국을 잘 모르는 이 엄마는 학교 친구들, 남자는 보이후렌드, 여자는 걸후렌드 아닌가? 아니란다. 이곳의 보이후렌드는 특별한 관계라나. 뭐, 뭐? 특별한 관계? 나는 또 걱정이 앞섰다. 연인 같은 사이를 보이후렌드, 걸후렌드라고 한다니까 말이다. 졸업 전 마지막 프롬에 갈 때는 턱시도에 긴 드레스를 입고 여자는 팔목에 남자는 양복에 꽃을 주고받더라. 그 보이후렌드와 사진도 약혼 사진 같이 찍어서 순진한 이 엄마는 놀래면서도 재미있었다. 대학에 가서도 친구들과 생일 파티다, 수련회다, 뭐다 밀려다니며 데이트 같은 것도 많이 하는 것 같아 공부에 지장이 될 것 같아 염려는 되었지만 아이가 즐거워하니 나도 덩달아 좋았다. 그래, 학창시절에 아름다운 추억이 없는 것 보다 낫지 뭐. 한국 학생이니 끝까지 잘되길 바라는 마음도 가져보았다.

어느 날, 딸아이는 울고 있었다. 그 보이후렌드와 헤어졌다는 것이다. 가슴이 쿵 해지며 나도 눈물이 나려고 했다. 네가 사랑의 슬픔을 알게 되었구나. 세상일이 마음대로 되지 않는다는 경험은 앞으로 더 많을 테지. 긴 대화로 헤어지기로 했다니 아이가 어른 같다. 서로가 힘들 때 불편하지 않도록 마음 쓰는 것이 친구를 아끼는 일이지 뭐. 슬픔도 걱정도 나누었다면 앞으로 더 좋은 관계가 될 거야. 라고 말해 보았지만 영은이는 한동안 쓸쓸해 했다.

아이는 모든 걸 다 잊고 열심히 공부하는 것 같았다. 나는 오빠처럼 멀리 가지 말라고 말했다. 너마저? 생각만 해도 슬퍼지니까. 졸업 후엔 한국인을 위한 기관에서 일도 했다. 돈 보다 가치에 중점을 둔 삶, 서로 도우며 바르게 사는 것, 사람을 사랑하며 인간답게 사는 법을 배운다면 좋겠구나. 엄마는 기뻤다.

결국, 이년 후 영은이도 대학원에 가기 위해 동부로 갔다. 언제까지나 내 품에만 있을 것 같던 두 아이는 떠나고 말았다. 아이들이 오고 갈 적마다 눈물바람 몇 번 하고나니 어느새 직장인들이 되었고 한 번 떠난 아이들은 자기들의 세월을 살아가느라 바쁘기만 하다. 이젠 나의 기쁨보다 아이들의 기쁨이 전부가 된 것 같다. 그것이 행복인 것 같기도 하고 서운 한 것 같기도 하다.

영은이는 손해 본 일이 조금 있다. 공부도 잘했고 무엇보다 상냥하고 밝은 성격인데 오빠 때문에 빛을 못 보았다. 오빠가 공부를 좀 잘하긴 했지만 첫 꽃봉오리에 더 감탄을 하듯 할아버지로부터 온 가족이 영재, 영재하며 칭찬이 너무 세졌고 번번이 영은이 때는 칭찬의 도가 약해졌다. 그러나 영은이는 질투 하거나 기분 나빠 하지 않을뿐더러 오빠의 특출함에 오히려 기뻐했다. 오빠는 오빠대로 훌륭하고 나는 나대로 최선을 다한다는 당당함이 있다. 법을 공부한 아들은 너무 차고 냉정할 가봐, 사회사업을 공부한 딸아이는 따뜻하고 동정심이 많으니 힘든 인생이 될 가봐…. 걱정도 팔자인 엄마다.

외국여성과 결혼할지 모른다고 은근히 침을 놓던 영재는 같은 길을 걷는, 똑 부러지게 총명한 한국 여성을 만나 결혼했다. 영은이도 오빠처럼 진짜 사랑을 하게 되었다. 한국인이 아니어서 처음엔 조금 섭섭했지만 아내에게 잘 해 준다고 이구동성으로 말하는 중국 청년이다. 청년은 정신이 번쩍 들 정도로 명랑하다. 두 아이의 아름다운 사랑은 행복으로 이어졌다. 그들은 지금 전쟁과 같은 뉴욕 생활이지만 열심히 살아가고 있다.

영재와 영은이를 그토록 흐뭇해하며 사랑하시던 할아버지와 할머니는 하늘나라로 가셨고 우리는 황혼의 문턱에 서 있다. 아이들이 시애틀에 다녀갈 적마다 융숭한 대접을 아끼지 않던 삼촌과 이모들도 빈 둥지를 지키고 있다. 사이좋게 자라던 사촌들도 이 도시 저 도시에서 눈부시게 자기들의 삶을 살아가고 있다. 아, 세월은 계곡의 물처럼 흘러갔다.

사랑하는 너희 네 사람, 그리고 기특한 내 조카들, 한 번밖에 주어지지 않는 귀중한 삶의 몫을 감사하며 살아라. 다들 가정을 이루었으니 사랑은 행복한 가정이 되고 행복한 가정은 건강한 정신을 갖게 되는 것이지. 인간은 절대 완벽할 수 없단다. 그렇지만 사람들과 사랑을 주고받을 수 있는 사람이 된다면 옳게 사는 거야. 삶이란 사람답게 사는 세상을 위해 즐거운 마음으로 일하면 되는 것이야. 이 모든 것은 같이 노력 할 때라는 평범한 진리를 잊지 말거라. 사랑하는 대로 인생은 그만큼씩 아름다워지고 너희들의 향기는 모두에게 행복이 되리라.

아, 우리의 손자, 콩 심은데 콩이구나. 부모 닮아 똑똑한 우리 손자들. 에밀과 니콜로는 앙증맞은 첼로를 보듬어 안고 더 앙증맞은 모습으로 나란히 앉아 연주를 한다네.

유수 같은 세월 속에 파도타기 하던 우리 부부는 홀가분하다. 물 맑은 생활 즐기고 있노라면 마음 깊은 곳에선, 기쁨의 샘물이 마르지 않으리. 아, 기적으로 점철되었던 삶의 역사는 감사로만 남았구나. 천 번, 만 번 감사의 기도만 남았다.

# 슬픈 토마토

방울토마토 한 알을 따서 입에 넣었다. 꽈리처럼 요리조리 굴리다가 살짝 깨문다. 달콤하면서도 상큼한 비릿함이 입안에 가득 찬다. "아, 맛있어. 잘도 익었네." 아이처럼 소리친다. 손바닥만 한 텃밭에 깻잎과 상추, 토마토 줄기가 다정하게 엉켜있다. 따면 또 돋아나는 깻잎과 상추도 대견하지만 다닥다닥 달려있는 토마토를 보면 참 신기하다. 착하기도 하지. 물만 주는데도 크고 작은 토마토와 방울토마토들이 빨갛게, 노랗게 익는다.

큰아버지네 토마토 밭은 어린 우리들에겐 운동장처럼 넓어보였다. 평양의 큰아버지는 부자였다. 논과 밭이 많았고 창고엔 쌀과 잡곡들이 그득했다. 동네에서 존경받던 어르신이요, 장로였던 그분은 전도사였던 막내 동생 우리 아버지를 무척 사랑하셨다. 반면 큰 어머니는 심술쟁이에 욕심이 많으셨다. 무엇보다 주렁주렁 달려 익어가는 토마토를 우리들이 몰래 따먹을까봐 무서운 얼굴로 감시하곤 했다. 동네의 꼬맹이들과 몰려다니다가 토마토 밭 근처를 지나가게 되면 훠이훠이 새를

쫓듯, "인석들아 일년감(토마토의 우리말) 떨어진다. 데켄에(저쪽에) 가서 놀아라." 불호령이 떨어지곤 했다. 나는 그때 토마토 맛이 어떤지 알지 못했다. 밭 가까이 가면 비릿하면서도 독특한 내음이 너무 짙어 어지러워지곤 했다.

어느 날, 큰아버지 집에 갔다. 조용하다. 계모 같은 큰어머니는 어디 가셨을까? 살그머니 방문을 열었다. 나는 엉거주춤, 들어가지도 나오지도 못하고 섰다. 방 한가운데서 가치다리를 하고 앉은 큰 아버지가 토마토 바구니를 놓고 입맛을 다시고 계셨기 때문이다. "오, 문자가? 이 켄에 오라. 내레 이것들이 얼마나 익었는디, 맛은 들었는디 먹어 보대서. 어서 들어오라." 큰아버지는 내 손을 잡아끌어 앉히셨다. 불그스레 익은 커다란 토마토를 손에 쥐어주며 큰 에미 오기 전에 얼른 먹으라고 하신다. 큰아버지도 큰어머니의 심술을 알고 계셨나보다. 부끄러워서 쩔쩔매던 꼬맹이의 가슴이 찌르르해졌다. 어서 먹기를 기다리며 환하게 웃으시던 큰아버지를 바라보며 와락, 한 입 베어 물었다. 달콤하면서도 비릿했던 그 맛! 지금도 생생하다. "맛있디?" 다정한 큰아버지의 얼굴이 가물가물 생각나지 않지만 환한 미소는 또렷하다. 우리는 서로 바라보며 와작와작 오물오물 먹다가 후후후, 웃었다. 내가 토마토를 유난히 좋아하는 것은 아마 큰아버지와 나와의 비밀, 둘이서 사이좋게 먹었던 그때의 그 맛 때문이리라. 아, 큰아버지의 다정함처럼 따뜻하고 달콤했던 그 맛, 큰아버지의 땀 냄새처럼 비릿했던 그 냄새.

결혼 초에 우린 마포 아파트에 살았다. 직장이 비슷한 거리에 있던 남편과 나는 퇴근하면서 외식을 하고 집에 오는 일이 많았다. 엄동설한, 나는 임신 중이었다. 어머니랑 남편이 뭐가 먹고 싶으냐고 묻곤 했다. 가을엔 김장을 위해 자라고 있던 무청이 달린 무가 먹고 싶었는데, 겨울이 오자 큰아버지랑 몰래 먹었던 그 토마토가 자꾸 떠올랐다. 아무리 나를 사랑하는 어머니와 남편이라도 한겨울 어디에서 토마토를 구할 것인가. 그런데 이게 웬일? 구했다. 밤마다 아파트 앞에서 작은 구루마 몇 대가 등불을 켜고 과일을 팔곤 했는데 거기 얼은 토마토가 있었다. 호텔 양식당에서 쓸 비닐하우스의 농사가 실패한 토마토일 게다. 볼품없이 푸르고 붉은 색이 제멋대로지만 제법 토마토의 모양새를 갖추었다.

우리는 매일 얼음 박힌 토마토를 한 봉지씩 사곤 했다. 덜덜 떨면서 많이도 먹었다. 얼었어도 특유의 그 비릿하면서도 달콤한 토마토의 맛은 옅게 지니고 있었다. 일이 있어 늦게 들어 올 때도 토마토는 있었다. 착해 보이는 소년이 추워 발을 동동거리며 나를 위해 기다린 것 같아서 미안했다. 그런데 어느 날, 아이가 나오지 않았다. 다음

날도 보이지 않았다. 의아해 하는 나를 보자 과일 팔던 옆의 아저씨가 딱한 얼굴로 알려준다. 아이의 어머니가 오늘내일 한다고 했는데 돌아 가셨나보다고. 아, 그랬구나. 어쩐지 늘 풀이 죽어보였어. 토마토 봉지를 내밀던 미소에 슬픔이 깔려 보이더니. 가슴이 철렁하며 콧등이 매웠었다. 언 토마토는 아깝게 모두 쓰레기통에 버려졌겠구나. 그 후에도 더 이상 얼은 토마토는 먹을 수 없었다.

파랗게, 빨갛게, 노랗게 다닥다닥 달려있는 토마토의 사랑스러운 모습은 슬픈 토마토들을 떠올리게 한다. 지주이자 장로님이었던 큰아버지는 공산당에게 총살을 당하셨단다. 가슴 저리는 이 소식이 들려왔을 때 아버지와 어머니는 크게 슬퍼하셨다. 큼직한 토마토를 손에 쥐어 주며 다정하게 웃으셨던 큰아버지…. 아, 분단의 비극은 언제 끝나려는지.

토마토는 건강에 좋은 채소라고 떠들썩하다. 항암효과, 성인병 예방, 다이어트, 위를 튼튼하게, 피로회복, 그뿐인가, 남자들의 전립선에는 또 얼마나 좋다고. 익혀먹으면 효능은 3배, 식용유와 함께 먹으면 효능이 10배라지.

빨갛고 노란 토마토를 내 작은 두 손에 담고 잠시 생각에 잠긴다.

아무 것도 모르는 토마토는 나를 보고 방글방글 웃는다.

# 어머니의 생선냄비

꽃잎들이 봄비에 젖어 누웠다. 햇볕을 받은 하얀 꽃잎은 생선의 비늘처럼 반짝인다. 생선 토막을 흐르는 물로 씻는다. 생선은 다듬기가 싫어서 말이야, 손의 비릿 내를 씻으며 푸념이 나온다. 생선은 손질하기도 싫지만 조리는 것은 더 어렵다. 맞아, 조림은 엄마가 맛있게 하셨지. 순간, 어머니가 가르쳐주시던 말씀이 떠오른다. "문자야, 해보거라. 냄비에 기름을 슬슬 묻힌 후, 무를 깔고 생선토막을 무위에 가지런히, 요렇게. 고추장에 갖은 양념을 넣고 잘 풀어서 이렇게 살살 붇는단다. 생선이 부르르 끓으면 타지 않게 얼른 불을 낮추어야 돼. 자박자박하게 끓고 있는 생선위로 국물을 떠서 살살 뿌려. 양념이 고르게 배도록." 곁에 계시는 것 같아 두리번거린다.

나는 언제나 생선이 탈것 같아서 중간에 물을 붇곤 한다. 조림은 실패다. 조림인지 찌개인지. 쿡쿡, 웃음이 나네. 아, 어머니의 생선냄비! 요리솜씨 없는 칠칠치 못한 딸에게서 잘 얻어먹지 못하는 사위를 위해서일 게다. 조그만 냄비에 생선조림을 자박자박하게 끓여서 갖다주곤 하셨지. 물론 아래 이층에, 또는 한 마당 같은 이웃에 살 때다.

"먹을 때 한 번 더 부르르 끓여서 먹어라." 퇴근하여 오늘은 무얼 먹지? 부엌에서 기웃댈 때 어머니가 환히 웃으며 냄비를 들고 오셨잖아. 얼마나 좋았고, 얼마나 맛이 있었는지. 어머니의 사랑이 그리워 가슴이 찡해온다.

며칠 전에 어머니의 8주기를 맞았다. 카네이션을 비석 앞에 꽂으며 형제들은 저마다 어머니와의 추억 속에 잠긴 듯 슬프게 웃었다. 어머니가 그리운 것은 세월이 가도 희석되지 않는다. 어머니는 음식뿐 아니라 바느질 솜씨도 좋았다. 아버지의 바지저고리는 물론 두루마기까지. 블라우스, 원피스 남동생들의 신사복까지 다 만들어 입히셨다. 피난시절, 초록색이었지. 구제품을 뜯어서 오글오글 주름 넣은 원피스에 머리에 리본까지 꽂아주어 나를 즐겁게 해주셨다. 신이 나서 학교에 갔더니 남자애들이 놀려댔다. '양~색시, 양~색시~.' 울면서 집에 온 나는 어머니의 따뜻한 품에 머리를 묻었다. 어머니가 학교에 다녀오시곤 놀림은 두 번 다시 없었고 팔랑대던 리본은 어디론가 사라졌다. 어머니는 내가 좋다는 건 다 해주셨다. 쇳덩어리에 숯불을 넣고 꼬부리는 파마머리, 허리가 날씬하게 들어가는 스웨터, 인조견이지만 빨간 치마에 반 호장 저고리, 나비모양의 머리핀과 방울 반지까지. 어릴 때 해주셨던 오만가지 예쁜 것들을 늙어가는 딸들과 며느리들에게도 계속 주고 싶어 하셨다. 예쁜 그릇이나 컵, 꽃병, 조그만 바구니들…. 아, 귀여우셨던 우리 어머니.

어머니날은 쓸쓸하다. 멀리 있는 아이들에게서 카드도 오고 전화도 받지만 어머니에게는 비석 앞에 꽃을 바치는 것 밖에 할 게 없다. 어머니는 몇 십 년 동안 형제들과 손주들에게 받았던 카드들을 버리지 않으셨다. 어느 날, 언니와 나는 들어올리기도 힘든 무거운 박스를 열고 이 카드들을 어쩌지? 만지작거리다가 주저앉아 읽기 시작했다. 카드의 꽃들이 너무 예쁘고 사연들은 눈물겹게 재미있었다. 우리는 깔깔깔 웃기도 훌쩍거리기도 하면서 하루 종일 그 많은 카드들을 다 읽고야 일어섰다. 어머니가 우리들의 생일이나 크리스마스 때 주신 카드들도 우리는 버리지 못한다. 꼬부랑글씨로 가득 쓴 사연들은 옆에서 자근자근 이야기 하는 것 같다. 사랑이 담긴 지폐는 기념일마다, 어른 아이 구별 없이 똑같은 금액이다. 이젠 받을 수 없고 드릴 수 없는 따뜻한 추억일 뿐이다.

반짝반짝 빛이 나던 조그만 냄비에 얌전하게 담겨있던 생선조림! 토막 위에 파와 마늘, 당근으로 예쁘게 고명까지 얹혀 있었다. 그때는 너무 좋아 맛있게 먹었지만 지금은 코끝이 쓰리다. 오히려 내가 어머니에게 갖다 드려야 마땅한 일인 것을. 그뿐인가 미국에서도 김

장철이면 몇 박스의 배추와 무로 김치를 만들어 이 집 저 집 나누어 주셨다. 나이가 많이 드셨을 땐 '이젠 할 수가 없구나.' 하며 섭섭해 하셨다. 솜씨 좋은 며느리들이 해다 드렸다. 주고, 주고 또 주시던 어머니의 손길과 사랑에 대한 이야기는 끝이 없다. 그 깊고 높은 사랑을 어찌 다 말하랴. 오늘도 생선을 다듬다가 어머니의 생선 냄비가 떠올라 눈물이 핑 돌았다.

행복과 감사는 같은 뜻이 아닐는지. 누군가를 행복하게 해주는 것이 가장 행복하게 사는 사람이라고 하지 않던가. 그러니까 행복하다는 것은 감사할 때 느껴지는 감정이겠다. 어머니는 아무리 고생스러워도 행복하다고, 감사하다고 하셨다. 어머니의 자식들을 위한 기도는 또 어찌 가늠하랴. 하늘보다 높은 사랑, 바다보다 깊은 사랑을 주셨던 우리 엄마! 어머니로 인한 행복은 감사의 기도가 되는 것이다. 어머니의 사랑은 마음속에 영원히 살아 있다.

고등어를 무가 담긴 냄비에 정성스레 담는다. 오늘은 어머니가 가르쳐 주신대로 자박자박하게 조려봐야지. 어머니의 생선냄비를 닮아 보려고 빨갛고 노란 야채도 다듬는다. '그렇지, 맛있게 잘 조려 보거라.' 미소가 담긴 어머니의 목소리가 귓가에 들린다.

# 우리 고모

나는 조카들에게 고모이고 이모다. 어머니는 외딸이어서 우리 형제들에게는 이모가 없다. 이모, 이모하며 따르고 이모들이 잘해주는 친구들을 보면 지금도 부럽다. 나도 조카들에게 좋은 이모, 고모가 되고 싶었는데 잘하지 못했다. 이젠 조카들이 다 자라서 가까이, 또는 멀리서 제 몫을 충실히 하고 있으니 좋은 소식을 들을 때마다 기쁘고 감사하다. 꼬마 조카들이 구술 같은 목소리로 '작은고모! 문자 이모! 하던 때가 엊그제 같은데.

우리들에게는 세 분의 고모님이 계셨다. 평양에서의 일이라 이남에서 출생한 밑의 두 동생은 고모들을 모른다. 시골 부루리라는 동네에 살아서 부루리 고모라고 불렀던 둘째 고모는 일찍이 병으로 돌아 가셨고 큰고모도 역시 시골인 고장골에, 막내 고모는 평양의 우리 집 옆에서 사셨다. 어머니는 막내 고모가 시누이인데도 친구처럼 다정하게 지내셨다. 하루는 두 분이 할머니 몰래 머리를 지지고(파마)오셨는데 숨기려고 수건으로 가렸지만 할머니에게 들켜서 야단을 맞으셨다. "아니, 그 머리를 어드르케 한 거가? 이놈의 세상이 어찌 되려고 그러는디 원, 기생들이나 하는 짓을, 쯧쯧." 엄마와 고모가 머리를 조아리면서도 마주보며 살짝 웃으시던 모습이 떠오른다. 꼬마였던 나는 갸름한 쇠 두루마리 속에 숯불을 넣어 지졌다는 꼬불꼬불한 머리가 신기하고 예쁘기만 한데 할머니는 왜 화를 내시지? 했었다. 어머니는 고모들과 함께 피난오지 못한 것을 두고두고 한탄하셨다. 나는 피난지 대구에서 혹시 고모들이 오시지 않을까? 기다려 보기도 했다.

큰고모는 막내 동생인 우리 아버지가 앞으로 목사가 될 사람이라고 자랑스러워하며 특별히 사랑하셨다고 어머니가 여러 번 이야기 하셨다. 고모가 가끔 우리 집에 오실 땐 명절보다 더 신이 났다. 이고 지고 양손에 가득했던 선물꾸러미 때문이었다. 끝없이 쏟아지던 맛있는 것들은 마치 흥부의 박을 쪼개놓은 것 같았다. 빨갛고 파란 줄이 그어진 눈깔사탕, 두툼하고 동그란 찐빵, 빨래 판 만 하던 인절미, 엿, 깨강정, 복숭아, 사과….때론 붉은 술을 흔들어대며 꼬꼬댁 대던 장 닭하

며, 왕방울만한 대추와 까맣게 반짝이던 밤이 와르르 쏟아지곤 했으니까. 고모가 거칠어진 손으로 우리들을 쓸어안을 땐 엄마하고 또 다른 깊은 맛의 푸근함으로 행복했었다. 그러기에 세상의 고모들은 다 우리 고모 같은 줄 알았다.

큰고모는 예수를 믿지 않는 부잣집으로 시집을 가셨다. 시아버지는 동네가 다 아는 술주정뱅이셨고 고모부는 너무 착하기만 해서 고모가 그 큰살림을 도맡아 집안을 이끌어 가셨다. 할머니와 우리 아버지가 흐뭇해 하셨던 일이 있었다. 고모가 주정뱅이 시아버지와 고모부, 시댁식구들을 다 전도하여 독실한 신자들이 되게 하신 것 말이다. 고모는 시아버지를 정성으로 섬겼고 살림을 알뜰하게 하셨다. 뿐만 아니라 선하고 따뜻한 마음으로 예수 믿는 삶의 본을 보였기에 온 동에 사람들에게도 전도가 되었다. 동네의 어른으로 사랑이 많은, 어려운 이웃들을 도와주던 고모의 삶이 존경스러워 한 가정도 빠짐없이 예수를 믿게 되었다고 했다. 그 작은 고장골에도 교회가 세워진 건 당연하다.

우리 아버지가 어느 날 새벽, 산책하다 큰 누님이 생각 나셨다. 그래서 『새벽 산보』란 시를 쓰셨는데 '이제 와서 옛일은 생각해 무엇하나.' 이 대목을 읽을 때마다 아버지의 슬픈 마음이 느껴져 눈시울이 뜨거워지곤 했다

새벽산보 하다가/ 갑자기 가마타고 시집가던 누나 생각이 났다/ 보리 밭 고개로 가다가 사라질 때/ 엄마 울고 나 울던 옛날 생각이 갑자기 났다/ 바보처럼, 이제 와서 옛 일은 생각해 무엇 하나/ …(중략)

큰고모는 어린 우리들에게 진한 가족의 사랑을 보여주셨다. 어려서

는 맛있는 것들 때문에 고모가 좋았지만 지금은 형제들과 어린 조카들을 끔찍이도 사랑하셨던 애틋한 마음을 느낄 수 있다. 내리사랑의 참 모습을 보여주신 분이다. 지금 세상에도 이토록, 진정으로 형제들을 도와주고 조카들을 사랑하는 고모가 있을까?

어머니는 "나처럼 시누이를 좋아한 올케는 아마 이 세상에 없을 게다. 누구보다 보고 싶은 사람이 너희들의 두 고모야."라고 하셨다. 생전에 한 번 만이라도 만나 보았으면 원이 없겠다고 슬픈 얼굴이 되시곤 했다. 지금은 하늘나라에서 그토록 사랑하시던 동생과 올케를 만나 지나온 세월의 회포를 풀며 기쁨의 눈물을 닦아주고 계시려나?

나도 우리 고모 같은 이모, 고모가 되고 싶었는데…. 형제들을 사랑하면 조카들도 예쁘다. 형제들과 의가 나쁘면 조카들도 남처럼 되고 말테지. 생각만 해도 쓸쓸하다. 조카들이 어른이 되고 나는 늙어가도, 언제나 보고 싶은 문자고모, 문자이모가 되고 싶었는데….세월은 너무 빨리, 너무 멀리 가버렸다. 나는 이미 우리 큰 고모의 나이보다 더 먹고 말았구나.

고목을 위로하는 눈부신 꽃잎 사이로 향긋한 희망의 열매들이 익어가듯 아, 이젠 그들이 나에게 기쁨을 주고 있다.

# 사랑하는 우리 아버지, 그리고 동생 형남이

사람들은 저마다 아름다운 추억을 간직하고 있다. 우리 육남매에게는 수없이 많은 사랑의 추억이 있다. 혈육의 정은 이 세상 무엇과도 비교할 수 없는 소중한 기쁨이다. 특히 부모가 자식에 대한 내리사랑, 자식이 부모를 그리는 따스한 정은 세상의 흐름에 아랑곳하지 않는다. 그래서 생각의 차이로 빚어진 틈새가 있다 해도 보다 큰 사랑이 이를 쉽게 메꾸고 그 인연은 고운 매듭이 되는 것이다. 아버지는 그 매듭을 사랑이 담긴 편지와 시로, 대화로 단단하게 해주셨다. 거친 바람 몰아치는 세파 속에서도 풍랑의 파도 헤치며 떠오르는 태양처럼 살라고, 무지개로 맺어진 매듭 풀어질세라 글로 점검 하셨다. 어른이 되어 짊어진 버거운 짐을 가볍도록 희망의 편지로 이끌어주셨다. 우리들의 특별한 날, 카드에 써 보내준 재미있는 글들은 행복의 샘물처럼 마르지 않았다. 그것은 생의 갈피마다 되살아나는 아버지의 유품이다. 안형남의 조각 작품, '끝없는 사랑(Unending love)'의 시리즈 인양, 아버지와 아들의 예술로 엮은 아름다운 책! 『시와 그림』이 다시 태어난다. 이 책에는 아버지, 안싱진 목사의 따뜻한 글과 막내둥이 안형남의 번득이는 그림이 환상적으로 만난다.

우리 형제는 아들 셋, 딸 셋 육남매다. 삶의 행복은 가정에서, 가정의 행복은 즐거운 인생으로, 이것이 하나님의 은혜라 믿으며 감사히 살아간다. 가족이 있어 행복했고, 어떤 세상도 두렵지 않았다. 어느 책의 제목처럼 '가족 당신이 있어 고맙습니다.' 그것은 바로 우리들의 고백이기도 하다. 가족은 희망의 원천이며, 평생 고마운 사랑의 에너지이다.

아버지 어머니는 형남이와 함께 1973년에 한국을 떠나셨고, 시카고를 거쳐 시애틀의 북쪽, 푸젯 사운드의 쪽빛 바다가 내려다보이는 머킬티오, 이 작은 도시에 정착해 사셨다. 그동안 흩어졌던 스물 네 명의 안 씨네 가족들은 머킬티오, 부모님 중심으로 옹기종기 모여 살게 되었다. 아이들은 할아버지 할머니와 고모 이모 삼촌들과 자주 만나며 사촌들과도 사이좋게 자라던 행복했던 시절이었다. 2002년 11월, 아버지는 하늘나라로 가시기 전

까지 인생의 꿈, 삶의 희망을 놓지 않으셨다. '꿈을 잃지 마라. 삶이란 영원한 희망 속에 존재하는 것이란다.' 평생 강조하셨던 아버지의 가르침이다.

가정문집인 『시와 그림』이 출판된 지 어느덧 30년이 흘렀다. 1986년 10월, 부모님의 결혼 50주년인 금혼을 맞으며 이 귀중한 행복의 글들을 책으로 엮어 사랑하는 분들과 같이 나누고 싶은 생각이 떠올랐다.

86년 초여름, 그때는 우리 가족만 서울에 남아 이민을 준비하고 있었다. 아버지와 형남이가 서울을 방문하였고, 우리 집 응접실에서는 즐거운 웃음꽃이 피었다. 각자가 받았던 아버지의 글들을 읽으며 신나는 편집 작업이 벌어졌기 때문이다.

형남이는 힘도 안들이고 아버지의 시에 어울리는 그림들을 쓱쓱 그렸다. 흑과 백으로 조화를 이룬 멋있는 그림들이었다. 요술쟁이 같은 그의 작업에 놀란 어머니와 나는 아버지와 눈을 맞추며 벌어진 입이 다물어지지 않았다. 신기해하던 남편도 순간을 간직하자며 사진을 찍었다. 아, 다시 돌아올 수 없는 행복했던 그 시간…. 엊그제 같다.

형남이는 시카고에서 그림과 조각을 공부하며 주목을 받기까지 온갖 고생과 어려움이 닥칠 때마다 힘이 되어준 아버지의 눈물겨운 기도와 격려를 기억하며 힘을 얻었을 게다.

드디어 '안성진 시, 안형남 그림'의 『시와 그림』이라는 멋진 책이 탄생되었다. 책에는 평생토록 아버지와 우정을 나누던 몇 분의 '안성진을 말하는 글'도 함께 담았다.

그 해, 우리 가족도 부모님 곁으로 왔다. 그동안 흩어졌던 육남매

가족들이 부모님의 결혼 50주년을 축하하기 위해 시애틀에 다 모여 감격에 넘치던 흥분은 표현할 길이 없다. 어머니는 노란 깨끼 한복을 입으셨다. 가족들의 코사지도, 꽃장식도 노랗다. 금혼 예배는 뜨거운 감사와 행복으로 가득했고, 형제들과 손주들의 음악 연주와 『시와 그림』의 등장으로 축하의 분위기는 한층 더 고조되었다. 지금은 흔한 일이지만, 그 시절만 해도 시애틀에서 결혼 50주년은 처음이었으며 더군다나 가정문집 출판 기념도 처음 보는 일이라며 초대받았던 사람들이 진정으로 축하해 주었다. 여동생 기순의 지도로 '안성진 작, 장수철 곡'인 「금수강산 어린이」를 다 함께 부르기도 했다.

형남이는 오랫동안 『시와 그림』에 담았던 그림들을 잘 간직했고 24년이 흘러간 2010년 10월, 뉴욕에서 이 그림들을 크게 만들어 조각과 함께 전시회를 했다. 나는 전시회장에 걸려있던 그림들을 바라보며 흐뭇했던 그 시절이 그리워 눈시울이 뜨거워졌다. 가슴 찡하게 다가오는 아버지의 사랑과 아버지를 존경하는 막내아들의 마음이 그림 속에 살아있어 깊은 감동을 느낄 수 있었다. 아버지 어머니가 기도하며 그토록 바라시던, 형남의 발전이 오늘 날 조각과 그림의 독보적 존재로 우뚝 선, 막내아들의 모습을 보셨다면 얼마나 기뻐하셨을까?

나는 2012년, 아버지의 10주기를 맞으며 『사랑하는 우리 아버지』라는 책을 썼다. 아버지와 함께한 이야기들을 담아내고 싶었던 것은 아버지의 숭고한 삶의 역사를 간직하고 싶기도 했지만 아버지의 끝없는 사랑, 피나는 노력, 우리가 몰랐던 아버지의 외로움을 이해하지 못하고 지나간 아쉬움을 글로나마 고백하고 싶었기 때문이었다. 이 책에도 형남이의 그림으로 더욱 격조 갖춘 아름다운 책이 되었다.

이제 형남이가 나의 마음과 같은 심정으로 아버지와 나누었던 예술의 교류를 새롭게 꺼내 놓음으로써 희석되어가던 부모와 형제들과의 끈을 다시 매어주고 있으니 기쁘고 고맙다.

2017년 9월, 어느덧 아버지의 탄생 100주년이 성큼 우리 앞에 서게 되니 잔잔히 흐르던 그리움이 파도처럼 밀려와 울렁대고 있었는데 형남이가 세 번째 출판으로 위로해 준다.

할아버지 할머니가 사랑하셨던 열 한명의 손주들은 어른들이 되어 동부, 서부로 흩어져 자신들의 세계에서 성큼성큼 발자국을 남기며 살아가고 있다. 새파랗게 젊었던 형제들은 흰머리를 쓸어 넘기며 너나없이 빈 둥지를 지키고 있다. 어느덧 우리 형제들은 그때의 부모님 나이를 훨씬 더 넘나들고 있으니 계곡의 물처럼 빠른 세월이다. 이 시점에서 형남이가 새롭게 내 놓는 아버지와 아들의 깊은 사랑이 담긴 『시와 그림』이 우리에게 주는 메시지는 인생의 길, 삶의 목적이란 '끝없는 사랑'을 위하여 라고 각인해 준다.

형남이는 말했다. 지나온 세월을 돌이켜 볼 때, '앞을 보면 절벽이요, 뒤를 보면 기적이었노라고.' 아, 그것은 나의 고백이요, 우리 모두의 고백이기도 하다. 이제 우리들에겐 깊은 감사의 마음뿐이다.

3

# 천사가 듣는다

# 책은 사랑의 배달부

주문한 책이 왔다. 어느새 박완서 작가가 가신지 5주기가 되었다. 받은 책은 『우리가 참 아끼던 사람』으로 열 사람의 소설가들이 쓴 대담집이다. 지난 해, 4주기 때는 그분의 딸인 호원숙 소설가가 『엄마는 아직도 여전히』라는 추모집을 출판했고, 열 네 명의 젊은 소설가들이 『저물녘의 황홀』이란 단편집을 출판했다. 책들은 제목부터 가슴이 아리다. 나는 젊은 시절부터 박완서 작가를 좋아했다. 그분의 책이라면 거의 다 읽었다고 해도 과언이 아니다.

명동의 여성기관인 Y연합회에서 일 할 때 그분을 뵌 적이 있다. 연합회 빌딩 뒷골목으로 내려가면 서울Y가 있는데 그곳을 찾느라고 연합회의 건물로 들어오는 사람들이 많았다.

어느 날, 현관에서 고상하고도 소박해 보이는 여성과 마주쳤다. 그분은 환히 웃으며 나에게 물으셨다. "여기가 서울 Y인가요?" 나는 한눈에 알아보았다. 교양강좌에 강사로 오신 박완서 작가님이란 것을. "어머나, 박완서 작가님!" 하고 반갑게 웃었다. 그분의 눈이 동그래지셨다. "아, 네 강의하러 오셨군요. 여기, 뒤로 가시면 됩니다. 이리로 오세요." 그분은 고맙다고 하며 또 다정하게 웃으셨다. 숫기 없는 내가 용감하게 말했다.

"제가 선생님을 아주 좋아해요. 선생님의 글을 많이 읽었거든요.",

"그래요? 감사합니다."

나의 어깨에 손을 얹어 주며 수줍게 웃으셨다. 나는 그분을 모시고 가서 강의를 듣고 싶었지만 사정이 여의치 않아 길만 안내해 드렸다. 얼마나 다정하고 따뜻하시던지, 글에서와 다름없었다.

"그럼, 이 건물은? 아, 네, 그러니까 여긴 한국YWCA이군요. 여기서 일하세요? 고마웠어요.",

"아닙니다. 언제 또 강의 하시게 되면 꼭 갈게요."

우리는 다정하게 인사하며 헤어졌다. 지금도 그분의 소박한 아름다움이 넘쳐흐르던 모습이 또렷하다.

작가는 소설가이지만 산문이나 에세이, 묵상, 일기 등의 책도 많다. 글에는 삶에 대한 애정과 철학, 순수한 고백이 있다. 부족하거나 부끄러운 일을 가리지 않고 자기 자신을 다 드러낸다. 사람에 대한 사랑이 흐르는 따뜻하고 겸소한 일이 담겨있다. 젊은이나 늙은이나 자기의 정신에 맞게 감동을 느낄 수 있는 글이라고 생각한다. 문학의 거장에 대해 감히 내가 이렇다 저렇다 말하는 자체가 외람되다. 하여간에 나는 박완서 작가가 너무 좋다.

역시 박완서 작가를 좋아하는 친구가 있다. 우리가 이민 온지 30년. 해마다 크리스마스 선물로 책을 보내주는 친구다. 그러니까 그로부터 30권의 책을 받은 것이다. 지난해에는 최영미의 『도착하지 않은 삶』시집이다. 지지난 해에는 일본의 92세 할머니인 시바다 도요의 『약해지지 마』라는 시집이었고, 그 전에는 이해인 시인의 『작은 기도』, 금년에는 김혜남 정신분석 전문의가(파킨슨병을 앓고 있다) 쓴 『오늘 내가 사는 게 재미있는 이유』를 보내주었다. 이토록 정성이 담긴 친구의 사랑인 30권의 책을 다 나열해 놓고 자랑하고 싶다. 30권 중 박완서 작가의 책도 여러 권 있다.

나는 크리스마스카드 잘 보내기로 소문이 나있다. 한국에 가면 카드 받는 즐거움과 부담을 토해내며 밥 먹자는 친구나 선배, 지인들이 많다. 다는 아니지만 어쩌다가 알게 된 생일과 결혼기념일까지 챙기는 친구들도 있다. 물론 받는 사람의 기쁨도 크겠지만 보내는 즐거움 때문에 나의 기쁨이 더 크다. 그러니까 나를 위해서 보내는 것인지 모른다. 나를 잊지 말라는 압력이 될 수도 있겠다. 그들도 내가 보내주는 카드처럼 빼곡히 쓴 사연의 카드를 보내준다.

30권의 책을 보내 준 친구에게 30장의 크리스마스카드와 30장의 결혼기념일 카드를 보냈다. 어떻게 보면 책과 카드를 바꾸는 선물같이 되어버렸다. 나는 책을 받는 일에 염치가 이만저만이 아니다. 마치 받아 마땅한 것처럼 뻔뻔스러워졌다고 할까. 어쨌거나 이 세상에 해마다 책을 보내주는 친구는 아마 그 친구 단 한 사람일 게다.

한 선배는 내가 보낸 카드들을 다 모아 두었다는데 TV에 나가서 그 카드들을 펴놓고 30년 동안 한 해도 거르지 않고 보내 준 후배가 있다고 말할 참이란다. 그러니까 텔레비전에 출연하고 싶다고 웃기는 말을 했다. 그렇다면 30권의 책은 더 자랑거리가 되겠다.

고마운 그 친구는 돈독한 크리스천이다. 화장기 없는 얼굴로 검소한 생활을 한다. 아침마다 기도와 명상을 하고 붓글씨도 쓴다. 가난한 어린이들을 위해 목도리와 장갑을 짠다. 노인들을 위하여 정기적인 봉사를 한다. 이해인 시인의 시집을 받았을 땐 친구가 더 수녀답다고 생각했다. 만혼이었던 가정은 행복하다. 35년 전 안개꽃 같은 면사포 속에서 다소곳하더니 연지곤지 구술달린 족두리를 쓰고는 장난꾸러기 웃음을 지었었다. 트리오로 웨딩 마취를 연주 해 준 일이 엊그제 같다. 우리는 30년 동안 서로 만나지 못했다. 그러니까 젊은 모습만 간직하고 있다. 못 만났지만 해가 거듭할수록 정신적인 사랑과 우정이 더 아름답고 깊게 익어가는 것 같다. 이모가 없는 나는 두어 살 위인 그녀가 이모처럼 느껴진다. 존경하는 친구다.

박완서 작가가 하늘나라로 가시자 곧 그 친구에게서 작가의 마지막 산문집인 『세상에 예쁜 것』이 왔다. 내가 그분을 얼마나 좋아하는지를, 그분이 떠나신 것을 얼마나 섭섭해 하는지를 알고 있다는 뜻이리라.

인쇄 냄새가 가시지 않은 묵직하고도 예쁜 두 권의 책이 내 책상에서 슬픔을 머금은 채 빛나고 있다. 다시 책을 들고 여기저기를 훑어본다.

책 읽기…. 그러나 아무리 책을 읽어도 한 단어의 뜻을 제대로 알지 못하면 소용없다고 어느 글에서 읽었다. 바로 그건 '사랑'이란 단어다. 세상에 하고많은 책들은 결국 '사랑'을 위해 존재한다는 것이다.

삶에 대한 사랑, 자연을 향한 사랑, 사람에 대한 사랑. 그렇지, 하나님이 창조하신 모든 것에 대한 사랑을 말하는 것이리라. 그중에 가장 중요한 사랑이 사람에 대한 사랑이라고 나름대로 결론을 내려 본다.

이모 같은 친구, 그녀가 보내준 책들과 박완서 작가의 책에는 사랑이 가득하다.

# 월든에서 소로우와 거닐고 싶다

소로우가 쓴 『월든』(Walden)이라는 책을 읽고 나니 그곳에 가고 싶어졌다. 오래 전 아들의 졸업식을 보러 보스턴에 간 적이 있었는데 그 어딘가에 이 호수가 있다는 사실을 알았다면 좋았으련만. 소로우의 『월든』이라는 책은 톨스토이와 간디에게도 영향을 주었다고 했다. 그뿐 아니라 법정스님도, 함석헌 선생도, 번역을 한 강승영 작가도 소로우의 정신을 존경하며 호수에 여러 번 갔다고 했다.

월든 호수! 소로우는 그곳이 신과 천국에 가장 가까운 곳이라고 말했다. 헨리 데이빗 소로우(1817-1862)가 쓴 『월든』을 번역한 강 작가는 지구상의 모든 도서관이 불타고 있을 때 단 한 권의 책만 가지고 나갈 수 있다면 단연 『월든』을 집을 것이 라고 말했다. 이분이 시애틀에 살고 있다는 사실을 아는 사람이 별로 없을 게다. 40여 년 동안 월든과 소로우에 빠져있는 그는 완벽한 번역을 위해 인생 후반기를 다 바쳤다고 한다. 이 책과 소로우의 또 다른 책, 『시민의 불복종』을 번역했는데 최근에 재번역을 완성했다고 했다. 나는 이미 두 개의 책을 읽었지만 그가 미비한 점을 보완하며 새롭게 번역한 새 책들을 다시 읽으려

고 한다. (과거의 책과 비교해 어떻게 변했는지 벌써부터 궁금해진다.)

1895년, 하버드를 졸업한 소로우는 철학자이자 시인이며 수필가다. 무엇에건 속박을 받지 않는 자유로운 삶을 원해 월든 호숫가에서 통나무로 집을 짓고 원시적인 삶을 살았다고 한다. 농사를 짓고 물고기를 잡으면서 2년 이상을 살며 이 같은 불후의 명작을 내 놓았다. 그는 자연을 사랑하고 인간을 사랑한 평화주의자이며 농부, 목수, 채식주의자로 예술가, 환경 애호가이기도 했다. 나는 이 소로우의 정신이 담긴 자서전을 읽고 나서 내가 살아 온 길에 대한 아쉬운 후회가 많았다. 우리 부부는 소로우의 정신과 삶을 따르고 싶어서 생활을 간소화하기로 마음을 먹었지만 많은 세월을 다 보냈을 뿐더러 이미 황혼에 서 있다.

이 책은 자연 속에서 느낀 철학과 단순한 삶을 통해서 인간이 가야 할 길을 보여준 삶의 지침서이다. 법정스님이 타계 했을 때, 어느 신문사의 논설위원이 쓴 『법정과 소로우의 대화』

를 재미있게 읽은 적이 있다. 소로우는 경제학에 대해서, 독서에 대해서, 그리고 사람들과의 관계, 숲속에서 들려오는 소리, 고독, 호수의 성질, 농사법 등을 자세히 썼다. 특별히 변화하는 자연의 아름다움을 사랑하며 자연과 함께 숨을 쉬고 자연의 소리를 듣는 생활을 시처럼 표현했다. 그가 쓴 『시민의 불복종』에는 '야생사과'에 대한 이야기가 있다. 사과는 하나님이 주신 과일 중의 과일이라고 했다. 야생사과들이 달려있는 모습을 보면 절로 존경심이 우러난다고도 했다. 그는 과일이나 꽃이나 호수의 물이나 새, 동물들에 대해서 사색했는데 특별히 사과 꽃에 대해 깊이 사색 했으며 이 모든 것들이 우리에게 주는 의미에 대해서 깊이 연구했다. 그는 말했다. '가능한 한 매일 일출과 일몰을 보라. 그것을 당신 삶의 묘약으로 삼으라.'고. 나는 이 대목을 읽다가 우리 아버지의 시에도 비슷한 구절이 있음을 발견하고 가슴이 찡 했었다. '아침 햇살 저녁노을엔 웬지 모르게 가슴 부풀고, 그윽한 산언덕 밑에선 괜스레 고개가 숙여진다.' 아버지도 자연과 함께 사셨으니 하늘나라에서 소로우와 법정스님을 만나지 않으셨을까?

또 하나의 책으로 니어링 부부가 쓴(류시화 역) 『조화로운 삶』(Living the Good Life)이란 책이 있다. 소로우는 19세기, 니어링 부부는 20세기에 살았다. 그러나 그들은 서로 닮았다. 자연을 즐기고 인간을 사랑한 평화주의자, 채식주의자로 농사를 짓고 글을 쓰며 단순하게 살아온 삶이 같다. 니어링 부부도 소로우의 영향을 받아 월든 호수에 가 보았다고 한다. 그들은 고기를 먹지 않았고 매 끼 생야채와 과일을 먹었다. 그들의 약국은 '숲'이라고 했다. 깡통 음식이나 고기종류, 색색의 음료수, 과자를 독이라고까지 했다. 니어링 부부는 '건강한 몸이 건전한 마음을 가져다주며 다른 사람에게(생명) 해로움을 주지 않는 삶'이라고 말했다. 이들도 소로우의 이야기를 여러 번 거론했다.

나는 자연을 사랑한 이들의 맑은 정신과 사람을 사랑하는 고상한 인간성을 부러워한다. 욕심 없이 소박하게 살면서 아름다운 예술을 추구하는 삶도 부럽다. 늦었지만 이제라도 이들이 살아 온 삶을 비슷하게라도 따르고 싶다. 그들이 가르쳐 준 것들 중에서 특별히 배우고 싶은 것들을 정리해 본다.

(1)될 수 있는 대로 과일과 채소를 많이 먹는다. (2)물건에, 돈에 욕심을 부리지 않는다. (3)최소한의 삶을 유지하며 혹시 남는 것이 있으면 나눈다. (4)사람들과 잘 지내고 사랑한다. 용서하고 화해한다. (5)사람들을 칭찬하고 격려하는 아량을 갖는다. (6)하루에 몇 번씩 예술과 철학, 삶에 대한 명상을 한다. (7)성경읽기와 독서는 필수다. (8)삶을 넉넉하게 만드는 것은 소유나 축적이 아니라 희망과 노력이라는 조화로운 삶에서의 강조를 따른다. (9)소로우처럼 단순하면서도 충족한 삶을 추구한다. (10)남은 삶을 깨끗한 양심으로 살아간다.

'간소화 하고 또 간소화 하라!'는 소로우의 말대로 단순하게 살고 싶은 남편과 나의 다짐이다. 과연 얼마나 우리의 삶에 영향을 줄 것인지…. 자신이 없다. 가난의 영성…. 가난한 자의 복, 자발적인 가난, 단순속의 풍요에 대해 명상하라. 조용히 나 자신에게 부탁한다.

앞으로의 여행은 월든 호수가에서 소로우와 함께 거닐어 보는 것이 우리 부부의 꿈이다.

# 소박한 밥상

여름에 딱 어울리는 책, 『소박한 밥상』을 읽었다. 푸르고 싱그럽게 차려진 밥상은 생각만으로도 입안이 상큼해진다. 사각사각 소리도 난다. 첫 장에 이런 말이 있다.

'독자들이여, 요리를 하지 않는 법을 배우기 위해서 이 책을 읽으시기를.'

뭐라고? 요리를 하지 않아도 된다고? 눈이 번쩍 뜨인다. 읽기도 전에 신이 난다. 오래 전에 읽었던 『조화로운 삶』의 저자, 헬렌 니어링이 쓴 책이라 더 반가웠다.

작가 니어링은 평화주의자, 농부, 그리고 채식가이다. 그녀는 백세까지 살았고 남편도 구십이 세까지 건강하고 행복한 삶을 누렸다. 평생 두통을 몰랐고 약국이나 병원에도 간 적이 없다. 숲속이 그들의 약국이라고 했다.

식사를 간단히 준비하고 남는 시간과 에너지는 글을 쓰고, 음악을 즐기고, 자연과 대화하고, 친구를 만나는데 쓰란다. 야채와 과일, 씨앗, 견과류를 먹고 사는 사람은 화를 잘 내지 않고 마음이 여유로워 즐겁고 행복하게 산다고 했다. 니어링은 사람에게 최고의 환경은 자

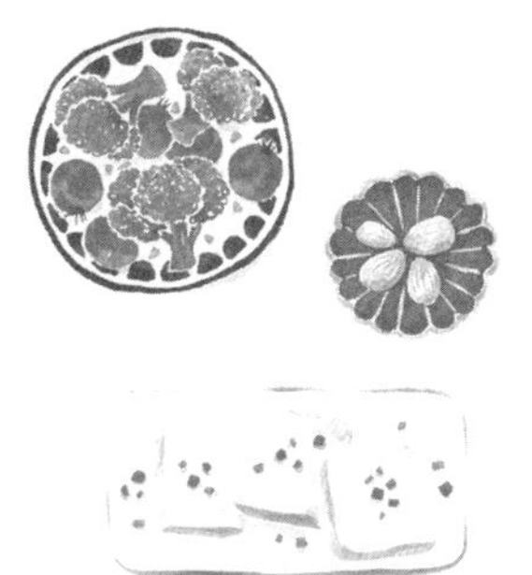

연과 더불어 사는 것이고 땅에서 나는 식물들이 사람에게 가장 좋은 먹거리라는 것을 아는 지혜를 가졌던 것 같다. 창조주는 인간을 만들기 전에 그들이 먹을 수 있는 약초(풀)와 씨 맺는 채소, 열매 맺는 나무들, 온갖 먹거리를 준비해 놓으셨다는 것을 떠올린다. 그것도 사랑으로 만드셨으니 사람에게 그 이상 좋은 것이 어디 있을까. 저자는 영적인 안목도 갖춘 듯하다.

세상에는 요리를 잘하는 사람, 잘하고 싶어 하는 사람, 그리고 잘하지 못하면서 신경을 쓰지 않는 사람이 있다. 니어링은 세 번째란다. 여기를 읽다가 흐흠, 기분이 좋아졌다. 나도 세 번째이니까. 이 책은 채식에 관심이 있는 사람, 자연을 사랑하고 자연과 더불어 살기를 바라는 사람, 농사를 지을 수 있는 사람, 건강식으로 살고 싶은 사람, 문화생활을 하고 싶어 하는 사람, 혼자 사는 사람, 음식을 잘 못하는 사람, 또 육식을 즐기거나 그렇지 않은 사람들까지 모두를 위한 책이다. 직접 농사를 지어서 생식을 하고 일 년 내내 잘 저장해서 풍부한 영양가를 살리라는 권유에 맞출 수 있는 사람이 얼마나 될까. 그러나 일단 채식의 유익함과 중요성을 새삼 깨닫게 해주고 저자가 추구하는 고상한 삶의 자세는 배울 수 있다.

그들은 농사를 지어서 봄부터 가을까지 밭에서 나는 싱싱한 야채와 과일을 먹는다는데 겨울엔 무얼 먹을까? 단단하고 농축된 음식을 먹는단다. 말린 과일, 콩, 밀, 감자, 고구마, 무, 견과류다. 말리고, 익히고, 얼린 음식들을 창고에 저장하는 방법도 소개했다. 나는 신나게 읽다가 주춤했다. 농사를 지어야 하고 저장할 창고도 있어야 한다. 땅은커녕 텃밭도 없는 주제에. 이상적이지만 현실적으로 감당이 안 되는 일이다. 나는 책을 덮고 피식 웃고 만다. 그러나 이 책을 읽고 신선한 충격을 받은 건 사실이다. 농사꾼으로 살면서도 문화생활을 했다지 않은가. 음악을 듣고, 책을 쓰고, 여행도 했다. 그들은 행복하고 즐겁게 살았다. 조금이라도 따라하고 싶다.

작가는 여성들에게 강조한다. 여성이 지켜야 할 자리가 부엌만은 아니라고. 요리를 좋아하는 여성이라면 요리를 만들며 즐거워하란다. 하지만 최소한으로 요리시간을 줄이고 남는 시간들을 삶의 질을 높이는 문화생활에 투자하면서 많이 웃으란다. 그녀는 땅의 소산들은 버릴 것이 없다고 부르짖는다. 야채나 과일을 다듬고 남은 쓰레기도 깨끗이 씻어서 물을 붓고 끓인다. 우려낸 국물은 스프를 만들 때 사용하고 찌꺼기는 거름으로 사용한다고 했다. 나도 시작했다. 아주 쉬우니까. 야채와 과일을 다듬고 남은 것들을 며칠 동안 모아보니 수북하다. 오랜 동안 그 영양가 많은 것들을 다 버리고 살았다니! 멸치와 다시마를 함께 넣고 끓이면 국이나, 찌개국물이 제법 달다. 나는 음식 만들기엔 큰 소리 칠 수 없지만 쓰레기로 나가는 자투리를 이용한 영양국물에 대해서는 으스대며 말한다.

지금은 한 여름, 니어링이 여름에는 가볍게 먹으라며 귀띔 해준다. 아스파라가스, 식용 민들레, 완두콩, 토마토, 오이를.

나는 자연의 풍요를 누리되 모든 살아있는 것들을 더 아껴야겠다고 다짐한다. 자연을 감사할 수 있다면 찬란한 8월의 하늘을 향한 나의 가슴은 푸름이 넘쳐나고 사랑의 샘은 마르지 않으리라. 이 모든 축복을 누리려면 먹는 것은 물론, 생활이 단순해야겠다. 내가 존경하는 작가 소로우도 이렇게 말했다. '단순 하라! 단순하게 살라! 수 십 가지 요리대신 다섯 가지만 먹자. 다른 것도 그렇게 줄이자.' 그래, 나도 소박한 생활을 영위하도록 노력하리라.

시작도 하기 전에 내 마음과 몸은 새털처럼 가벼워진다.

# 책은 삶의 길잡이

‘사람은 책을 만들고 책은 사람을 만든다.’ 라는 말이 있다. 그래서 양서(良書)를 많이 읽은 사람은 생각이 깊어지고 인품이 다듬어진다. 쓰는 말이 달라진다. 사람의 사고체계는 말에 의해서 지배되는 측면이 많기 때문이다.

각계각층에서 성공적으로 활동하는 저명인사들에게 인생의 지침이 된 책들을 엮은 『내 인생을 바꾼 한 권의 책』이 두 권 째 나와 서점가의 베스트셀러로 자리 잡기도 했다. 수십 명의 인사들은 책에서 진정한 자기를 발견하고 상처를 치유 받고 꺼지지 않은 열정으로 변화를 추구해온 책의 위대함을 다시 발견했다고들 했다.

그런가하면 법정스님은 『내가 사랑한 책들』에 50권의 책을 소개했다. 이분은 어떤 책을 읽었으며 어떤 부류의 책을 소개했는가를 알고 싶어 구입했는데 자그마치 487페이지에 달하는 중량에 놀랐다. 일단 이 책들 중에서 내가 읽은 책이 몇 권이나 되는지 눈을 씻고 훑어봤다. 아, 이럴 수가! 겨우 두 권. 그러나 읽고 싶어 메모해 둔 책이 두어 권 들어있다. ‘미처 못 읽은 책이 많다는 건 얼마나 행복한 일인가'라고 어느 소설가가 말하긴 했다만, 실망이 컸다. 거의 듣도 보도 못한 책들이었기 때문이다. 내가 읽은 책은 『월든』(헨리 데이비드 소로우)과 『그리스인 조르바』(니코스 카잔차키스)뿐이다. 그래도 반가웠다. 감명 깊게 읽은 책들 중에 꼽힌 책이기 때문이다.

그분의 강의나 사적인 대화의 주제는 언제나 책인 것 같다. 평생에 딱 한 번 섰다는 결혼주례에서도 책 읽는 부부가 될 것을 당부했다. 무슨 책을 어떻게 읽어야 되는 것 까지 구체적으로 가르쳤다. 한 달에 산문집 2권과 시집 1권을 빌려보지 말고 사서 읽으란다. 산문집은 신랑 신부가 따로 사서 바꿔 읽을 것이며 시집은 함께 선택해서 하루에 한차례씩 번갈아 낭송하란다. 그렇게 하다보면 1년에 36권의 산문집과 시집이 집안에 들어 올 것이며 해마다 쌓여진 책들은 이다음 자녀들에게 부모가 살아온 삶의 자취를 보여주게 된다고. 책들을 정신의 유산으로 물려주라고 했다. 좋은 책을 읽으면 세상을 바르게 보는 법을 배울 수 있으며 값있는 삶으로 살아 갈 수 있는 길을 터득한다고 간절히 권하니 신랑신부가 그리하겠다고 약속을 했다지.

어떤 수필을 읽었을 때 필자가 책을 읽는 사람인지 아닌지는 금세 알 수 있다. 책 10권을 읽고 단 1편의 글을 쓴 사람과 책을 한 권도 읽지 않고 10편의 글을 쓴 사람이 있다면 읽고 쓴 사람은 존경하고, 읽지 않고 쓰기만 한 사람은 경멸한다고까지 말하는 사람이 있다.

학생시절에 갓 결혼한 선생님 댁을 방문한 적이 있었다. 새색시 방에는 으레 번쩍이는 옷장에 노리개가 걸려있고 예쁜 경대위에는 오밀조밀한 화장품들이 놓여 있다. 결혼사진과 함께 아기자기하게 꾸며졌을 거라 상상하며 들어섰는데, 어? 낡은 가구가 수줍은 듯 한쪽에 동그마니 앉아 있고 커다란 책장에 책만 가득 꽂혀 있었다. 국어를 가르치고 글을 쓰는 분이었지만 새색시 방인데? 하며 두리번거렸다. 그러나 삶의 질이 다른 멋이 느껴져서 나도 이렇게 살아야지 하던 기억이 난다.

한국의 어느 유명한 목사님에게 한 젊은이가 질문을 했다. 어떻게 하면 지도력을 키울 수 있습니까? 하고. 목사님의 대답은 마치 총알 같았다. '생명을 걸고 책을 읽어라!' 왜 열심히 공부하라가 아니고 책을 읽으라고 했을까? 학문을 쌓기 위한 지식도 중요하지만 생각과 판단을 필요로 하는 삶의 가치, 인간의 질이나 이상은 반드시 폭넓은 독서를 통해서만 얻을 수 있다는 의미일 것이다.

우리 주변에 성공한 대부분의 사람은 모두 독서광이었다. 오바마 대통령도 열정적인 독서를 통해 지식뿐 아니라 세계적인 안목과 지혜를 얻었으리라. 빌게이츠도 독서로 상상력과 창의성을 키웠을 것이고 워렌 버핏도 하루의 많은 시간을 독서에 할애했고 그 속에서 경영인의 터를 굳혔을 것이다. 학교 교육을 제대로 받지 못한 아브라함 링컨의 독서는 또 얼마나 유명한가. 책을 읽지 않는 민족은 희망이 없는 민족이며, 책속에 길이 있다는 이야기는 누구나 다 안다. 책 이야기를 하고 있자니 우스운 이야기가 떠오른다.

어느 유명한 문학가에게 유능한 부인이 있었다. 아마 전문직 여성이었던 것 같다. 그런데 남편은 너무 똑 떨어지는 부인이 지겨워졌다. 매사에 따지고 그냥 지나가는 법이 없다. 풀이 죽었던 남자는 어쩌다가 술집에서 한 나긋나긋한 여자를 만났다. 고분고분하고 자기를 하늘 같이 떠받드는 예쁜 여자다. 자기를 멋있는 남자로 보아주기 때문에 남자로서의 자존심이 살아났고 때론 군림 할 수도 있었다. 그 와중에서도 작가는 글을 써서 심혈을 기우린 책이 탄생했다. 남자는 기분이 좋아 두 여자에게 먼저 기증(?) 하고 그들의 반응을 기다리고 있었다. 똑똑한 부인은 감격하며 축하해 주었다. 물론 열심히 읽기도 했다. 그를 떠받드는 여자도 좋아하는 것 같았다. 자기는 만화 외에 이렇게 두꺼운 책을 읽어 본 적이 없지만 읽어 보겠노라고 했다나. 어느 날, 여자는 김치찌개가 기막히게 끓여졌다며 호마이카 밥상을 펴면서 두리번거렸다. 밥상이 상할 가 봐 두툼한 책을 냄비 밑에 깔았다. 아, 그 책은 바로 자기가 낳은, 자식과 진배없는 그의 책이었다. 그는 김치찌개를 먹을 수 없었다. 자존심은 더 없이 구겨졌고 모멸감에 속이 떨렸다. 그 후부터 평생 미안한 마음으로 부인을 더 사랑하고 귀히 여기게 되었다는 건 당연하다.

책이, 또는 예술이 가난을 구제 할 수는 없지만 정신적인 풍요로움과 세상을 아름답게 보는 눈을 열어준다. 어느 문인은 '태양이 꽃을 물들이듯 문학과 예술은 인생을 물들인다.'고 했다. 책을 읽음으로써 다른 사람을 이해하고 선악을 분별하게 될 뿐 아니라 삶의 지침을 발견하게 될 것이다. 사람을 어떻게 사랑하고 사랑받을 수 있는지도 터득할 수 있다. 꽃은 바람이 없으면 향기가 번져 갈 수 없지만 독서를 많이 한 사람의 정신과 따뜻한 가슴은 바람 없이도 그 향기는 사방으로 퍼져 나갈 것이다. 독서는 미지의 세계로 떠나는 여행과 같다. 무디어가는 나의 황혼에 다음 행선지가 될 책과의 즐거운 여행을 꿈꾼다.

## 모리와 함께한 화요일

K 교수님의 인터뷰를 동영상으로 보았다. 어느새 86세가 되셨다는 교수님은 평생을 독신으로 사셨다. 결혼은 안했지만 존경하고 사랑했던 여성들의 곁을 떠나 본 적이 없었는데 그분들은 이미 다 돌아가셨다고 조금 쓸쓸한 표정으로 말씀하신다. 교수님은 느닷없이 "나는 죽으면 장례식은 안 할 거야. 내 몸은 세브란스에 주고 재산은 Y대학에 기증할거야." 라고 단호하게 말씀하셨다. 그 순간 가슴이 찡~해지며 모리 교수가 떠오른 것은 눈물을 흘리며 책을 읽었고, 더 많이 울었던 영화, 『모리와 함께한 화요일』때문이다.

미치 알봄은 작가이자 스포츠 칼럼니스트이다. 어느 날 TV를 보다가 까마득히 잊었던 은사, 모리 슈월츠 교수가 휠체어에 앉아 인터뷰를 하고 있는 모습을 보게 되었다. 모리 교수는 하반신으로부터 차츰차츰 몸 위가 굳어지는 루게릭병에 걸려 있었다. 깜짝 놀란 모리교수의 수제자, 미치는 학창시절 매주 화요일에 만나 인생의 주제를 놓고 진지한 대화를 나누던 추억과 함께 졸업 후에도 계속하자던 약속이 떠올랐다.

그는 당장 달려갔다. 모리 교수와 감격적으로 재회 한 후, 20여 년 만에 화요일의 대화는 다시 이어졌다. 모리가 죽음을 맞을 때까지 미치는 화요일마다 디트로이트에서 보스턴까지 장장 700마일을 운전했고 후에 그들의 대화는 책으로 엮어졌다. 떠나는 자와 남는 자의 마지막 수업인 『모리와 함께한 화요일』은 뉴욕 타임스 베스트셀러 목록에 205주 동안 자리를 지켰다. 욕심과 오해, 불의가 판치는 이 세상에서 제자들에게 삶의 가치를 일깨워주려고 애를 쓴 분이다. 미치가 독자들에게 물었다. '여러분들껜 혹시 이런 스승이 안 계십니까?'

스승을 그토록 존경하면서 그의 가르침을 귀하게 남기려고 제자가 책을 쓰고, 믹 잭슨이라는 감독이 영화를 만들고, 잭 레몬이라는 배우가 실감 있게 열연하여 많은 사람들에게 감동을 주었다. 가치 있는 삶과 아름다운 죽음의 의미를 표현하려고 애쓴 그들의 노력이 눈물겹다.

노은사와의 마지막 수업의 주제는 '인생의 의미'였다. 목숨이 끝나는 순간까지 들려준 교훈들은 사랑, 용서, 가족, 일, 공동체, 후회, 감정, 결혼, 문화, 나이 든다는 것, 그리고 죽음이었다. 우리가 어떤 생각으로 살아야 하는지, 무엇을 추구하며 살아야 되는지를 가르쳤다. 한 젊은이는 이 책을 읽고 삶의 우선순위가 바뀌었다고 말했다. 모리 교수가 죽음을 수용하는 모습은 정중하면서도 처절했다. 그는 점점 굳어지는 몸을 자연스럽게 받아들이며 이렇게 말했다.

'어떻게 죽어야 하는지를 알 때에만 어떻게 살아야 되는지를 알게 된다네. 죽음은 생명을 가져가지만 관계까지 앗아가지는 못하지. 그런데 인생에서 가장 중요한 것은 사랑을 주는 방법과 사랑을 받아들이는 방법을 배우는 일이라네.'

평범한 이야기 같지만 이 소중한 의미들은 평생을 살아도 정확한 깨달음을 얻지 못할 것 같다. 사랑을 어떻게 해야 되는지, 사랑을 받으면서도 오해하고 그것이 사랑인지 몰라서 귀한 축복을 놓치게 되는 일이 얼마나 많은지. 사랑하는 법이나 받은 사랑을 누리는 법도 삶에서 배워야한다는 것을 깨닫지 못하고 산다. 그래서 사랑 받지 못하고 자란 사람은 사랑할 줄도 모른다고 하지 않던가.

어느 화요일, 그들은 모리의 살아있는 장례식을 거행했다. 죽은 후에 모여들며 죽은 자를 칭찬하면 무슨 소용이 있나? 모리교수의 요청이었다. 가족과 친지들은 모리를 바라보며 미소를 짓는다. 조용히 기도를 하고 영감 있는 노래를 부른다. 평소에 사랑하는 사람에게 미처 말하지 못했던 가슴 벅찬 이야기들을 와르르 쏟아놓으며 그들은 함께 웃고, 울었다. 한 사람, 한 사람씩 모리를 껴안으며 작별 인사를 하는 모습이 가슴 저리게 인상적이었다.

죽음이 점점 다가오고 있던 어느 화요일에 미치는 모리교수에게 물었다. 만약 건강하게 살아서 스물 네 시간이 주어진다면 어떻게 보내겠느냐고. 모리는 눈을 감고 깊이 생각 하다가 '어디 보자구….' 하며 다음과 같이 말했다.

'잠을 푹 자고 아침에 일어나서 운동을 하고 빵과 샐러드로 아침식사를 하겠네. 그리고 수영하러 갈 거야. 그런 다음엔 찾아 온 친구들과 맛좋은 점심을 먹고 나서, 이야기를 나누겠네. 그런 다음엔 또 산책을 해야지, 나무도 보고 새도 구경하며. 저녁에는 와인을 곁들인 푸짐한 저녁 식사해야겠다. 스파게티를 먹을까? 그런데 난 오리고기를 좋아하거든. 그런 다음 춤을 추고 싶네. 집에 와선 깊고 달콤한 잠을 자는

거야.'

헬렌 켈러의 '내가 삼일 동안만 눈을 뜰 수 있다면'이 생각나는 장면이다. 누구나 누릴 수 있는 평범한 하루, 우리에게 주어진 오늘 하루가 정말 선물(present)이라는 걸 깨우쳐주었다. 그는 인생에서 가장 중요한 것이 돈이나 명예가 아니라 내안에 있는 사랑을 다른 사람에게 주는 법과 남의 사랑을 받아들이는 법이라고 숨이 차 서 헐떡이며 말을 이었다. '서로 용서하며 사랑하지 않으면 멸망하리.' 모리의 유언이다.

사랑이 왜 어려울까? 용서를 할 수 있어야 완전한 사랑이라는 것 때문이겠지. 용서를 못하는 사람은 제아무리 사랑을 베푼다고 해도 그건 사랑이 아니라고 예수님도 말씀하셨다. 남을 용서한다는 것은 어쩌면 스스로를 가두었던 속박에서 풀어나는 것이기도 하다. 모리를 만난 후 인생에서 무엇을 추구하고 무엇을 버려야 하는지를 깊이 생각하게 되었다. 오래전에 읽었지만 그 여운은 아직 내게 짙게 남아있다.

## 오두막에서 일어난 일

내 마음에도 오두막이 있다. 오두막을 짓기 전까지는 하나님이 주관하시는 이세상이 왜 이렇게 험하냐고, 왜 모른 척 하시냐고 하나님의 침묵에 대해 섭섭해 하곤 했다. 착한 사람에게 고통을 주는 것은 너무하신 것 아니냐고, 빨리 제 자리로 돌려놓으라고 떼를 쓸 때도 있었다. 그러나 윌리엄 폴 영의 장편소설 『오두막』(The Shack)을 읽고 나서부터는 하나님의 침묵에 대해 예전보다 더 깊이 생각하며 묵상하게 됐다.

이 책에 대하여 들은 것은 꽤 오래되었다. 그러나 서두부터 너무 슬프고 비참하고 가슴을 짓누르는 무거운 내용이어서 읽기가 겁이 났다. 아담하고 추억이 담긴 오두막이 아니고 무섭고 떨리는 오두막이었다.

아, 오두막! 바로 이 오두막에서 주인공 맥의 유괴당한 어린 딸이 살해되었다. 맥은 엄청난 슬픔을 이겨낼 수 없어 죽고 싶었다. 어느 날, 파파라는 이름의 알지 못하는 사람으로부터 쪽지가 배달되었다. 내주에 오두막에 갈 터이니 찾아오라는, 참으로 이상한 내용이었다.

그가 '파파'라고 부르는 이는 하나님뿐이었기 때문이다.

저자는 오두막의 사건을 '거대한 슬픔'으로 표현했다. 주인공은 절규하며 혼미 속에 갇혀 있었지만 오두막에서 평범한 인간의 모습으로 나타난 하나님과 예수, 성령을 만나 신학적인 성찰과 신앙의 깊은 감동을 경험한다. 맥과 세 사람으로 오신 삼위일체의 하나님과 시종일관 따뜻하고 위트 있는 대화가 전개 된다. 하나님 파파는 몸집이 큰 폭이 넓은 흑인 여자로, 작업복에 연장을 든 청바지의 남자는 유대인 모습의 예수다. 예수의 손등에 난 상처가 얼듯 보였다. 그리고 바람처럼 나타나곤 하는 자그마한 아시아계의 여자 사라유는 성령이다. 그들은 각각 하는 일이 다르나 한 사람인 듯 협력하는 일체이다. 인간을 보면 신이 보인다는 말처럼 사람들을 통해 하나님을 만난다는 암시가 아닐까. 파파는 따끈한 커피를 내리고 고소한 빵과 파이를 만들어 같이 먹으면서 맥은 가슴 저미는 상처가 조금씩 치유되는 과정을 경험한다.

그러나 맥은 하나님 앞에서 유괴범을 절대로 용서할 수 없다며 눈물을 흘린다. 사랑하는 딸, 천진스러운 죄 없는 어린 딸이 끔직한 고통을 당하며 죽어 가는데 왜 침묵하고 있었냐고 따진다. 무한대의 능력을 갖고 계신 하나님인데 왜 악한 인간들과 무서운 세상을 만들어 선한 사람들에게 고통과 슬픔을 주는가 말이다. 인간을 사랑한다면서. 모든 것을 품는 흑인 여인 하나님에게 맥은 몸부림치며 울부짖는다.

나는 이 책을 읽으면서 오래 전에 보았던 『오, 하나님』이란 영화가 떠올랐다. 평범한 청년인 백화점 식품부의 매니저(칸튜리 가수 존 덴버)앞에 자신이 하나님이라며 뿔테안경의 볼품없는 할아버지(코메디언 죠지 번드)가 나타났다. 인간으로 오신 하나님과 함께 모순된 세상을 체험하게 하는 이야기는 희극적이지만 심오한 진리가 담겨있었다. 여기서도 오두막의 쪽지처럼 어느 날 하나님과 인터뷰를 하라는 쪽지가 배달된다. 하나님을 대신하여 변질되어가는 기독교와 인간들에게 참 메시지를 전달하라는 뜻 깊은 이야기다. 크리스천들이 봐야 할 영화라고 생각되었다.

책장을 넘기면서 여러 가지 비극적인 사건들도 불쑥불쑥 머리에 떠올랐다. 아우슈비츠 수용소에서 숨진 사람들도 하나님을 부르며 애타게 기도를 했다. 아, 9·11테러…. 가족에게 사랑을 고백하며 울부짖는 기도에 하나님은 왜 침묵하셨나? 역사 속에 이어진 이 의문들은 답이 없다.

파파는 슬픈 얼굴로 부드럽게 말한다. 우리들은 고통이 일어나게 하지도 않지만 멈추게 하지도 않는다며 맥을 포옹한다. 하나님은 신비한 빛으로 울고 있는 맥을 위로하며 이야기는 계속 된다.

하나님은 인간들과 같은 힘을 행사하지 않는다. 인간의 선택을 통제한 적도, 뭘 하라고 강요하지도 않는다. 인간들이 하려는 일이 하나님과 다른 이들에게 해가 되거나 파괴적인 결과를 가져오는 경우라도 결코 간섭하지 않는다. 이 모든 것들은 인간에게 주어진 자유의지로 이루어진 때문이란다.

맥이 다시 부르짖었다. 가끔씩은 좀 통제를 해주면 좋겠어요. 그러면 나와 우리가, 사랑하는 사람들이 고통에서 구원받을 수 있을 테니까요. 그 대목에선 나도 고개를 끄덕였다.

이해하기 힘든 그들의 이야기는 계속되었다. 파파는 말한다. 비록 너희 인간들의 선택이 쓸모없고 건전하지 않아도 존중한단다. 맥이 그랬듯이 나도 점점 더 어렵기만 하다. 내 이름으로 이루어지는 것들 중에서 나와 아무 상관없는 것도 많고 내 목적과 정 반대 되는 것들도 얼마나 많은지 아느냐? 내가 사랑하는 사람들 중엔 특정 종교인이 아닌 사람들도 많이 있단다. 나를 따르는 사람들 중에는 온갖 인종과 악인들도 있지. 나는 그들을 크리스천으로 만들려고 안달을 하지 않는단다. 그들이 하나님의 아들과 딸로, 내 형제자매로 나의 뜻으로 변화될 때까지 함께 있으며 사랑하기 때문에 아파할 뿐이다. 그러나 언젠가는 그들도 변화 할 것이다.

나는 기대를 갖고 시원한 대답을 얻으려고 열심히 읽다가 이 대목을 읽을 땐 다시 혼란이 왔다. 답답해서 머리를 쿵 하고 책상에 대고 한참 있었다. 그러나 끝이 없는 하나님의 사랑을 가슴 뭉클하게 느낀 순간이기도 했다. 읽고 있는 동안 나의 가슴이 뜨거워졌고 심장이 마구 뛰었다.

아, 드디어 맥이 유괴범을 용서했다. 하나님께서 슬픈 눈빛으로 '죄인도 나의 아들'이라고 말 할 때 맥은 드디어 눈물이 범벅된 얼굴로 '당신을 용서한다. 당신을 용서한다.' 라고 부르짖었다. 물론 나의 눈에서도 눈물이 흘렀다. 순간 맥의 마음에 표현할 수 없는 기쁨과 강 같은 환희가, 평화가 물결쳤다. 오두막은 절망을 이겨내는 곳이었다. 누군가 지금도 용서할 수 없는 가슴의 응어리가 있다면 사랑의 본체이신 하나님을 대면하여 해답을 얻을 수 있는 오두막으로의 초대이기도 하다. 저주스러운 이 오두막이 마침내 아름답고 신비스러운 오두막으로 변했다.

'용서란 너를 지배하는 것으로부터 너 자신을 해방시키는 일이란다.'

맥이 그들과 헤어져야 할 때 성령인 사라유는, 우리는 언제나 만날 수 있다고 위로하며 안심시킨다.

무소부재의 하나님. 그렇다. 자연의 아름다움 속에도, 예술 작품 속에도 그분의 숨결이 있다, 음악과 문학, 과학, 수많은 사람들 속에, 그리고 우리들의 기쁨과 슬픔, 고통 속에도 계신다. 생명과 삶, 세상과 구별된 오두막에서 우리는 삼위일체 되신 하나님을 만난다. 하나님 안에 우리가 있고 우리 안에 하나님이 계시므로.

책을 덮으며 맥이 그런 것처럼 나도 매일 내 마음의 오두막에서 그분들을 만날 것이다. 하루를 마감할 때마다 오늘도 감사했다고 지나온 세월도 감사뿐이었다고 아뢰면 그분들은 웃으며 나의 등을 두드려 주실 게다. 착한 사람들에게 고통은 주지마세요, 간절하게 기도하면 모든 일이 다 잘 될 거야, 라고 하실 게 분명하다.

# 일곱 살부터 하버드를 준비하라?

『일곱 살부터 하버드를 준비하라』는 책이 출판되었다. 얼마 전 어느 신문에 두 아들을 하버드에 보낸 부모의 사진과 함께 그 책이 소개되었다. 우선 한인으로 교육에 성공한 자랑스러운 이분들에게 아낌없는 찬사와 축하를 보낸다. 자녀들을 하버드에 보내고 싶어 하는 사람들에게 관심을 일으킬 만하고 책도 잘 팔릴 것이다. 이분들은 일찍이 유학을 하였고, 지금도 미국 사회에서 활동하는 사람들이며 아들들은 수재로 태어난 것 같다. 두 학생은 고등학교를 수석으로 졸업하고 대통령상도 나란히 받았을 뿐더러 하버드를 거쳐 의사, 변호사가 될 것이란다. 모든 부모들은 부러움과 함께 이들의 교육방법을 알아보고 싶을 게다. 아이들의 교육을 끝낸 나도 한 번 읽어보고 싶다.

그런데 나는 이 책의 제목에 대한 거부감과 함께 마음이 편치 않다. 물론 내가 이 책을 읽지 않았기에 그분들의 훌륭한 교육 방법과 아들들의 성적은 물론 에세이, 예술, 운동, 봉사 등 그들의 고통이 동반된 노력은 상상일 뿐이므로 이렇게 말하는 것이 결례가 될지 모르겠다. 그러나 특별히 하버드를 강조한 것 말이다. 훌륭한 많은 대학들을 무시한 것 같은 생각을 떨쳐버릴 수 없으니…. 글쎄, 너무 지나친 생각인지 모르겠다.

어느 나라나 마찬가지겠지만 미국의 대학들은 제각기 갖고 있는 특수한 전공분야와 교육 방침이 있고 대학이 내세우고 있는 비전들이 있다. 대학이나 대학원은 전공이나 특별한 교수들에 따라 선택하는 경우도 있다. 어느 대학이나 내세우는 이상이 있고 철학이 있다. 꼭 하버드만이, 아이비리그만이 목적이 되어서야 되겠는가 하는 것이다. 많은 한인들이 한국의 교육이 해마다 변경되는 입시제도, 한없이 들어가는 과외비 등 여러 가지의 비교육적인 현실이 두려워 도망치듯 이민을 오고 조기유학을 보낸다. 그런데 미국에 와서도 너도 나도 학원에, 또는 과외공부를 시킨다. 서울대, 하버드, 예일, 프린스톤 등 아이비리그대학을 따지는 민족도 아마 한국인들이 최고일 것이다. 뉴욕 어느 단체에서 교육에 대한 세미나를 개최했는데 사람들이 오지 않았다. 다시 『하버드에 보내기 위한 세미나』라고 선전했더니 사람들이 몰려 왔다고 하니 이런 책이 출판 될 법하다.

일곱 살이면 학교의 문턱에 선 귀여운 개구쟁이다. 어떻게 이 귀염둥이들에게 하버드의, 일류대학의 굴레를 씌워 다루는가. 수재인지, 보통아이인지, 어떤 재능을 타고 났는지 파악하기도 전에.

사람이 태어나고 죽을 때까지 필요한 '때'가 있다고 생각한다. 공부할 때가 있으면 놀 때도 있고 봉사 할 때도 있다. 그 나이에 필요한 만큼의 때를 무시하고 일곱 살부터 무지막지하게 하버드에 보내야 한다고 목표를 정한다면 달리다가 피곤에 지친 아이, 부부의 이견, 경제로 인한 가정생활의 흔들림, 자녀들끼리의 불평등으로 불행할 수도 있다. 하버드는 이만 명이 지원하며 10%만 합격한다고 하지 않는가.

물론 고난을 통하지 않은 영광은 없다.

그러나 하버드가 마치 인생의 목적인양 일곱 살부터 하버드에 가기 위해 준비하라는 것은 지나친 욕심일뿐더러 아이들의 인격을 무시하는 것 같다. 부모와 자식의 가치관이 다르고 갈등이 많은 이민생활에 욕심이 포함된 자녀 사랑은 자칫 가정의 행복을 해칠 수 있다. 나는 제목에 대해서 조금 화가 나려고 한다.

교육이 무엇인가? 사람다운 사람으로 길러내는 것 아니겠나. 인격을 갖춘 인간으로 키워 어느 자리에 있든 각자의 자리에서 든든한 일꾼으로 제 몫을 충분히 감당할 수 있는 사람, 사랑을 주고받을 수 있는 사람으로 만드는 것이 교육이다. 그러므로 단순히 대학에 가기위한 공부이기 이전에 참다운 사람이 되기 위한 공부가 되어야 할 것이다.

두 아들을 누구나 부러워하는 대학으로 보낸 성공한 부모는 축하받아 마땅하다. 또한 무한한 가능성을 갖고 태어나는 세상의 아이들을 위해 책을 펴 낸 것은 귀감이 되고 훌륭하다고 인정할 수 있다. 비결을 숨기지 않고 힘겹게 걸어온 길을 아낌없이 나누어 주는 것도 고마운 일이다. 그러나 『일곱 살부터 하버드를 준비하라』는 제목은 순수하지 못한 인상을 주고 교육의 목적에 어긋난, 좀 지나친 것 같다.

혹시 이 글을 읽으며 '한국사람 남 잘되는 것 못 봐주지.' 하는 사람이 있을지 모르니까, 우리 집 아이는 스스로 공부하여 자신이 선택한 그 대학을 졸업했다. 다만 우리는 부모의 입장에서 자기가 좋아하는 것을 하도록 격려하며 사랑으로 지켜보았을 뿐이다. 어린이들에게 하버드의 굴레를 씌우지 않기 바란다.

# 끝이 없는 사랑

젊은 음악가의 선물은 멋지고 색다르다. 신혼인 조카 부부로부터 크리스마스 선물로 『레미제라블』 영화 초대권을 받았다. 이모님, 이모부님, 두 가지 행사를 연거푸 치르느라고 얼마나 수고하셨느냐는 기특한 마음이 담긴 카드와 함께.

지난 연말에 우리 부부는 아버지의 10주기 추모예배와 18회 크리스마스 콘서트를 개최하는 일에 정성을 쏟았던 것을 조카 내외가 곁에서 지켜보았기 때문이다.

영화가 개봉 된지 한참 지났는데도 극장이 만원이었다. 우리 다섯 명은 빈자리를 찾아 여기 저기 따로따로 앉아 감상하게 됐다. 영화관에 자주 가지는 않지만 이렇게 일행과 떨어져 혼자 앉기는 처음이라 조금 낯설었다. 그러나 장장 2시간 30분의 뮤지컬 영화는 단숨에 지나갔다. 환상 속에 듣는 것 같은 합창의 화음, 감정을 살려낸 독창, 중창은 나를 압도했다. 슬프고도 애절한 가락과 인물들의 연기로 더욱 살아난 절망과 그리고 환희, 희망, 사랑의 노래는 소름이 돋도록 파고들며 가슴을 벅차게 했다. 사랑은 기적을 낳는다는 말대로 사람

을 바라보는 따뜻한 시선은 삶의 가치를 변화시킨다. 휴머니즘이 절정에 달한 소설, 불쌍한 사람들이라는 뜻의 『레미제라블』의 바닥에는 하나님의 사랑이 짙게 깔려 있음을 느꼈다.

초등학교 때 주인공의 이름을 딴 동화 『장발장』을 읽었다. 배고파서 울고 있는 어린 조카를 위해 훔친 빵 한 개로 어떻게 19년을 감옥에서 살게 한단 말이야? 너무 불쌍하고 억울해서 울었던 일이 기억난다. 두려움에 떨고 있는 장발장에게, 내가 준 은촛대는 왜 놓고 갔느냐고, 양손에 촛대를 들고 안겨주던 신부님이 천사인가 봐, 했었다. 맨 마지막 장면에서 아버지 장발장과 공주 같던 수양 딸 코제트, 왕자 같던 사위 마리우스와의 대화가 슬프면서도 멋이 있어서 언니와 함께 큰소리로 읽고 또 읽었던 기억도 되살아난다. 그래서 영화에서의 마지막 장면은 기대했던 대로 감명 깊고 인상적이었다.

장발장이 죽기 전, 마리우스에게 자신의 죄를 고백하자 사위는 당신은 성자라고 말하며 존경의 눈으로 바라본다. 장발장은 우리의 죄를 용서하여 주옵시고…. 주기도를 암송하며 죽었고 영혼은 천국의 문 앞에서 그를 기다리고 있는 미가엘 주교의 품으로 사라진다. 또 다시 온몸을 전율케 하는 합창이 웅장하게 이어졌다. 주제가 반복되는 노래들은 영혼을 울려주었고 비극의 여인 판틴의 노래는 숨 막히게 아름다웠다. 방대한 비극의 전개는 행복과 희망으로 끝을 맺으니 슬퍼서 울다가 고마워서 또 운다.

앞뒤에서 관객들의 흐느끼는 소리들이 들려왔다. 내가 그들만큼 눈물을 흘리지 않았다는 것은 충분히 소화를 못했다는 증거다. 뉴욕의 딸도 울었다고 했다. 두 번째 감상에서는 더 많이 울었다나. 누구는 댓글에서 열 번까지 보고 싶은 영화라고 했다. 드디어, 남편과 나는 다시 영화를 보았다.

작가 빅토르 위고는 비인간적인 것에 저항하는 것이 작가의 정신이라고 말했다. 그래서 그는 작가 정신에 걸맞게 잔인하면서도 비도덕적인 기득권자들의 난폭한 부정을 분개하며 썼을 것이다. 프랑스가 문화적인 자본을 축적할 수 있던 배후에는 빅토르 위고 같은, 세계인의 가슴을 울리고 웃게 하는 작품을 마음 놓고 쓸 수 있던 국민 문학가가 있기 때문일 게다.

나는 영화를 감상하는 동안에 이 세상에 수 없이 많은 죄악에 오염된 사람들은 오로지 이를 불쌍히 여기는 하나님의 사랑만이 치유하고 변화시킬 수 있다는 감동 때문에 영화의 의도 역시 같은 맥락이라고 보았다. 미가엘 주교로 인해 변화된 장발장은 부자가 됐을 뿐더러 훌륭한 시장이 되었는데도 쓰레기 더미에서 허덕이는 사람들을 사랑으로 보듬어 안는다. 이러한 장발장의 모습은 한 마리의 양을 찾아 가슴에 안았던 예수님의 모습처럼 보였다.

인간의 역사는, 아니 현재까지도 인간은 인류를 위해서 공헌한 위대한 일도 많이 했지만 그 못지않게 고통을 준 일도 많다. 불의를 보면서도 눈을 감으면, 학대받는 사람을 보고도 가슴이 아프지 않으면, 양심을 속이면서 자기의 이익을 찾는다면 작가나 교육자, 정치가, 예술가, 심지어 종교지도자마저도 인간적으로 존경받지 못할 것이다.

종합예술인 영화는 과연 위대하다. 문학과 음악, 그리고 미술이 어우러져 빚어내는 높고도 깊은 의미들은 인간에게 얼마나 건강한 정신과 따뜻한 가슴을 갖게 하는지, 감정을 순화시키며 선으로 향하는 영향력을 끼치는가를 다시 배운다.

예술 이야기를 하고 있자니 문득 뉴욕에서 조각에 열중하고 있을 동생이 생각난다. 요즘엔 어떤 작품을 만들고 있을까? 역시 기대한 대로 마무리 되고 있는 작품의 제목은『끝이 없는 사랑(Unending Love)』이란다. 우리가 추구하고 있는 삶의 가치란 결국 하나님의 사랑을 닮아가는 '인간사랑'이라는 결론을 내려 본다.

삶이란 끝이 없는 사랑을 찾아가는 과정이다.

# 천사가 듣는다

『네가 어떤 삶을 살아도 나는 너를 응원 할 것이다』라는 책을 읽었다. 세 번 이혼하고 성이 다른 세 아이의 엄마라고 자연스럽게 말하는 당당한 작가의 책이다. 청년기에 접어든 딸에게 쓴 편지글의 첫 장에 동화 같은 이야기가 있다.

욕설은 아무리 하찮은 의미로라도 하지 말라. 네가 한 거친 말들이 사라지지 않고 이 지구 위를 떠돌다가 나무에게, 냇물에게, 눈송이에게 내려앉아 스며들게다. 우리는 그 나무 잎이 길러 낸 과일을 먹고 그 물을 마실지 모른다. 이 말을 들은 작가의 딸은 겁먹은 얼굴이 되었단다. 나도 괜스레 가슴이 서늘해졌다.

아주 어릴 때 동네에 욕쟁이 여자가 살았다. 화를 내거나 웃을 때도 그냥 입으로 나오는 말이 듣기 거북한 거친 말 뿐이었다. 욕쟁이는 소꿉친구의 계모였다. 그 여자는 딸의 이름을 부르지 않고 언제나 이렇게…, 불렀다. 나에게 누군가가 말한 적이 없으니 직접 들은 일이 없고, 나도 입 밖으로 뱉어 본 적이 없으니 글로 쓰기도 주서된다.

그 말은 '녀'에 'ㄴ' 받침을 더하는 것이다.

어느 날 언니와 함께 친구에게 가고 있었는데 골목에서부터 울음소리가 들렸다. 계모는 자기 집 마당의 텃밭에서 회초리로 친구를 마구 때리고 있었던 것이다. 수없이 내뱉는 그 단어와 함께. 우리는 친구가 너무 불쌍해서 발을 뗄 수 없었다. 엉거주춤 바라보다가 큰소리로 울고 말았다. 울음소리에 놀란 계모는 슬그머니 회초리를 내리며 매는 저 녀에 ㄴ이 맞는데 니들이 와 우네? 하며 호호호 웃기까지 했다. 그때부터였을까? 나는 그 말을 싫어했다. 아주 거칠고 악담 같은 말이며 마귀할멈 같은 계모들이 하는 말로 마음에 새겨졌기 때문이다. 그때 작가가 말한 대로, 텃밭의 상추와 고추들이 얼마나 몸서리치며 견뎠을까.

그 단어 때문에 웃겼던 일이 떠오른다. 젊은 시절 여성단체에서 일하던 때다. 같이 일했던 친구들은 이 추억을 떠올릴 적마다 웃음보가 터진다. 나는 청소년부에서 일했는데 중·고등 여학생들을 '와이 틴(Y-Teen)'이라고 했다. 그땐 컴퓨터가 없으니 각 부의 모든 회의록이나 공문은 서무실의 타이피스트가 정리해 주었다. 내 글씨는 흘려쓰기로 유명하다. 새로 입사한 여직원이 내가 쓴 회의록을 정리 했는데, 검토하던 내가 깜짝 놀랐다. 어? 이게 뭐야. 입밖에 내지 못하며 쩔쩔매는데 왜 그래? 뭐야? 모여든 직원들이 와, 하하. 웃음바다가 되었다. 흘려 쓴 '틴'을 모두 '년'으로 쳤기 때문이다. 얼굴이 빨개진 직원이 더듬거린다. "저는요, 뭐, YWCA가 기념하는 Y의 해, 그러니까 '와이의 년'인줄 알았어요." 우리들의 웃음은 더 커졌다. 가운데 '의'가 빠졌으니 얼마나 흉측한가.

나는 지금도 부득이 이 단어로 말해야 될 때면 '아, 그때 아무개가 자기의 누구보고 녀에 니은 이라고 하잖아' 이런 식으로 말한다. 식구들은 이젠 웃지도 않고 알아듣는다.

어느 날, 아들과 딸의 장난기다. "지금이 몇 년이더라?", "뭐? 그것도 몰라? 2002년이잖아?", "하하하, 엄마 싫어하는 말 했다."

나는 이 말을 거침없이 내뱉는 사람을 멀리한다. 크게 욕하는 말이 아니라고 하는 사람도 있다. 그러나 어려서부터 나쁜 말이라고 스스로 단정했으니까 할 수 없다. 어떻든 험한 욕설은 하지 말고 살아야겠다. 듣는 사람은 상처가 되고 말하는 사람은 미움 때문에 더 언짢아 질게다. 그뿐 아니라 자기의 아이들이 그대로 따라하면 어쩌겠나. 그런데 말이다. 너무 그렇게 단정 지을 수 없다는 생각도 든다. 화를 잘 내고 입에 담지 못할 욕을 하는 사람들 중 뒤끝이 없고 마음이 좋은 사람도 있으니까. 문학가인 어느 멋쟁이 목사님의 글에, 울화통이 치솟을 때 나같은 소시민이 그놈을 삭이는 데는 욕질을 해 대는 것, 그거 돈 한 푼 안 드는 일이니까 괜찮은 것 같다. 고 썼다. 하긴 예수님도 헤롯에게 여우같은 놈이라고 하셨다. 또 지도자들에겐 회칠한 무덤 같은 놈들이라고 하긴 하셨지. 그럼, 나는 고운 말만 하고 살았을까? 나쁜 말은 못해도 속으로 미워하며 욕하고 그런 적은 있었다.

베란다에 앉아 청청한 나무들을 찬찬히 바라본다. 어느 작가는 『나무에게 말 걸기』란 글을 썼다. 나무나 꽃들을 정성스럽게 어루만지며 말을 걸며 칭찬하면 더 잘 자란다는 것. 사람들이 싸우고 욕하며 나쁜 말들을 쏟아 놓는다면 그 말들이 날아다니다가 정말로 나무에 붙을지 모른다. 나무들은 아무 죄없이 억울할 게다. 앞마당의 사과나무에 매실만한 초록 열매들이 달려있다. 사람들이 뱉어낸 나쁜 말들이 날라 다니다가 열매에 스며들었는데 빨갛게 익었다고 따 먹는다면? 꺼림칙하다.

책의 뒤편을 다시 읽는다. 탈무드에 풀잎마다 천사가 있어 날마다 자라라. 자라라. 속삭인단다. 나무를 향해서 작가는 말했다. 사실은 딸에게 말하는 것이리라. 나뭇잎을 흔드는 바람, 잎을 적시는 무거운 빗물, 목마르게 하는 뜨거운 햇빛, 이 모두는 너희들을 자라게 하는 우주의 신비한 계획이라고.

그렇다. 나에게 광풍이 몰아칠 때, 빗물 넘쳐 차오를 때. 따가운 불볕으로 힘들어 할 때, 하나님의 심부름꾼 수호천사가 '지치지마, 너를 응원 하고 있어. 먹구름은 내가 막을게. 뻗어라, 자라라'하고 격려할 게다. 그러니까, 사람들은 나쁜 말은 하지 말아야 한다. 마음속으로 누구를 미워하거나 욕하지도 말아야 한다. 천사가 듣는다.

정원의 나무들이 활짝 핀 잎새 사이로 붉은 노을 기웃대다 어깨동무 하며 웃는다. '우리는 싱그럽고 반짝이는 말만 한답니다.' 라고 말하는 것 같다.

# 아름답게 늙는 지혜

책장의 책들이 복잡하다. 다시 읽고 싶은 책, 새로 산 책, 여러 가지 책들이 거꾸로, 바로, 뒤죽박죽 꽂혀있고 누어있다. '단정하게 정리 좀 하고, 우선순위로 구분 하자.' 중얼거리며 책장 앞에 선다. '어머나, 이 책이 여기 있었네.' 얼른 꺼내 본다. 이사를 하며 너무 낡아 버렸거나 글씨가 깨알 같은 책들은 치워 버렸는데 용케도 남아 있어서 반갑다. 『아름답게 늙는 지혜』 자그마한 책이다.

1985년도에 정우사에서 출판되었고 일본인 소오노 아야꼬란 분이 쓴 책이다. 20여 년이 지난, 그러니까 내가 이민 오기 바로 전 해에 출판 되었다. 이 책을 읽을 그때는 '나도 아름답게 늙어야지….' 좀 자신이 있었건만 이미 세월은 흘러가 버렸고 나의 겉모습, 속 모습은 다 들어 날대로 드러나고 말았으니 아무리 다시 읽은들 무슨 소용이 있으랴? 저자는 37세부터 메모를 시작해서 40세에 글을 썼으며 60세 이상은 이 책을 살 필요가 없다고 했으니까 말이다. 그러나 역자(이기옥)는 60세에 이 책을 읽었고 60대, 70대, 그 이상도 도움이 될 것이라 생각되어 번역을 했다고 하니 너무 실망할 필요는 없다. 그러나

어떻게 늙어갈까에 대한 생각은 나이가 들었을 땐 이미 늦었다는 것이다. 어린이는 어른이 될 준비의 시기이듯이 노인이 되기 위해서는 중년 때부터 조금씩 익히고 배우라고 했다.

오래 전 서울에서 한 여성단체 행사에 유명한 남성 명사가 초청되어 강연을 했다. 그는 첫마디로 '여러분, 여성들이여, 지금, 여기 앉아계신 아름답게 늙어 가는 여러분들, 너무 아름다우십니다.' 라고 하여 웃음과 함께 어리둥절한 여성들로부터 인기를 끈 멋쟁이 강사였다. 그분은 좋아라, 하하하 웃는 중년 여성들을 향하여, '단, 그 아름다움이란, 나이든 여성처럼 보이는 분들에 한해서입니다. 젊어지려고 발악(실례라고 하였다)하지 않는 여성 말입니다. 자신이 넘치고, 고상하면서도 창조적인 삶을 살아온 사람에게만 풍기는 매력 있는 여성 말입니다. 바로 여기 여러분들입니다.' 라고 하여 또 한 번 박수를 받았다. 농담같이 말했지만 그 뜻은 알고도 남는다.

그렇다면, 어떻게 사는 것이 창조적인

삶인데? 책의 저자는 늙음에 대해 섭섭해 하거나 허무하다고 하지 말라고 했다. 그 나이만큼, 그 상태에서의 늙음이 아름답다고 했다. 그러나 꼭 사색과 독서를 동반해야만 창조적인 생활이 될 수 있으며 아름답게 늙어갈 수 있다고 강조했다.

사람들은 여성들에게 교양미, 지성미가 있어야 아름답다고 이구동성으로 말한다. 이런 것들은 타고난 생김새와는 무관하지만 창조적인 삶으로 살아간다면 교양미, 지성미가 나타날 것이며 그것은 얼굴의 모양을 고상하게 변화 시킬 수 있다는 것이다. 일반적으로 여성들은 젊어 보이는 것이 아름답다고 생각하기 쉽다. 그래서 유행을 따르고 성형의 효과를 내려고 하는가보다. 그러나 20대에서 70, 80대까지도 그 나이만큼의 아름다움이 있을 것이란 말은 생각의 깊이를 가진 정신이 뒷받침 될 때…..란 어려운 조건이 있을 터이다. 내가 좋아하는 어느 작가는 젊었을 때는 늙으면 무슨 재미로 살까 하고 생각 했는데 늙어보니 그때그때의 사는 재미와 즐거움이 젊은이 못지않게 있어서 살맛이 난다고 썼다. 그러니까 창조적인 삶으로 기쁨과 행복을 만들어가며 산다면 아름답게 늙어가며 즐겁게 살 수 있다는 뜻이겠다.

대학에 다닐 때, 한 철학 교수의 가르침을 가끔 떠올린다. 사는 날까지 하루에 한 두 장의 그림을 보라. 한 곡 이상의 음악을 들으라. 그리고 반드시 하루에 30내지 40페이지의 독서를 해라. 이것만으로도 여러분들의 생활이 윤택 해 질 것이다.' 그때 나는 자신이 있는 듯 그것이 뭐가 그리 어려울꼬? 라고 생각했으나 이렇게 허송세월을 보내고 말았다. 그 교수님의 강조는 쉬운 것이 아니었음을 이제야 알게 되었다.

단발머리 시절, 아름답게 늙으셨던 도덕 선생님의 가르침도 기억난다. 부드럽고 온화한 표정이었지만 단아한 어조로, 잊지 말고 꼭 실천하라고 하셨다. '하루에 한 가지씩 좋은 일을 하고 누군가에게 늘 감사하라. 사람의 겉모습보다 마음을 보라. 모르는 사람도 눈이 마주치면 생끗 웃어라. 표정이 밝으면 마음도 밝고, 마음이 밝으면 표정이 아름답다. 욕심을 버려라. 나이 들어가는 여성에겐 가장 추한 모습이니라.'

그래서 '40이 넘으면 자신의 얼굴에 책임을 지라.'는 말이 있나보다. 속사람의 됨됨이가 얼굴에 표출 된다는 말은 스스로를 돌아보게 한다. 선생님은 또 이런 말씀을 하셨다. '부자가 되더라도 가난한 사람들을 멀리하지 말라. 외로워지니라.' 대강 이런 내용이었던 것 같다. 아이들이 너무 좋아했던 선생님, 언제나 옥색 계통의 한복을 입으셨지. 선생님 돌아가신지 몇 십 년이 넘었구나.

듣고 배우고 읽고 기억하는 이 모든 것들이 결코 쉬운 일이 아님을 실감하며 빠른 세월 속에서 덤벙대고 있자니 아쉬움만 커진다. 그러나 많이 늦은 지금이라도 아름답게 늙고 싶은 마음 간절하여 '그래도' 하며 책을 다시 펴고 있다.

4

# 샘물 같은 내 친구

# 길치의 변

운전면허 재발급 통지서가 배달되었다. 어느새 5년이 또 지나갔다. 재발급 몇 번 하면 한세상 다 가고 말겠구나…. 푸념하던 친구의 말이 실감난다.

이민 오기 전에 운전을 배웠다. 강남의 어딘가에서 운전선생을 옆에 태우고 넓은 운동장을 빙글빙글 돌며 연습했다. 맛만 보고 미국에 가서 면허를 따리라. T코스, S코스도 거뜬히 했다.

시애틀에 오자마자 운전이 급선무라고 여러 식구들이 운전선생을 자처했다. 사람들마다 남편에게 운전을 배우다가 대판 싸움을 했다는 둥, 누구는 이혼까지 갈 번했다는 둥 겁을 준다. 만만한 게 아버지다. 아버지가 즐겁게 나섰다. 정착한 머킬테오는 30여 년 전에는 시골 같았다. 물론 하버 포인트란 동네도 없었다. 우리가 살고 있던 지역도 숲과 나무로 덮여 있었고 집이 없었다. 평화스럽고 고요한 머킬테오 바닷가에는 고풍스러운 레스토랑과 귀여운 상점들이 낭만적인 페리를 맞이하고 보내던 평화스러운 동네였다. 이렇게 한가한 길로 다니면서도 아버지는 부들부들 떨었다. “야아야! 아이쿠, 조심해라. 어, 어,

천천히….” 깜짝깜짝 놀라며 소리를 지르다가 팔에 힘을 주며 여기저기를 꽉 꽉 붙잡곤 하셨다. 아버지가 너무 불안해하시니까 다시 막내동생에게 배우기로 했다. 막내는 조용하고 침착하다. 게다가 존대어까지 쓴다. 하긴 누나보고 이래라, 저래라 할 수 없었을 게다. 내가 더 불편했다. 왜 빨리빨리 말을 해 주지 않느냐고 잔소리도 못하겠고, 동생이 그렇게 어려울 줄은 몰랐다. 다시, 선생은 남편으로 바뀌었다. 남편은 나의 무능을 잘 안다고 생각하는 듯 웃으며 나섰다. 우리는 싸우지 않고 내가 더 큰소리치며 배웠다. 물론 시험에는 빵빵 떨어지고. 겨우 턱걸이로 합격했다. 그러나 문제는 여기서 끝나지 않았다. 내가 운전을 안 하는, 또는 못하는 이유 두 가지 때문이다. 면허를 따기까지 내가 갖고 있던 병적인 문제점에 대해서는 전혀 느끼지 못했다는 거다.

나는 지독한 길치다. 길, 하면 완전 반대다. 공항이나 건물의 화장실에서 반대로 가다가 거울이나 벽에 막히곤 한다. 새로운 장소에 들어갔다가 나올 때면 영락없이 반대 방향으로 간다는 것. 언니는 여러 번 말했다.

“문자야, 너는 골목이나 건물에서 나오면 무조건 네가 가야된다고 생각하는 방향에서 반대로만 가면 돼.”

서울에서 살 때 지하도에서 나오면 방향이 열 번이면 열 번 다 틀리곤 했다. 지하도로 내려가기 전 일단 앞, 뒤 옆을 바라보며 나름대로 표적을 눈에 익혀둔다. 물론 방향 안내가 표시되어 있지만 반대로 보기 때문이다. 참 한심하고 바보 같다. 주소를 들고 찾기는 하늘의 별따기 만큼 어렵다. 반대쪽에서 두리번대고 있으니까. 같은 길을 뱅뱅 돌기일수다. 집 찾는 지도를 그릴 때도 반대로 그린다. 제대로 그린 걸 보면 틀린 것 같다. 그런데 의외로 이런 사람들이 종종 있는 모양이다. 한 선배 언니도 나와 비슷하다. 새 아파트로 이사를 갔는데 방향을 몰라 직장에서 일하고 있는 남편에게 여러 번 전화를 했단다. 우리 집이 어디에 있냐고.

다행이 남편은 길을 잘 찾는다. 내가 놀라기라도 하면 으스대며 자기는 감각으로 찾는다나. 나는 여기가 거기 같고 거기가 여기 같다. 그러니까 면허는 있으나 마나지 뭐. 하이웨이는 절대사절, 내가 운전을 하면 옆에서 우회전, 좌회전, 줄바꾸기…. 등 번번이 일러주어야 되니 원. 그래서 동네의 식품점이나 아이들의 학교, 일터에만 조용히 유람하듯 다녔다. 지프차는 높다고, 이 차는 크다고 불평을 하며 거울의 위치를 바꾸고 의자도 당긴다. 방석은 두 개다. 깔고 기대기 위해서. 조금 다른 곳으로 가려면 막막하다. 방향이 반대인가? 두리번거린다. 한 번 운전을 하려면 남편도 의자를 편한 자세로 조정을 해야 되니 그것도 귀찮다. 아이들마저 제 길을 가고나니 결국 차는 하나가 됐다. 매일같이 남편과 함께 다니니까 사람들이 사이가 너무 좋아서 붙어 다닌다고 한다. 그러고 보니 혼자 다닐 곳도 없다. 재발급 땐 시험관이 한 번 더 쳐다본다. 맹해 보이는데 무사고이니까.

길치는 선천적이지 내 죄가 아니다. 그런데 또 후천적인 문제까지 있다는 사실을. 첫 단추부터 아찔했던 경험이 원인을 제공했다. 외출하는 일이 있어 나는 으스대며 운전을 하기로 했다. 약간 언덕이 있는 차고에서 후진을 해야 될 터이니 봐 준다고 남편이 밑에서 바라보고 있었다. 그때 실수로 고만 액셀레터를 밟아버려 부웅~하며 쏜살같이 내려왔는데 남편이 깜짝 놀라며 재빠르게 피했다. 이민 오자마자 대형 사고를 칠 번했다. 그가 운동신경이 유별나서 천만 다행이었다. 운전을 하지 말아야 된다는 경고였나? 그때부터 운전을 하려면 가슴이 먼저 두군 대었다. 만약에 사고를 냈다면? 남편이 어찌 되었다면? 지금도 그 생각만하면 가슴이 서늘해 진다. 그동안 운전을 하고 살았다면 어리어리한 내가 얼마나 많은 사고를 냈을까? 어디에선가 또는 어느 누구가 큰 교통사고를 냈거나 당했으면 운전을 안 하니 이런 일이 없다고 은근히 내가 나를 합리화한다. 거지 아버지가 불타는 집을 바라보며 아들에게 우리는 집이 없으니 불이 날 염려가 없구나. 그거 다 애비 덕이니라. 와 같은 꼴이다. 나는 이젠 정말 운전을 못하게 되고 말았다. 나이가 먹어갈수록 점점 더 겁이 나서다. 미국 생활에서 필수라는 운전도 안하고 사는 상팔자가 되고 말았다. 하하하, 까짓 거 이럭저럭 편하게 살다가…. 동생이 염려했다. "언니, 형부가 아프면 어째? 다시 살살 연습하며 시작해 봐." 앞일은 걱정 안 해. 오늘이 중요하니까. 나는 눈짓으로 응수한다.

그러나 진짜로 염려 되는 것이 있다. 내가 살면서 가야 할 길을 못 찾는 일이다. 하나님께서 인도해주시는 길을 몰라 방황하는 일을 저지른다면 어쩔 것인가. 나는 지금 어디로 가고 있을까? 바르게 잘 가고 있을까? 이 길이 하나님이 원하시는 길일까? 내가 가야되는 옳은 길까지 망각할까 봐 걱정이다. 운전을 다시 시작하고 싶지는 않지만 진짜로 중요한 삶의 길, 하나님께서 인도 하시는 길을 못 찾으면 큰일이다.

요즘에 나는 혜민 스님이 쓴 『멈추면 보이는 것들』이란 책을 읽고 있다. 마음, 정신, 나의 삶을 다시 점검하는데 도움이 되는 책이다. 책속에는 나에게 말하는 글이 있다. '운전을 못하는 사람은 브레이크 페달을 자주 밟는다. 대화를 잘 못하는 사람은 상대방의 이야기를 자신의 이야기로 자주 브레이크를 건다.' 라고. 내가 운전을 못 한다는 이유를 말하는 것처럼 내가 가야 할 길이 순탄하지 못하면 누구를 탓하며 불평하고 실망한다는 뜻으로 이해했다.

삶이란 운전을 해서 목적지에 도달하는 것처럼 뚜렷한 목표가 보이는 것이 아니다. 그렇지만 그때그때 주어진 상황에서 최선을 다하며 살면 된다고 생각 했다. 감사하며 충실하게 산다면 즐거운 인생이 될 거라 생각했다. 그러나 내가 내 스타일에 맞게 만들 수 있는 게 인생이 아님을 이 나이에 와서야 깨닫는다. 나는 내가 가고 싶어 하던 방향과 전혀 다른 방향으로 살아왔기 때문이다.

운전은 포기했지만 인생의 목표는 포기하지 말아야 되지 않겠나. 나의 길을 잘 가고 있는지 점검을 해야 되겠다.

오래 된 집을 리모델링하듯, 낡아진 나의 마음, 정신, 신앙도 리모델링이 필요하겠다. 운전을 못했느니, 안했느니 이유를 나열 하듯 하나님 앞에서 인생을 잘 못 살아온 이유를 들이대며 변명하지 말아야 될 터이다. 그러나 나는 믿는다. 하나님은 내가 태어나기도 전에 이미 나에 관하여 다 아시고 지금의 내가 어떻게 살아야 할지, 어떤 사람인지를 다 파악하고 계신다. 내가 못하고 안하는 것이 운전뿐이랴. 무능도 약점도 하나님이 주신 것이거늘. 그러나 누구에게나 숨어있는 자기만의 재능과 잠재력이 있다고 생각한다. 나에게도 숨어 있는 어떤 가능성이 있지 않을까? 가능한 일에 대한 격려를 내가 나에게 해주고 싶다. 어쨌거나 나의 삶 전체를 하나님께 맡겼는데 무엇이 걱정인가? 이 시점에서 내가 묵상해야 할 말씀은,

"너의 걱정을 여호와께 맡기어라. 주께서 너를 붙들어 주시리니 착한 사람 망하도록 절대로 버려두지 않으시리라."(공동번역-시편 55장 22절)

나는 3월의 내 생일 날짜에 동그라미를 그렸다. 운전면허 재발급도 받고 생일축하도 받는 즐거운 날이다.

# 스마트폰

생일 선물로 스마트폰을 받았다. 남편이 나의 체면을 살려주기 위해서였다. 아는 분 중에도 그즈음에 스마트폰으로 바꾸었다는데 서울 방문 때 전철 안에서의 충격 때문이라고 했지만 사실은 체면치레라고 했다. 승객들이 일제히 스마트폰을 들여다보고 있었단다. 최첨단의 미국에서 온 본인만이 구식 셀폰을 손에 쥐고 있었다고. 그러나 시애틀에서도 버스를 타보면 마찬가지 현상이다. 승객들 중 두어 사람의 노인들은 책을 보고 몇 사람은 곯아떨어지고, 나머지는 다 스마트폰을 들여다보고 있다.

자주색의 우아한 스마트폰을 받으니 신이 났지만 내 손에 쏙 들어가게 작고 익숙했던 휴대폰과 헤어지려니 섭섭했다. 오래 써온 셀폰은 아주 쉬웠다. 입력된 번호만 꾹 누르면 상대방이 나타나곤 했으니까. 일단, 스마트폰은 매끄럽고 내 손에 크다. 이 녀석은 살짝 건드리기만 해도 이것저것 마구 튀어나온다.

어리바리한 나를 아랑곳 하지 않고 남편은 한꺼번에 오만가지 다 가르쳐 주려고 여기, 여기를 봐. 연발이다. 부담스러운 나는 천천히~

를 외친다. 한 가지씩 익히기도 벅차서다.

기계를 무서워하고 운동신경도 둔한 나는 운전시험도 턱거리였다. 컴퓨터를 배울 때도 느릿느릿, 지금도 어릿거린다.

한국 사람들은 참 대단하다. 인터넷 최첨단의 선진국이라고 하니 말이다. 총 인구 중, 아기들과 컴맹 노인들을 뺀 전 국민이 네티즌들이라니까. 가구당 인터넷 접속률이 98.1%. 50대 이상, 장년층의 인터넷 이용률도 80.3%라고 하니 웬만한 할아버지, 할머니들이 다 첨단을 걷고 있다는 말이다. 그것은 언제 어디서나 인터넷에 접속이 가능한 스마트폰 덕분이라고 한다.

이민 오기 전 우리 또래들이 한 때 골동품에 푹 빠졌던 일이 있었다. 나도 친구들과 골동품 가게를 드나들며 반닫이, 뒤주, 화로, 장신구 등, 선조들이 애용해 오던 물건들을 갖고 싶어 했다. 한 친구는 신식 가구들을 다 처분하고 온통 고가구로 집안을 채운 경우도 있었다. 그 시절에 사들였던 몇 가지가 지금 우리 집에 있다. 이런 생각을 하고 있자니 누군가가, 골동품 인생은 골동품 셀폰이 제격인데, 라고 말했던 생각이 난다. 스마트폰을 익히느라고 쩔쩔매고 있으려니 정들었던 셀폰이 그리워서다.

그런데 이럴 수가! 아둔한 머리로 첨단을 걷기에 더딘 내 꼴에 스마트폰이 화가 났나? 손에 쥔지 열흘도 안 됐는데 스마트폰이 사라진 것이다. 잃어버린 것이지. 큰맘 먹고 선물했던 남편은 나보다 더 애석해 하는 것 같다. 속으로는 아마 칠칠치 못한, 쥐어줘도 먹지 못하는 떡, 괜한 짓 한 것 같았으리라. 세련미로 반짝이던 스마트폰이 주인과 정이 들기도 전에 어느 곳에서 고생하며 답답해하고 있을까? 아깝고, 속상하고, 미안하다.

그런데 이게 웬일인가? 그리도 속을 태우더니, 어느 곳에서 툭! 하고 떨어지지 않는가. 싸여있던 책들 속에 숨어있었다. 운이 나빠 나에게 왔던 스마트폰이 자존심이 상해서 나를 놀린 것처럼 시치미를 딱 떼고 나타난 것이다. 나는 너무 반가워 스마트폰을 쓰다듬고 또 쓰다듬었다. 까다롭다고 푸대접했던 마음은 사라졌다. 남편은 나보다 더 기뻐했다.

나는 다시 스마트폰을 작동시킨다. 황혼들의 취약점은 변화를 두려워 한다는 것이라는데 나도 물론이다. 낯 설은 스마트폰을 매만지다가 떨어뜨리기도 했고, 잘 못 건드려 소리를 죽이기도 했다. 엉뚱한 사람에게 신호가 가기도 했다. 신이 난 남편은 얼마나 재미있다구~. 이 근처 음식점이나 호텔을 검색 해볼까? 헬로우, 여기에서 가까운 음식점은? 헬로우, 이곳에서 가까운 호텔은? 구글 스피커에 명령을 하면 신기하기도 하네. 즉시 여기 리스트가 있습니다. 대답이 나온다.

요술쟁이다. 그렇지. 네비게이션도 마찬가지지. 이리 가세요, 저리 가세요. 스마트폰은 오케이 하며 물어 보는 것들을 척척 가르쳐 준다. 하하하, 스마트폰 속에 꼬마 사람이 들어 있나? 유성기판이 돌아가며 노래가 나오는 게 하도 신기해서 사람이 들어가 있나? 하고 뱅뱅 돌아가는 유성기판 아래를 들여다보던 꼬마 때가 떠오른다.

어쨌거나 스마트폰은 유머러스하다. 유머는 인생을 풍요롭게 하고 삶의 질을 향상시킨다지 않는가. 유머감각으로 뭉쳐진 스마트폰은 게으르고 꾀부리는 못난 주인을 웃긴다. 휙휙 제멋대로 까불며 나를 당황스럽게 하다가 어디론가 사라져 나를 놀리기까지 했다.

변화무쌍한, 하이텍 첨단기기라 했던가. 새로운 것을 접할 적마다 쩔쩔매는 꼴이라니. 내가 이 나이가 되기까지 할 수 있는 일과 할 수 없는 일 중, 어디가 더 무거울까? 얼굴이 뜨거워진다. 그러나, 지금까지 잘 살아왔는데, 뭐. 큰소리친다. 의기소침해 지지 말자고 위로하는 거다.

순간, 헤실헤실 웃음이 나왔다. 스마트폰까지 나를 놀리며 훈련시키고 있는 것 같아서다. 다시, 건방진 스마트폰을 들고 작동을 시작한다. 역시 펑펑, 아무거나 튀어 나온다. 그래도 나는 느긋하게 미소지으며 염려 마, 우리는 곧 친해 질 거야. 속삭인다. 녀석이 아직 멀었어! 하는 듯, 포르릉~하고 웃는다. 앗, 반가운 이메일이 들어왔다고? 후후후, 신통한 녀석! 내 손에 큰 스마트폰이었지만 점점 작게 느껴진다.

# 나의 서재

나는 행복에 들떠 있다. 결혼 40여 년 만에 갖고 싶어 하던 내 서재를 얻었기 때문이다. 글을 쓰는 한 선배는 결혼 30년 만에 자기만의 서재를 갖게 되었다고 감격의 글을 썼는데 그에 비하면 내 감격은 더 크다.

유치원에 들어가기 전, 아버지의 서재는 나의 놀이터였다. 지금 내가 갖게 된 서재와 다름없는 작은 방에 유리문이 달린 책장과 책상이 있었다. 30대 초반인 아버지의 책장에는 일본책이 가득 했다. 한글로 번역된 두꺼운 책에 지금도 잊혀 지지 않는「풀지 못할 딱한 사정」이라는 제목의 그림이 있었다. 두 손이 묶여있는 여인이 울상을 하고 손을 비틀고 있었다. 나는 그 매듭을 풀어 주고 싶어서 매일 그 그림을 보곤 했는데 안타깝던 마음속에 어렴풋이 자유의 귀중함을 알게 되었을지 모르겠다. 책 중에는『아이생활』이란 어린이 잡지도 있었고 한 줄 시가 가득한 시집도 있었다. '옥수수 먹다 하모니카 분다.' '보라 꽃 피면 보라 감자, 흰 꽃 피면 흰 감자.' 이렇게 짧은 시들이었다.(일본문학의 한 장르인 하이쿠, 글자 수가 제한 된 일본의 시를 닮은 시집인 듯) 책이 너들 너들 해지도록 읽었던 이 시집은 나의 가슴에 아름다운 문학의 씨를 심어주었다. 아버지의 서재는 신비한 방이었고 나의 꿈이 자란 곳이다. 대 여섯 살이었는데 한글을 읽었다. 신통하다는 칭찬에 우쭐했던 기억이 난다.

내 서재! 남들이 보면 너무 작고 초라해서 웃을지 모르겠다. 우리는 한참 눌러 있을 생각으로 작고 수수한 집으로 이사를 했다. 집을 보러 다닐 때마다 이번에야말로 기필코 나의 서재를…. 마음속으로 다짐하며 두리번거렸다. 소원은 쉽게 이루어졌다. 집의 구조에는 침실이 세 개로 나와 있었다. 현관을 들어서자마자 내가 차지한 작은 방과 이층에 괜스레 있는 것 같은 제일 큰 방은 침실 수에 들어가지 않았다. 인심도 좋다. 혼자만의 서재로 큰 방을 차지한 남편도 흡족해 했다. 우리는 위, 아래로 갈리게 되어 섭섭하다고 빈 말을 하며 웃었다.

책장에는 내 책들, 그러니까 읽은 책들과 읽어야 할 책들을 가지런히 꽂았다. 남편과 나의 젊은 시절 사진과 어머니의 사진, 꼬맹이 우리 아이들과 찍은 사진을 걸고 세워놓았다. 강남구, 그렇구나. 도산 안창호를 기념하는 예쁜 공원이었지. 나는 긴 머리를 두 갈래로 묶었는데 제법 처녀(?)같다. 재미있는 표정의 두 아이는 엄마의 모습과 똑 같이 다리를 꼬고 손은 가슴위로 깍지를 끼고 있다. 아, 이런 때가 있었건만, 어인 세월이 이리도 흘렀단 말인가? 새삼 그리워하다가 오늘의 나를 직시하며 시계를 달았다. 책상엔 컴퓨터와 프린터, 스탠드가 다정하게 놓여있다. 만족한 기쁨과 흐뭇함으로 부자가 된 느낌이다.

나는 이 방에서 성경과 많은 책을 읽을 것이다. 그리운 친구들에게 편지도 쓸 것이다. 사연 가득한 꽃 카드를 우체통에 넣을 때의 즐거움은 편지를 쓰는 사람만이 안다. 그렇지. 반가운 메일을 읽고 보내기도 할 것이다. 뉴욕에 사는 손자들의 동영상도 보고 세상 돌아가는 이야기도 접할 것이다. 그리고 텅 빈 모니터에 글을 채울 것이다. 계절 따라 한 송이의 꽃이라도 꽂아야지. 작은 기쁨이 모아지면 큰 행복이 될 것이다. 그렇다. 더 달라는 기도는 안 하리라. 이미 받은 것에 대한 감사만 할 것이다. 평생 누려온 물 맑음의 명상과 잊을 수 없는 손길에 대한 고마움은 절대 잊지 말아야지. 내가 하는 일에 깨알만큼이라도 의미가 있다면, 어느 누군가에게 약간의 영향을 끼칠 수 있다면 감동이 있는 삶이 될 수 있으련만. 희망사항일 뿐이다.

미국의 어느 초등학교에서 달리기에 꼴지를 한 학생에게 상장을 주었다. 제일 열심히 뛰어서 주는 상이었다. 열등과 좌절에 더 많은 칭찬과 격려를 주는 교육이야 말로 참 교육일 것이다. 하나님의 교육처럼.

열등생으로 살아온 나, 잘하는 것 보다 못하는 것이 더 많다. 이루어 놓은 일은 없지만 안문자가 감사하며 열심히 살았구나. 칭찬을 받고 싶다. 그렇다면 아직 남아 있는 시간을 위하여 이 작은 서재에서 할 일이 많아야 될 터이다.

아, 오늘도 작고 귀여운 내 서재에게 감격과 감사가 넘치는 방이 되어주기를 부탁한다. 다소곳하게 꽂혀 있던 책들과 소탈한 잡동사니들이 그건 너의 몫이라고 착하게 웃는다. 나도 마주 웃으며 휘-살뜰한 녀석들을 둘러본다. 날마다 나의 꿈이 한 송이씩 꽃필 사랑스런 내 서재. 아, 귀여운 나의 서재다.

# 내 이름은 얌문자

"문자란 이름이 귀엽다고? 어머, 어머, 이 여자 봐, 문자란 이름이 귀엽대."

"하하하, 남들이 웃겠지?"

대구 피난시절 교회에 예쁜 선생님이 있었다. 애교스러운 사투리는 다정했다. 그 선생님은 나를 볼 적마다 머리를 쓰다듬거나 뺨을 보드랍게 톡톡 튀기며 "얌문쟈, 잘 있었쟈?" 하며 눈웃음을 짓곤 했다. 웃을 적마다 눈이 없어지는데도 참 예뻤다. 젊고 멋있는 아버지 때문에 나를 특별히 반기는 것 같았다. 그럴 때 마다 아이들이 웃었고 나는 기분이 좋았다. 교회의 큰언니들은 나를 볼 적마다 "얌문쟈, 귀여워." 하곤 했는데 그들은 선생님이 부른 이름이 귀엽다고 했지만 나는 덩달아 귀여운 아이가 되는 것이었다. 모르는 사람들은 재가 귀여운 아이인가 봐, 하고 쳐다보았으니까. 그때부터 나는 내 이름을 귀엽다고 인정했다.

이 세상에 존재하는 것들은 다 이름이 있다. 특별히 사람의 이름은 뜻이 있고 의미가 있게 짓는다. 남자가 지녀야 할 것과 여자가 갖추

어야 될 것들을 감안해서 짓는다. 이름이 좋아서 정이 가는 사람도 있고 이름이 이상해서 나쁜 인상을 주는 사람도 있다. 나는 내 이름이 좋은 인상을 준다고 생각하며 살았다. 물론 나 혼자의 착각이다. 나는 성을 붙여서 한꺼번에 불러주는 걸 좋아한다. 문자야 보다 안문자! 해야 내 이름 같다.

위로 언니가 있고 나는 둘째로 태어났다. 할머니는 물론 부모님도 아들을 바라셨을 게다. 첫딸인 언니는 문학성이 다분한 아버지가 과일 향기 가득한 예쁜 이름을 지어 주셨는데 아들이 아닌 둘째 때는 심드렁해 진 게 확실하다. 그러나 우리들을 키울 때 아들, 딸을 결코 차별하진 않으셨다. 남동생들은 딸들을 더 사랑한다고 불평을 했으니까. 하여간에 흥이 안 난 아버지와 어머니는 신문에서 본 상급 학교에 많이 합격한 문자란 이름으로 지으셨단다. 어머니는 늘 말씀 하셨다.

"너를 낳고 섭섭했는데 지금은 이 둘째 때문에 어찌나 행복한지…."

나는 어머니가 진심으로 하신 말씀이

라고 지금까지 믿고 있다.

드디어 기다리던 아들이 태어났다. 나는 남동생을 끌고 나온 복동이로 변했다. 기쁨을 참지 못한 아버지는 나를 번쩍 안고 동네방네 돌아다니며 축하를 받으셨단다. 손가락을 빨며 아버지 품에 안긴 내 아기 때의 모습을 그려본다. 뒤따른 아들 때문에 내가 호강했다.

대구의 피난생활을 마감하고 서울로 가기위해 아버지와 함께 전학수속을 마치고 나오던 중, "문자야, 이름을 바꿀까? 다시 들어가서." 하셨다. 평소에 이름을 소홀이 지었다고 생각 하셨나보다. 나는 갑자기 '얌문쟈!' 귀여운 이름과 헤어지려니 섭섭해졌다. 도리도리였다. 크면서, 그때 들어가서 예쁜 이름으로 바꿀 걸, 하던 때가 가끔 있긴 했다.

우리 또래들은 거의가 다 이름 끝이 '자'로 되어있다. 여학교 때의 친한 친구들과 지금도 연락을 하고 있는데 '자야 모임'이다. 지금은 이름을 바꾼 친구도 있지만. 그때는 이름이 다 그래야 되는 줄 알았다. 멋쟁이 부모들이 예쁜 이름을 지어준 친구는 놀림을 받았다. 희주라는 이름을 가진 아이에게 희죽, 희죽 하고 놀렸으니….

1970년대에는 개명이 어려웠다. 재판을 하고 법원장의 허가가 있어야 이름을 바꿀 수 있었다. 80년대에 절차가 쉬워져서 많은 사람들이 개명하느라고 몰려들었다. 한국자, 박개덕, 양변기, 김치국, 주우면, 신유방, 공사중, 고사덕, 박건달, 이섭섭. 하하하! 옛날에 신문을 보고 마구 웃었는데 잊지도 않았네. 필요 없는 것은 이렇게 기억하고 있다니까.

나는 미국에 와서도 내 성을 계속 쓴다. 딸도 며느리도 자기의 성을 고수하고 있다. 잘한 일이다.

70년대였던가? 『대지』로 유명한 펄 벅 여사가 한국을 방문 했는데 기자와 대담 중, 자기가 한국에 와서 가장 인상 깊었고 멋있다고 생각되는 것은 여성들이 죽을 때까지 자기의 성을 갖고 있는 것이라고 했다. 결혼하자마자 남편의 성으로 바꾸는 서양보다 얼마나 멋들어지냐고, 결혼하고 나면 이름이 없어지고 누구의 엄마로 사는 것 알 턱이 없으니까. 하여간에 남편의 성으로 바꾸진 않았다. 여러 번 재혼하면 성이 자꾸 바뀌는 것도 우습다고 그가 말했던 것 같다.

"문자 왔냐? 여보 문자가 왔구려." 인자한 아버지의 음성이 그립다. "문자야! 이거 좀 먹어봐라." 어머니의 다정한 목소리도 이젠 들을 수 없다. 꼬맹이였을 때의 아들은 씩씩한 목소리로, "암문자는 우리 엄마입니다!" 라고 소리치곤 했다. "우리 엄마는, 암문자 엄마예요!" 하던 꽃잎 같던 딸아이도 이젠 어른이 되고 말았다. 문자이모! 문자고모! 조카들도 구술 같은 목소리로 이렇게 불렀다. 할머니들이 된 친구들도 보고 싶은 안문자다. 그뿐인가, 40여 년이 넘도록 남편도 안문자라고 부른다.

아! 이렇게 사랑하는 사람들이 불러주는 귀여운 내 이름, 그런데 더 신나는 일이 있다. 사실은 아무에게도 귀엽지 않은 이름이건만 하나님도 귀하게 불러주신다. '문자야! 나는 너를 사랑하노라.' 이 음성을 들을 적마다 나의 가슴은 떨리고 눈시울은 뜨거워진다. 내가 가장 듣기 좋아하고 가장 듣고 싶어 하는 하나님이 불러주시는 사랑하는 내 이름! 들을 때 마다 힘이 솟는다. 감사가 넘친다. 그래서 내 이름이 마음에 든다. 재미없는 이름에 평범한 사람, 아무것도 아닌 안문자. 그래도 나는 좋기만 하다.

# 텃세와 폭력

정명훈, 하면 모르는 사람이 없다. 음악을 사랑하는 사람치고 그의 명성에 대해 박수를 아니 칠 사람도 없다. 한 때 그의 두 자매도 음악인으로 한국을 대표했다. 정명훈 지휘자가 한국에서 큰 수난을 겪고 불명예로 끝이 났다. 그가 견디다 못 해 서울시향 예술 감독의 자리를 박차고 나왔으니까.

정명훈 지휘자의 기사를 읽다가 문득 안익태 선생이 생각났다. 1960년대 하반기였던가? 외국에 있던 안익태 선생이 한국을 그리워하며, 고국에서 뼈를 묻히고 싶어 했다. 그는 조국에 공헌하기로 마음먹고 세계적인 음악가들을 초청하는 『국제음악회』를 만들어 일 년에 한 번씩 개최하기로 했다. 우리 또래 사람들은 누구나 다 기억하리라. 설렘과 기대로 거금의 음악회 입장권을 얼마나 사고 싶어 했었는지를. 여기까지 쓰고 나니 쿡쿡 웃음이 나는 일이 떠오른다. 그 음악회 표, 지금도 아깝다. 맞아, 키가 큰 법대생이었어. 긴 백양로를 혼자 걷고 있었다. 낯이 익은 그가 웃으며 다가왔다. 바로, 꿀꺽 침을 삼키던 국제음악회 입장권을 불쑥 내민다. 아, 바보. 주변머리 없던 순진한 처녀는 아무리 음악회에 가고 싶었어도 잘 모르는 그와 함께 가는 일은 아니다 싶어 갑자기 일이 생겨 못가겠다고 말했다. 꿀꺽거리던 목 울림소리를 애써 누르며. 그 다음해엔 애인(?)과 함께 갔다. 그런데 몇 번 후 그 감격에 벅찼던 음악회는 슬며시 종적을 감추었다. 안익태 선생은 눈물을 머금고 발길을 돌린 것이리라. 왜 그래야 했을까? 국내 음악가들이 그를 질투하며 악의적인 소문과 잘못한 구석을 찾기에 혈안이 되어 그를 괴롭혔다는 여론이 떠돌았다. 텃세였다고. 우격다짐으로 선생을 내몰리는 않았지만 그건 주먹 안 쓴 폭력이었다.

그런데 정명훈 씨의 사건은 텃세만은 아닌 것 같다. 정명훈 씨와 대결할 상대가 없었던 건 아닐까? 일각에서는 서울 시향 단장과의 파워게임에서 빚어진 정치적인 문제라고 분석했다. 어쨌거나, 세계적인 우리의 인재를 또 쫓아 낸 모양이다. 한국의 자랑이었던 두 사람. 세계와 공유할 수 있었던 음악발전의 희망이, 찬란하게 자라던 순이 꺾여버렸다, 시향 연주의 수준 향상은 둘째 치고, 그가 쌓아 온 음악의 명성은 세계에서도 인정했던 자랑스러운 한인이었건만. 유능한 인재를 키우진 못해도 왜 그렇게 배타적일까.

정명훈 씨의 입장에서 뭇 매를 맞는 이유들이 그토록 도가 지나친 것이었을까? 그에 대한 기사와 난무하는 인터넷 정보를 아무리 훑어봐도 그의 경우가 소위 높은 양반들의 숨은 비리들에 비하면 억울한 생각이 든다. 안익태 선생의 경우도 그랬으니까.

우리 가족 중에도 텃세에 밀려난 일이 있었다. 동생이 올림픽 성화대를 맡았다가 좌절된 일, 한 조카가 서울의 모 교향악단과 협연이 결정 됐다가 좌절된 일이 있었다. 계약과 기자회견까지 했건만 듣도 보도 못한 예술가들에게 자리를 뺏길 수 없다는 지역이기주의, 뒷거래가 있었다는 후문도 들려왔다. 젊었던 동생은 청소년기를 보냈던 내 나라, 어렸던 조카는 할아버지의 나라, 부모가 살았던 곳, 한국은 역시 내 나라였는데, 희망을 품고 최선을 다하려던 마음에 큰 상처를 입었다. 역시 텃세 때문이었다. 그들에게 고국이라는 곳은 이상한 나라였다. 하여, 바라보고 싶지 않았던 때가 있었다.

텃세, 먼저 자리 잡은 사람이 뒤에 오는 사람에게 가지는 특권의식으로 뒷사람을 업신여기며 위세를 떨거나 괴롭히는 것이다. 사람에게는 기득권의 못된 습성이 작용하는 경우가 많다. 텃세는 사람이 살고 있는 어느 곳에나 있다. 교육계, 정치계, 예술계, 인간이 관계된 모든 단체 기관에 있다. 심지어는 노점상가에도 텃세가 판을 치는 경우가 허다하다.

텃세가 개인이나 집단이 행하는 감정의 횡포라면 불안정한 시대의 한 가운데서 인간의 심신을 피폐하게 만드는 국가적 폭력의 가혹함도 쉽게 본다.

신영복 교수, 얼마 전에 『감옥으로부터의 사색』으로 유명한 신영복 교수가 타계했다. 이 시대의 지성으로 존경 받은, 성공회대학교 교수였던 그가 20여 년 동안 감옥에서 살았다. 억울한 누명이었다는 것을 알 만한 사람들은 다 안다. 어느 소주의 상표인 '처음처럼'이 그분의 글이다. 그의 서화 에세이 집 『처음처럼』을 어떤 소주 회사가 쓰게 해달라는 청을 했다지. 서민들이 즐겨 먹는 술인데 내 글이 들어간다는 것에 마다 할 일이 없다며 허락했고, 이 술이 대박을 맞았다. 회사는 감사해서 사례를 제의했는데 신 교수는 극구 사양했다. 할 수 없이 성공회대학에 장학금으로 거금을 기탁했다는 미담을 어느 글에서 읽었다. 이런

분을 20년 동안이나 감옥에서 살게 했다. 간첩이란 억울한 누명을 쓴 사람들이 몇 십 년을 갇혀 살았거나 이미 사형을 당했거나 병사한 후에 무죄로 판명이 난 일도 많다. 한국 근대사를 통관하는 슬픈 비극이다.

사람이 사람을 알아본다는 말이 있다. 서로 신뢰하며 믿을 수 있는 아름다운 인간관계는 어떻게 이루어질까? 가족, 친구, 이웃, 함께 일하는 사람들과 더불어 무엇을 주고받으며 사느냐에 따라서 생활방법이, 또는 사회가 달라질 게다.

진실한 인간관계는 사랑으로 이루어진다. 사랑을 주고받은 경험이 없는 사람은 진정한 인간의 구실을 못한다고 하지 않던가. 사랑을 배우자. 새 사람이 될 것이다. 나와 생각이 다르다고 흘겨보지 말고 고마운 눈으로, 애정의 눈으로 볼 수 없을까. 미워하지 말고 그 사람의 능력을 보는 눈을 키우자. 미움은커녕 감사하는 마음이 생길 것이라고 어느 정신과의사도 말했다. 사랑만 있다면 모든 문제는 해결될 수 있다. 그러기에 성경에도 네 이웃을 네 몸처럼 사랑하라고 강조, 또 강조하지 않던가. 사랑이 있는 곳에 텃세는 없으리라.

우리 사회에 사람이 사람을 제대로 알아보는 아름다운 꽃은 언제 피려는지.

# 그녀 닮은 민들레꽃

겨우내 숨어있던 싹들이 술렁대는 것 같다. 겨울바람에 뒹굴던 마른 잎 속의 거친 땅에서 솔솔 아지랑이가 피어나는 것을 보니. 빼꼼히, 돋아난 민들레가 봄소식이 궁금한 듯 두리번거리며 갸웃댄다. '봄이 왔어, 마음 놓고 나와, 이젠 꽃을 피워도 돼.' 눈치 챈 봄바람이 민들레에게 살짝 귀띔하고 사라진다. 아, 민들레….

따뜻한 사람, 민들레처럼 피고, 또 피고 민들레 씨처럼 멀리 멀리 사랑을 뿌리던 내 친구. 하얀 꽃씨가 되어 어느 동산에서 수만 송이 꽃을 피우고 있으려나.

한라산 자락에서 열여섯 가지의 나물을 먹고 유채꽃을 바라보며 행복하다고 했건만. 새해를 맞고도 한 참 후 크리스마스카드의 답장은 친구의 남편에서다.

'제 아내인 아무개는 몇 월 며칠 하나님의 부르심을 받았습니다. 그동안의 사랑에 감사드립니다.'

계속되는 나의 소식에 부담을 느낀 그의 남편은 이토록 슬픈 소식

을 전해줄 수밖에 없었을 게다. 나는 이제 누구에게 편지를 써야할지 막막해졌다. 가슴이 두근거리고 코끝이 맵다. 그가 하늘나라로 갔다니….

방광암이 너무 퍼져 수술을 거부하고 한라산으로 갔던 그녀.

"사랑하는 문자야, 어느덧 서귀포의 생활이 익숙하고 즐겁다. 죽고 사는 문제는 하나님께 달린 것, 다 맡기고 나니 감사와 기쁨으로 충만하고나. 맑은 공기와 아름다운 자연 속에서 하나님과 더 가까워 졌단다. 하나님의 손길을 이토록 진하게 느낄 수 있다니. 감사하기 그지없다. 아침마다 유기농 밥상이다. 열여섯 가지의 나물을 먹는단다. 점심에는 야채스프, 저녁에는 완전 항암음식이다. 항암음식이 궁금하지? 혼자 계신 박장로(그의 남편)와 아이들과 손주들 때문에만 아니면 여기서 살다가 하늘나라로 가고 싶구나."

언제나 그의 편지는 평화스럽고 희망적이었다.

1970년대, 도시로만 빠져나가던 시절인데 그녀는 결혼과 함께 산골로 들어

갔다. 명문대 농과를 나온 후덕한 남편과 새댁의 꿈은 야무졌다. 경기도 성남시 수정구…. 과수원들이 반기던 길. 봄에는 사과 꽃으로, 가을엔 빨간 사과로 예쁘던 길이 끝나면 배추와 무밭을 지나 고구마, 옥수수, 고추가 넘실댔다. 앞마당은 앞산, 뒷마당은 뒷산인 소박한 마당에 초가집이 요조숙녀처럼 앉아 있었다. 흐드러진 분꽃이 지면 색색의 국화와 실한 대추가 반짝이며 담을 이루고 졸졸 흐르던 개울엔 손가락만한 물고기들이 노닐곤 했다. 요즘의 주말 농장이나 은퇴 후의 자연생활과 다름이 없었지만 농사로 생계를 이어가기란 그때나 지금이나 어려움은 마찬가지였다.

어느 날, 그녀는 서울 나들이로 나를 찾아 왔다. 소를 키우기로 했다나. 그 시절 농가에서는 송아지가 자라 새끼를 낳고 자라면 또 새끼를 낳아 큰돈을 벌었다. 갑자기 솟값이 필요하니 돈을 좀 빌려 달라고. 그로부터 그는 한 달에 한 번씩 내가 일하고 있던 사무실로 찾아오곤 했다. 소가 얼마큼 자랐고 새끼는 언제 낳을 거고….

희망소식도 반가웠지만 제철에 나는 야채나 과일, 곡물을 한 아름씩 갖고 오는 게 더 반가웠다. 그는 재미있는 얼굴로 봄도, 여름도, 가을도 갖고 온다며 아무 때나 들어섰다. 좋아라, 신이 났던 나는 착한 그녀가 이자를 대신하여 갖고 온다는 것을 한 참 후에야 알았다.

"한 달에 한 번 만나는 거 안 좋냐?" 우리는 쌈하듯 옥신각신 했으나 경우가 지나치게 밝은 그의 고집을 꺾지 못하고 계절의 선물과 함께 불어나는 가족(소)들의 이야기로 함께 행복했다. 세월이 흐르는 동안 그의 부지런한 생활력은 빛이 났고 깊은 신앙으로 키운 두 자녀는 훌륭하게 자랐다. 그에게는 이제 만족한 노후가 기다리고 있었다. 타코마에는 존경하던 여학교 때의 선생님이 계시고 안문사도 있는 시애틀에 오고 싶다고 했건만.

그와는 영락교회 주일학교 반사시절에 만났다. J여고 우등생이었지만 대학을 포기하고 부잣집 딸의 가정교사로 집안을 일으키고 동생들을 대학에 보냈다. 그런데도 늘 웃음이 떠나지 않았다. 그는 민들레꽃을 특별히 좋아했다.

"문자야, 나는 민들레가 참 좋아. 샛노란 게 꼭 금메달 같지 않니? 귀여운 꽃은 솜털같이 많은 씨로 남아 온 세상을 향해 사랑을 전하고, 잎과 뿌리는 약초로, 나물로, 김치로 다 내어주고도 불쌍하게 구박을 한 몸에 받잖니. 그런데도 하늘을 향해 활짝 웃는 착한 꽃이야. 사람들이 다 민들레를 닮으면 얼마나 좋을까?" 그가 말했었다.

심는 수고를 거치지 않아도 홀로 펴지고 홀로 나누는 민들레. 친구네 집 마당에 지천으로 피어있던 민들레는 태평양을 건너 시애틀의 북쪽 우리 집 마당에도 무차별적으로 피곤 한다. 반기지도 않는데 차가운 땅속에서 활개 치며 솟아나는 기특한 민들레는 그토록 구박이 심해도 아랑곳 않는 생명력을 지녔다.

아, 봄이 오는 함성과 함께 민들레가 꽃봉오리를 밀어내며 가냘픈 꽃대를 세우고 있는 걸 보니 머지않아 샛노란 금메달을 목에 걸고 찾아올 것 같다.

민들레는 반가운 소식이다. 따뜻한 미소다. 행복을 만드는 사람의 금메달이다. 민들레가 그녀를 닮았다.

# 생일케이크에 새겨진 별들

지난 삼월 서울에 다녀왔다. 시애틀에 와서야 워싱턴 주, 오소의 산사태 소식을 알았고, 며칠 후, 한국에서 가슴 아리는 슬픈 일이 일어났다. 즐겁기만 했던 고국 방문이 죄송하고 민망하다. 서울의 선배로부터는 '슬픈 부활절'이란 이메일이 왔고 인터넷에 뜬 친구인 신학자는 '비통 중에 맞는 부활절에 끝없는 인간애를 가지는 삶, 그것이 예수의 부활'이라고 설교 했다. 슬픔과 고통의 삶을 살고 있는 이 세상에서에서 예수 그리스도의 부활과 인간 사랑의 의미를 잠시 생각해 보았다.

서울, 여러 해 만에 갔으니 요즘같이 변화가 빠른 시대에 정말 눈이 휘둥그레졌다. 처음 보는 고층 건물들은 세계적인 규모였고 까마득한 아파트들은 눈이 부셨다. 그래도 여기저기 옛 모습이 그대로 간직된 곳이 있어서 감추어진 속살을 보듯 반가웠다. 그리웠던 사람들의 겉모습은 조금씩 변했지만 와르르 쏟아지는 반가운 몸짓엔 깊이 쟁여있던 사랑이 감지되었다. 눈부시게 발달한 물질문명도 인간의 속

성은 바꿀 수 없었나보다. 서로가 다른 길을 걸으며 각양각색의 삶을 이어온대로 그들에겐 인생의 노련함이 배어 있었다.

그러나 우리는 보자마자 엊그제 만났던 사이처럼 거리감이 없다. 말끝마다 붙는 익살에 배꼽 빠지게 웃는 젊음도 되살아났다. 체면도 망설임도 없이 숨어있던 끼들이 발동했다. 우리는 으레 식탁을 마주하고 대화의 흥을 돋운다. 세계로 뻗어간다는 한국의 음식문화는 다양해지고 고급화로 변모된 건강식 밥상이 놀라웠다. 과연 음식도 예술이라더니 차림새마저 격조 높게 탈바꿈 했다.

아, 세월의 고달픔이 기적의 삶으로 이어졌고 우리들의 마음에 새겨진 슬프고도 기뻤던 아름다운 이야기들은 음식 맛보다 더 깊고 짙었다. 가슴이 따뜻한 한민족의 깊은 정은 흐르는 세월도 막아내지 못하는가보다. 이 풍요로운 친밀감을 잊고 살았다니…. 감동은 가슴 깊이 파고들어 마침내 마음의 현(絃)을 건드려 온 몸이 떨리는 기쁨에 빠져든다.

삼월은 나의 생일이 있는 달이다. 이 무슨 횡재인지…. 서울에서 다섯 번의 생일 축하를 받은 호사를 누렸다. 그러니까 다섯 번의 촛불 끄기와 다섯 번의 축하 노래를 받았다는 말이다. 내 생애에 두 번 다시없는 감동이었고 넘치는 축복이었다. 이토록 사랑이 깃든 생일 축하를 다섯 번씩이나 받을만한 사람이 결코 아니건만, 황송하고 쑥스러워 고개가 숙여지면서도 좋아라, 신이 났다. 아이처럼 신이 났던 생일놀이는 처음이었다.

우리의 사랑이 끊이지 않고 이어진 것은 결코 우연이 아니다. 이민 온 후 지금까지 친구들과 존경하는 분들에게 여러 의미가 깃든 카드를 주고받은 덕분 일 게다. 답장이 없어도 내가 좋으면 계속되었던 카드보내기는 좀 유별나긴 하다. 만나자마자 카드 받는 즐거움과 부담스러웠던 이야기가 쏟아져 나온 걸 보면. 그렇다. 더 솔직히 말한다면 나를 잊지 말라는 떼쓰기였는지 모른다. 대부분 회답을 주는데 인색하지 않았다. 그래서 내 주변 사람들은 세월의 길이만큼 거리감이 없다. 기계를 통해 오는 카드는 인스턴트 음식처럼 달았어도 금세 배가 고프다. 그러기에 카드 쓰기를 멈출 수 없었다. 그 일은 나의 기쁨이었다.

어쨌거나 다섯 개의 생일 케이크는 내가 시작했던 편지의 끈이 이어져온 공로상이라고 할까. 다섯 개라…..약간 뻐기는 마음으로 꼽아본다. 끈끈한 혈연으로 맺어진 시누이와 동서들의 케이크, 세월을 초월한 동창들의 케이크, 젊음의 의욕을 나누던 옛 직장의 친구들, 우리의 아이들과 가장 많은 추억을 간직한 친구가족의 케이크, 한 교회를 섬기던 교우들의 케이크. 이 무슨 복이란 말인가. 생일축하 노래를 부르고 촛불을 끄면서 웃고 있었지만 콧잔등이 시큰거리곤 했다. 세상은 변해도 우정과 사랑은 변하지 않는 고마움으로 가슴이 뛰었다.

그 외에도 살가운 지인들과 선후배의 조우는 짐짓 왜소해지던 나의 삶을 풍요롭게 만들어 주었고 새로운 희망을 북돋아 주었다. 우리는 이별하며 웃었지만 눈물이 그렁그렁한 채 인사를 했다. 언제 또 만날 수 있으려나? 살아서 몇 번이나 더 볼 수 있을까? 금세 제 나이들을 앞세우며 풀이 죽는다. 웃음꽃으로 만발했던 그들은 다 어디로 갔을까?

우리는 하나님의 섭리로 이루어진 귀중한 인연을 풍족하게 누리고 다시 고즈넉한 시애틀의 북쪽으로 돌아왔다. 마치 꿈에서 깨어난 듯 바람이 인다. 암 투병 중이던 C작가는 『인연』이라는 책을 내며 독일 작가 F.밀러의 말을 인용하여 서문을 썼다. '인간이 세상에 사는 것은 별이 하늘에 빛나는 것과 같은 것이다. 별들은 저마다 신의 규정에 따라 만나고 헤어져야만 한다.' 라고.

오고, 오는 세월 속에서 새로운 인연들은 또 맺어질 것이다. 이 모든 인연들은 한 물결이 되어 흐르게 되겠지. 삶의 고뇌를 나누며 위로하고 격려 할 수 있는 이웃들이 있다는 것이 기적이 아니고 무엇이랴.

우리는 서로 다르면서도 저마다의 빛을 내고 있다. 빛을 내던 별들이 생일 케이크를 중심으로 모였다가 흩어졌다. 다섯 개의 생일 케이크 속에는 살아있는 감사와 황혼에도 벅차게 차오르는 희망이 숨어 있었다. 세월은 고통과 슬픔을 덤처럼 짊어지고 흘러가지만 기쁨을 잉태하며 깜박이는 별들의 이야기는 큰 별, 작은 별이 되어 영원히 이어지리라.

# 샘물 같은 내 친구

멀리 떨어져 소식이 없어도 어릴 때 친구는 변함이 없다. 편지는 자주 오고 가지 못해도 한 번 썼다하면 길다. 편지를 읽을 땐 소곤소곤 웃으며 옆에서 말하는 것 같다. 상큼한 단발머리 꼬마는 우리처럼 이북에서 피난을 왔다. 그래서 두 꼬마는 금세 친한 친구가 되었다. 그 애네 집에 가면 친절한 어머니가 "윤정아, 문자하고 같이 밥 먹고 놀아라. 응?" 하곤 하셨다. 반찬이 여러 가지고 맛도 좋았다. 일하는 사람들과 친척들도 많았다. 매일, 학교에 같이 가고오며 할 말이 너무 많아서 헤어지기가 싫었다.

우리 가족은 대구에서 서울로 이사를 하게 되어 기차역에서 구슬 같은 눈물을 흘리며 헤어지고 말았다. 우리는 서로 그리워하며 오랫동안 편지를 주고받았다. 세월이 흐르는 동안 주소가 바뀌면서 편지는 끊어졌지만 윤정이는 어디에서 살까? 늘 궁금했다. 그런데, 이렇게 가까이 살고 있을 줄이야. 우리는 을지로에 친구는 필동에 살고 있었다. 대학생이 되어서야 기적적으로 만나게 된 것이다.

그는 말씨가 얌전하고 조용하다. 목소리도 예쁘다. 그러니까 노래도 잘 한다. 그의 부모, 나의 부모는 나이도 같고 우리 아버지는 목

사, 친구의 아버지는 장로다. 형제도 6남매, 우리와 같았다. 책을 좋아하고 박완서 작가의 글을 좋아하는 것도 같다. 그녀는 커피를 싫어하는 사람과는 안 놀고 싶다고 할 정도로 커피를 좋아 한다. 나도 그래, 하며 우리는 까르르 웃었다. 커피 한 잔을 앞에 놓고 마주앉아 쳐다보고만 있어도 깊은 대화를 나누는 것처럼 따뜻하고 행복했다.

친구의 남편은 당이 높아서 언제나 고기와 과일, 잡곡을 저울로 달아서 음식을 만든다. 그의 남편은 한결같은 부인의 사랑과 정성이 너무 고마워 딸에게 말하기를,

'아빠가 머리털이 많다면 다 뽑아 짚신을 만들어 엄마에게 주고 싶구나.' 라고 했다니 그들의 사랑이 얼마나 깊고 애절한지 알 수 있다. 친구가 부엌에서 이 말을 듣고 가슴이 서늘했다는 이야기를 할 때 내 가슴도 짠했다.

그녀는 성경을 노트에 쓰고 있는데 구약은 큰딸에게 신약은 작은 딸에게 주고 싶단다. 그의 깊은 믿음과 신실한 삶의 자세를 짐작할 수 있다. 그뿐인가, 지금 침술을 배우고 있는데 자격증을 따면 힘든 사람들을 위해 침을 놓아 주며 전도를 하고 싶다니 얼마나 착하고 아름다운 친구인지 존경스럽다. 동생들이 다 미국에 있어서 홀로되신 어머니를 보살펴드려야 하고 딸이 낳은 쌍둥이 손자손녀 돌보기, 남편을 위한 식이요법의 음식을 연구하고 만들기 등, 매일 매일 정신이 없지만 도움을 받는 가족들이 미안한 마음을 갖지 않도록 얼굴에 웃음이 가득하다고 또 한 친구가 말해주었다.

그의 편지에, 어머니를 뵈러갔는데…. 어머니의 꿈이 마음에 걸렸다고. 꿈에 아버지가 생시처럼 나타나서 '심심하게 혼자 있지 말고 나랑 같이 갑시다.' 라고 하셨단다. '내가 곧 아버지 곁으로 가려나봐.' 어머니의 슬픈 미소를 보고 가슴이 뻥 뚫어지는 아픔 때문에 운전을 하

며 울었다고 했다.

그러나 그녀의 어머니는 지금 십여 년 동안 의식이 없는 상태로 병원에 계신다. 자기를 분명히 알아보신다고 믿으며 그녀는 매일 병원에 간단다. 가족들을 위한 헌신은, 많은 일거리에도 사랑 때문에 지치지 않게 하시는 하나님의 은혜에 감사하기 때문이라고 고백한다.

그와 나는 음악을 사랑하고 문학도 사랑한다. 옛날에는 약속 없이 갔는데도 음악회에서 만나곤 했다. 약속을 했을 때는 언제나 책방에 갔었는데 그래서일까? 요즘에도 가끔 책을 보내준다. 내가 읽고 싶어 하는 책을 족집게처럼 안다.

그녀는 남의 성공을 진심으로 기뻐하는 사람이다. 시기하고 질투 같은 마음은 전혀 없다. 그런 친구를 생각 할 적마다 유안진 작가의 『지란지교를 꿈꾸며』의 글이 떠오른다.

인품이 맑은 강물처럼 조용하고 은은한 사람, 시기하는 마음 없이 친구들의 성공을 이야기하며 경쟁하지 않는 친구….

우리는 시애틀에, 그녀는 서울에서 살지만 그를 통해 깊고 넓은 마음을 배운다. 가족을 사랑하는 인내도 배운다. 삶이 힘겨워도 괜찮다고 웃음 짓는 성숙된 삶과 함께 어떻게 나이를 먹어야 되는지도 배운다.

엊그제 온 그의 편지 글이다. '가만히 생각하면 가슴이 서늘해지며 공연히 슬퍼지다가도 어느 순간 영혼을 울리는 감동이 샘물처럼 솟아나곤 한단다. 이 설명할 수 없는 기쁨은 내가 하나님의 사랑 안에 있기 때문이 아니겠니?'

윤정이는 잔잔히 흐르는 샘물 같은 내 친구다. 향기로운 들꽃의 바람으로 다가오는. 아, 문득문득 보고 싶은 내 친구다.

## 새 집에서의 명상

성탄을 며칠 앞두고 이사를 했다. 남편이 은퇴를 하고 작은 아파트로 옮기면서 이젠 이사 같은 건 없으리라 생각했다. 아끼던 물건들을 싼값에 팔고, 도네이션도, 거라지 세일도, 필요한 사람들에게 주기도 했다. 버리기는 또 얼마나 많이 버렸다고. 이젠 됐다. 마음이 가볍고 산듯했다.

삼년 만에 다시 이사를 했다. 그런데 이렇게 또 옮기게 될 줄이야. 세상살이란 마음먹은 대로 되지 않고 수시로 바뀌는 것. 이젠 느긋이 눌러있자고 다짐하며 다시 짐을 쌌다. 쫑그마니 정리 되었다고 생각했는데 쓸데없는 잡동사니들이 이 구석 저 구석에서 쏟아져 나왔다. 남편과 나는 쯧쯧 대며 아낌없이 버렸지만, 여기저기 쌓아놓는 어리석은 짓을 또 하고 말았다. 죽을 때까지 한 번도 쓰지 않을 물건도 숱하게 많으리라.

반생은 모으면서 살고 반생은 버리면서 산다고 하지 않던가. 결혼을 하고 물건 사는 재미에 푹 빠졌었다. 요기 저기, 지금 생각하면 별 쓸데없는 것들을 사다 놓고 좋아했다. 이민 올 때 다 끌고 왔지만 몇 년 동안에 흐지부지 되고 말았다. 다 바꿔치기였으니까. 우리도 반생은 모으면서 살아왔다면 이젠 버릴 때도 훨씬 지났건만. 경험자는 알리라. 버리고 나면 시원하고 돌아서면 깡그리 잊고 만다는 것을. 서랍이나 옷장, 책장을 정리하고 나면 속까지 시원하다.

종종 걸음으로 아이고 허리야, 다리야 하면서 집은 제법 반듯하게 정리되었다. 추억 때문에 끌고 다니는 기념품들을 요렇게 조렇게 진열하고 가족들의 사진들을 걸고 세워 놓다가 피식 웃음이 나왔다. '사는 재미란 죽는 날까지 있게 마련'이라던가 '노인들에게도 그 입장에서 사는 재미가 쏠쏠하다'는 어느 문인의 글이 떠올라서다. 내가 바로 그 모양이 아니고 무엇이랴.

낡은 해를 보내고 새 집에 와서 새해를 맞았다. 크리스마스카드의 사연들 속엔 슬픈 일이 기쁜 일보다 더 많다. 황혼이 짙어 갈수록 슬픔은 늘어나리라. 인생무상을 실감하면서도 새해 아침엔 누구나 찬란하게 떠오르는 태양을 바라보며 설레어지는 게 인지상정이다. 또다시 미래를 향한 꿈이 솟아오른다. 새로운 해라는 하나님의 선물을 받으며 겸손히 고개가 숙여진다. '아침햇살 저녁노을엔 왠지 모르게 가슴 부풀고 그윽한 산 밑에선 괜스레 고개가 숙여진다'는 우리 아버지의 시는 바로 하나님이 주관하시는 이 우주 속에서의 신비함에 겸손해지며 새로운 희망을 갖자고 말하는 것이리라. 그래서일까? 이사를 하고 새해를 맞으며 내 인생의 걸음마를 다시 시작하고 싶은 두근거림이 용맹스러운 발자국처럼 들려온다. 이것이 욕심일까? 우리는 이미 한 세상 다 보냈다 해도 과언이 아니다. 우리 아이들의 나이를 생각해보다가 "아-니 너희들이 벌써? 그러니 우리들은 어떻게 되었겠니?" 어머니가 하시던 말씀을 나도 하고 있다. 어느 해, 나는 손자의 나이까지 까먹고 한 살 아래의 카드를 보낸 적이 있다. “세월이 이토록 빠르다니, 어느새 그렇게 되었구나. 하하하.” 너스레를 떨며 무안함을 변명했다. 이정도의 시행착오는 봐 줘야지. 어쨌거나, 황혼이 짙어가고 있지만 내일이, 또 내일이 오고 있지 않은가? 자리를 바꾼 가구들이 내게 말을 걸어온다. ‘네가 바라는 대로 더 재미있고 더 보람 있는 앞날이 기다리고 있단다.’ 새 집은 저 먼저 신나하고 있다. ‘그래, 이 집에서 다시 시작할거야.’ 나도 맞장구를 친다.

그러나 순간순간 험한 세상을 바라보며 우리의 후손들이 살아 갈 미래는 어떤 모습일까? 두려운 마음도 있다. 우리가 살아 온 세월은 어떠했나? ‘앞을 보면 절벽이요, 뒤를 보면 기적이라.’ 고백이 절로 나온다. 후손들의 삶도 우리와 다르지 않으리.

한 치 앞도 못 보면서 물 흐르듯 살아왔다. 앞날의 삶도 하루를 감사하며 그저 조용히 흐를 뿐이다. 흐르면서 기쁨과 슬픔을 함께 나누면 되는 것이지. 우리는 그저 사랑만 나누면 되는 것이다. 흐르다가 새로운 흐름과 만나면 반갑다 인사하며 친구가 되는 거야. 어디로 가고 어떻게 살아갈지 그건 하나님의 일이니까 걱정할 필요가 없다.

나는 허리를 펴며 작고 아담한 정원을 바라본다. 붉게 물든 하늘이 명상에 잠긴 소박한 집 둘레를 아늑하게 감싸고 있다. 삶은 신비한 것이라고 넌듯이 일러주는 것 같다. 숙연해진 나는 고개를 숙이고 눈을 감는다.

# 일곱 개의 슬픔, 세 개의 감사

해가 바뀌었는데도 몇 개의 카드가 왔다. 반가운 소식 중에 가끔 어느 누가 대신 써 준 카드가 오곤 한다. 본인이 쓰지 못한 글들은 아프거나, 사고를 당했거나, 하늘나라로 갔거나 사연이 있어서다. 암 말기로 고생하던 친구를 대신한 남편의 카드를 받은 적도 있다.

'안문자 씨, 아내 신 아무개는 몇 월 며칠 하나님의 부르심을 받았습니다. 그동안의 사랑에 감사를 드립니다.' 라고. 또 한 통의 카드에는 삐뚤빼뚤한 글씨로 '안문자, 나는 이제 침대생활을 한다오. 조용히 묵상 중에 하나님께 갈 날을 기다리고 있어요. 안문자와 수 십 년 주고받던 아름다운 성탄카드 교환은 앞으로 어렵게 될 것 같군요. 답이 없으면 내가 쓸 수 없던가, 정신이 없어졌던가, 아니면 하나님의 품에 안겼다고 생각해요.' 해마다 다정하고 따뜻했던 긴 글의 카드는 오지 않았다. 친구의 카드 속에 'K선생님은 하늘나라로 가셨단다.' 라는 슬픈 소식이 왔을 뿐이다. 카드 보내기의 명단에서 주소를 지우고 있을 땐 '한 사람의 일생이 이렇게 한 문장 속에 끝나다니. 이젠 지상에서 이분을 볼 수 없구나.' 라고 읊었던 어느 시인의 『부고』라는 시의 한 구절이 떠올랐다. 허무하고 슬프다.

지각 카드 중에 알 수 없는 이름이 있었다. '나는 누구누구의 딸입니다. 어머니가 교통사고로 크게 다쳐서 글을 쓰실 수가 없습니다. 어머니는 전화통화를 원하세요. 우리 집 전화번호입니다.' 어머나, 친구 S이구나. 교통사고라니? 두군 거리는 가슴으로 전화를 걸었다. 잠겨버린 쉰 목소리가 끊어질듯 하며 전화선을 타고 들려왔다. 성악을 전공한 목소리는 잃어버렸다고 했다. 대형의 사고를 당했고, 지금은 재수술을 기다린다고 겨우 말을 이어갔다. 궁금한 것이 많았지만 너무 힘들어해서 더 이상 말을 시킬 수 없었다. 겨우 어디를 다쳤냐고 물으니 '많이 다쳤어.' 하고 만다. 멍해진 나는 위로할 말을 찾고 있었지만 떠오르지 않았다.

우리는 하루가 멀다 하고 청천병력의 사건, 사고 소식을 접하고 산다. 아프지 않은 삶이 어디에 있겠으며 고통 없는 인생이 어느 세상에 있겠는가? 도처에서 마주치는 죽음의 불행을

강 건너 불구경 하듯 대책 없는 두려움으로 바라 볼 뿐, 나에게만은 비켜 갈 것이라는 믿음을 갖고 살 수 밖에 없는 속수무책의 나약한 인간일 뿐이다.

드디어 반가운 소식이 왔다. 그가 일어난 것이다. 그의 목소리는 여전히 잠겨있었다. 영원히 노래를 부를 수 없을 것 같단다. 그러나 지금 이 순간이 얼마나 소중한지, 하루하루의 삶이 소중하고 아깝다고 한다.

친구는 느닷없이 손가락이 세 개뿐이라고 말했을 때 나는 알아듣지 못했다. 엄지가 남아있어서 천만다행이라고. 그렇기에 밥도 하고, 글도 쓰고, 호미도 쥘 수 있단다. 반응이 없으니 조금 웃으면서 손가락 일곱 개를 잃었다고 담담하게 말했다. 나는 그제야 알아들었지만 충격이 너무 커 말문이 막혔다. 세 개 남은 손가락으로 남편을 위해 밥을 지을 수 있다는 게 그렇게 기쁠 수가 없다며 행복하게 웃는다. 남편이 오랫동안 자기를 위해 희생적으로 간호해주고 살아나도록 보살펴 준 수고를 생각하면 그 사랑을 어찌 갚을지 모르겠다고 울먹였다. 이제는 세 개의 손가락으로 땅을 파고 고추랑, 상추, 방울토마토를 심을 수 있다고 자랑했다. 보기에는 흉하겠지만 남아준 세 개의 손가락이 감사하다고 하며 두 팔이 없는 사람들도 거뜬히 살지 않느냐고 잔뜩 질려있는 나를 오히려 위로해 준다.

우리의 삶은 죽음과 마주하고 있다고 해도 과언이 아니다. 삶이 영원할 것처럼 쓸데없는 일에 집착하며 짧은 시간을 낭비한 일이 얼마나 많았던가. 잠간 머무는 이 세상에서 우리가 가진 모든 것에 감사해야겠다고 새삼 다짐하며 손가락을 펴 본다. 나는 열 개의 손가락에 대한 감사를 해 본적이 없다. 피아노를 치며 노래를 부르던 친구를 떠 올려본다. 그의 노래에 반주를 하던 내 열 손가락에서 두 엄지를 남겨놓고 일곱 개를 빼 보았다. 순간 너무 비참해서 눈물이 핑 돌았다. 일 곱 개의 충격이, 가눌 수 없던 슬픔이 이젠 세 개의 기쁨이요, 감사가 되었다니 그가 위대하다. 지팡이를 짚고서라도 땅을 밟을 수 있다는 사실이, 눈을 잃지 않아 아름다운 세상을 볼 수 있다는 황홀함이, 밥을 짓고, 맛있게 먹을 수 있다는 행복이, 만나는 사람마다 기적이라고 축하하는 인사를 받을 수 있다는 즐거움이 그저 황송한 감사라고 말 할 땐 나의 가슴이 떨렸다. 하나님께서 자기를 왜 살려주셨는지, 덤으로 살게 된 남은 인생은 살려주신 이유를 깨달아 어떤 삶을 이어가야 되는지가 큰 숙제라는 이야기를 들으며 겨우, "정말 감사하구나." 라고 말했지만 나의 목소리는 잠기고 말았다. 사라진 손가락에 대한 어떤 위로도 할 수 없었다.

'삶이란 살아온 것도 기적이요, 살아 갈 일도 기적'이라고 말한 어느 작가의 글만 떠올렸을 뿐이다. 목소리는 잠겼지만 힘이 있었던 그의 마지막 말. "이젠 모든 사람들을 용서하고 사랑할 수 있게 되었단다." 결국 그와 나는 같이 울었다.

'살아가는 이유는 사랑하기 위하여, 사랑하고 있을 때가 가장 행복하지 않겠니? 슬픔 중에도 감사하면 미움도 사랑할 수 있을 것 같구나.' 우리는 뜨거운 눈물을 삼키며 마음으로 이야기하고 있었다.

# 5

# 노틀담 성당에서, 영혼의 소리를

# 조용히 다니는 가을 빛

이곳엔 이미 가을잔치가 무르익었다. 시애틀에서 두 시간 남짓인데 이런 곳이 있다니. 풀스보(Poulsbo), 노르웨이 촌이란다. 거기서 더 들어간 시골, 샌디훅샥(Sandy Hook Shack)이란 생소한 이름의 아담한 집이 숨어 있었다.

가을 물이 듬뿍 들은 나무들 사이로 꼬불꼬불 들어서니 아름드리나무들과 운치 있는 육각형의 정자 사이로 푸른 바다가 찰랑대고 있었다. 우리는 와~ 소리치며 호수 같은 물결을 배경삼고 살랑대는 들꽃과 빨갛게 익어가는 창가의 토마토 열매를 바라보았다.

긴 파마머리의 날씬한 여인과 인상 좋은 남편이 반갑게 웃으며 손을 맞는다. 일 년 전에 예약해야 된다는 이 조그마한 산장은 1950년대에 지어진 아버지의 유산이란다. 남편은 컴퓨터에 붙어 앉아 싼값으로 할 수 있는 여행지를 찾다가 이곳을 발견 했는데 누군가가 취소하는 바람에 우리가 횡재했다.

60여 년의 세월이 말해주듯 보관 된 물건들은 남루해 보이지만 정답다. 과거의 풍요를 말해주듯 벽에 걸린 전화기와 벽난로, 나무로 깎은 그릇과 유리 제품들이 옛 주인의 품위와 자연을 사랑했던 취향을 보여준다. 물려받은 유산을 잘 가꾸어 귀하게 간수하며 여행객들에게 감동을 주고 있는 이들은 조상 덕분에 한 평생 먹고사는 게 걱정이 없을 테니 누구나 이런 대물림은 부러워하겠다며 우리는 후후후, 웃었다.

이곳엔 TV가 없다. 인터넷도 연결이 안 된다. 안이나 밖이나 단순하고 고요할 뿐이다. 소박한 재료로 차린 음식도 소꿉놀이처럼 단순하다. 시간이 늘어난 듯 길다. 마음이 여유롭고 한가해져서 집 떠난지 오래된 기분이다. 고즈넉한 분위기는 마치 바깥세상과 단절되어 여기만 숨을 쉬는 것 같다. 할 일은 독서밖에 없다.

『그리스인 조르바』, 옛날에 읽었으나 새로운 느낌을 얻으려고 다시 읽는다. 19세기에 태어나 20세기를 살다 간, 삶에 대한 진정한 자유인들이라는데…. 인간의 행복, 인생의 의미를 새롭게 느끼고 싶다. 이성적인 작가 카잔차키스와 감정이 앞서는 괴짜 조르바와의 체험적인 이야기다. 책에는 로댕의 작품인 '하나님의 손' 이야기가 나온다. 손바닥 안에 여자와 남자가 있다. 하나님께서 인간을 만들었다는 위엄과 경외심을 표현했을 게다. 조르바가 말했다. '사람들이 버둥거려 봐야 하나님의 손바닥 안'이라고. 잠시 눈을 감고 생각해 본다. 자유가 없다고 생각할까? 아니다, 하나님의 손바닥 안이야말로 안심하고 자유롭게 활보할 수 있는 인간의 무대다. 평화로운 하나님의 손은 무한대다. 온 세상이다. 우주다. 나는 지금 하나님의 손바닥 안에 있는 아름다운 자연 속에 있구나. 누군가 말했다. 자연은 하나님의 옷이라고. 특별한 감격이다.

석양에 붉게 타던 노을이 바다로 잠기면서 마지막 빛을 뿜어내던

해가 지평선 사이로 빠르게 숨는다. 찰라랑…. 소리가 들릴 것 같다. 흔들의자에 앉아 계속 책을 읽는다. 다시, 바다를 바라본다. 시간이 얼마나 흘렀을까? 바다와 나무가 그림처럼 은은한 회색빛, 그 사이로 둥근 달이 두둥실 떠 있다. 빙그레 웃는 보름달이 조금씩 하늘에서 움직이며 우리와 숨바꼭질 한다. 시간은 소리 없이 쉬지 않고 흘러간다. 조르바는 현재의 순간을 중요시한다고 했다. 어제의 일은 어제로 끝, 지금 뿐이란다. "내일 일은 내일 염려하라"는 성경말씀과 같구나. 풀벌레소리가 들린다. 바람과 놀고 있는 나뭇잎 소리도 들린다.

찬란한 빛을 뿌리며 붉은 해가 솟아오른다. 가을 햇살에 눈부신 바다는 다른 얼굴로 활기차게 반짝인다. 담 밑까지 가득 찼던 물이 철석이며 서서히 제자리로 물러가고 말갛게 세수한 갯벌이 크게 숨을 쉰다.

끝이 없는 이 세상, 내가 서있는 자리에서 동 서 남북으로 조금만 나가면 이토록 예쁜 곳이 얼마나 많을까? 들고 온 박완서 작가의 마지막 산문집 『세상에 예쁜 것』, 빨리 읽고 싶다. 기차를 타고, 비행기를 타고 가는 곳엔 우리가 알 수 없는 문화와 예술, 서로 다른 사람들의 모습이, 색다른 자연의 변화가 숱하게 많을 텐데. 사람들은 제자리에서 보이는 것도 다 바라보지 못하고 산다.

가을 아침의 아름다움에 압도되어 감사가 벅차올랐다. 한껏 행복에 젖어 베란다에 놓여있는 둥근 식탁에 상보를 깐다. 들꽃을 꺾어 유리컵에 꽂는다. 부산을 떨다보니 어느새 태양빛은 골고루 나뉘어 퍼졌다. 그러나 가을이 먼저 온 이곳은 아침 바람이 제법 차다. 가을빛과 바람에 겨울이 숨어 있나보다. 신비한 계절의 변화를 온 몸에 받으며 낙엽 닮은 커피를 두 잔이나 마셨다.

자연의 순리는 아무도 모르게 돌고 또 돈다. 예쁜 곳이나 미운 곳이나 살며시 와서 덤벙대는 삶들을 조용히 바라보며 차분히 가라앉힌다. 노원호 시인의 시처럼.

> 우리가 아무 생각 없이 살아가는 동안/ 가을빛은 제몫을 다 한다/ …(중략)/ 햇살은 가을을 위해 모두를 주면서도/ 소리 내지 않고 조용히 다닌다

여행이란 쉼표라고 했던가. 일단, 멈춤도 되겠다. 무엇인가 끝내기 위해 숨이 찼던 나날, 의무감에 고단했던 육신, 참견하고 비판하던 정신에 쉼표를 찍자. 쉼이란 선물로 나를 쉬게 하자. 고개를 들어 하늘을 보고 바다도 바라보자. 내 탓이요, 네 탓이요, 시끄럽던 마음도 정리해야지. 여행은 번잡한 삶의 상큼한 보상이다. 견디느라고 수고했다는 따뜻한 위로다. 우리는 이곳에서 조용히 다니는 가을 햇살의 영감을 가슴에 가득 채웠다. 이제 제자리로 돌아가면 무조건 용서하는 착한 사람들과 아름다운 이야기만 해야지. 아까운 이곳, 떠나는 아쉬움 달래주려나? 조용히 다니던 가을빛이 웃으며 함께 가잔다.

## 노틀담 성당에서, 영혼의 소리를

프랑스 파리의 노틀담 성당! 안으로 들어서다가…. 움칫, 놀란 새가슴처럼 두근거렸다. 파이프 오르간의 소리가 폭포처럼 우렁찼기 때문이다. 성당 안은 햇살 부시던 밖과는 달리 어두웠다. 바다 같이 넓은 그곳엔 관광객들이 빼곡히 앉아 있었다. 이 무슨 횡재인가. 성당을 구경하려고 왔을 뿐인데. 마침 그 시간은 여행자들을 위한 성당의 배려였을까? 오르간 연주회가 열리고 있었다. 우리는 가만히 빈자리를 찾아 앉았다. 무슨 곡인지, 누구의 작품인지, 연주자는 누구인지 알 필요가 없다. 나는 이처럼 웅장하고 감미로운 오르간의 소리를 들어본 적이 없다. 음악은 하늘에 닿을 듯 38미터의 까마득한 황금색 천장과 길이 130미터, 넓이 48미터…. 182년 만에 완성되었다는 고딕체의 고풍스러운 성당을 흔들어대듯 아름답게 퍼졌다.

눈물이 주르르 흘러내렸다. 여행 중에 이런 감동을 만날 수 있다니…. 각처에서 몰려 온 수 천 명의 여행객들이 음악으로 하나가 될 수 있구나. 깊은 뜻이 담겼을 우아한 오르간의 소리를 마다하지 않고 눈을 감고 있는 그들은 음악을 좋아하고 사랑하는 사람이 아닐지라도

그 신비한 소리에 압도됐을 것이다.

옆에서 딸의 눈이 똥그래지며 속삭였다. "엄마, 왜 그래?"

"음, 음악이 너무 좋아서…."

아이의 눈도 금세 빨개졌다. 나는 멋쩍게 웃으며 오른쪽의 남편을 올려다보았다. 그도 물끄러미 보더니 알겠다는 듯 엷은 미소와 함께 고개를 돌려 눈을 감는다. 남편도 아마 내 마음 같았으리라.

결혼 40주년을 기념한다며 우리는 날을 잡아 이곳에 왔다. 성당 앞에서, 노틀담의 곱추가 바로 이 성당의 저 꼭대기로 도망을 갔다 이거지? 기껏 중학교 때 본 영화에서의 흉측한 안소니 퀸을 떠올렸을 뿐이다.

눈물을 훔치고 주위를 둘러본다. 양 옆으로 군데군데 작은 꽃무더기처럼 촛불들이 반짝인다. 휠체어의 한 남자가 촛불 앞에 앉아 명상중이다. 그러고 보니 이쪽저쪽 휠체어의 사람들만이 가물거리는 촛불을 하염없이 바라보고 있었다. 혼자서는 감당 못할 삶의 무게를 내려놓고 그들은 신의 소리를 듣고 있나보다.

기도하는 마음으로 다시 눈을 감는다. 덴마크의 종교 사상가 키에르게고르의 말이 떠올랐다. 우리가 기도 할 때 처음에는 말하는 것인 줄로 생각하지만 점점 더 그윽한 경지에 이르면 기도란 조용히 하나님의 음성을 듣는 것이라고 했다.

여기가 어디인가? 음악이 황홀한 하늘의 소리로 영혼을 흔들어서 내 생각을 멈추게 한 듯 머릿속이 하얗다. 나는 가슴 가득 쏟아지는 영혼의 울림이 끝나지 않기를 바라고 있었건만 요란한 박수소리와 함께 연주가 끝났다. 넋 놓았던 몸이 휘청댄다. 저만큼 높은 곳에서 파이프는 번쩍번쩍 빛나고 있는데 연주자는 보이지 않는다. 사람들이 우루루 일어나 넓디넓은 성당을 빠져 나간다. 그 빈 공간에서 나는 영혼의 울림을 되새김질 하고 있다.

성당 안의 구석구석 작은 방마다 신부님 앞에 앉아 고해성사를 하는 모습이 보인다. 나도 죄를 고백하는 마음으로 가물대는 촛불 앞에 섰다. 얼마의 동전을 넣으라는 헌금함에 돈을 넣었다. 그리고 자그마한 촛불을 집어다 한 귀퉁이에 놓았다. 전쟁과 굶주림이 없기를 기도하며.

파리의 낭만인 센 강 동편에 우뚝 서있는 노틀담 성당! 예수님이 달렸던 십자가의 일부와 가시 면류관이 보존되어 있다는, 팔백 년의 역사를 간직한 대 성당은 파리의 수없이 많은 예술품과 화려한 기념물 중에서 나를 가장 감격케 했던 곳이다. 그 영혼의 소리는 지금도 내 마음의 문을 두드린다. 너희들이 사는 동안 사소한 갈등과 오해로 화해를 외면하던 옥신각신한 다툼이 광대한 우주의 공간에서 얼마나 하잘 것 없는 것인지 아느냐고. 먼지 같은 사연들은 훌훌 털어버리고 마음의 문을 활짝 열고 이 우주를 바라보라고.

앞, 뒤 가리지 않고 덤벙대며 들떠 있던 나에게 음악과 예술, 그리고 우주 만물을 통해 들려오는 신의 소리를 명상케 한 낭만의 파리여, 노틀담의 오르간 음악이여. 여행이란 뜻하지 않는 곳에서 세상을 아름답게 바라보는 기쁨을 만나게 한다. 땅끝마다 고통과 슬픔이 있지만 틈새엔 음악이 있고, 예술이 있고, 시가 있다. 그렇지, 사랑도 있네. 아름다운 세상이다.

하염없이 걷고 또 걸었던 피로는 간 곳 없고 젖은 나무, 붉게 물든 시애틀의 멋쟁이들이 환하게 웃으며 나를 맞는다. 촉촉하게 젖은 하늘에선 이슬 같은 비가 내리고. 시애틀의 자연은 어느 곳과 비길 데 없는 눈부신 은총이구나. 오! 가을이 오고 있는 이 소리들….

## 남대문시장 사람들

온 동네가 잠이 든 것 같다. 우리 동네도 사람이 사는지 안 사는지 모를 정도로 고즈넉하다. 대낮인데도 안이나 바깥이 너무 고요해서 자꾸만 눈까풀이 내려앉는다. 바람 소리가 들린다. 순간, 주위가 어둑해지며 투두둑, 빗줄기가 창문에 줄을 긋는가 하더니 쏴~ 하고 소나기로 변한다. 나는 눈을 비비며 책상에서 벌떡 일어났다. 소나기 소리가 생동감 넘치던 남대문 시장의 함성으로 들려왔기 때문이다. 창밖의 빗줄기를 바라보며 눈을 가느다랗게 뜨자, 축제 같았던 그곳, 남대문시장의 활기가 되살아난다. 시장의 활기는 소나기 소리를 덮고 더 가까이에서 들린다. 사람냄새로 가득했던 정겨움이 와락 다가온다.

서울을 방문했을 때다. 혼자 시장구경에 나섰다. 묵고 있던 곳이 명동 쪽이라 슬슬 걸었다. 보이지 않는 곳에 아픔이 있다고 해도, 드러난 고통이 세상을 흔들어도 내겐 모처럼 찾은 고국의 감격과 발자국이 남아있는 서울거리는 설레고 신이 난다. 방향감각이 둔해 지하도에서 올라갔다가 다시 내려오던 버릇은 여전했다. 번쩍이는 상점들이 진을 치고 있어서 여기가 거기 같고 거기가 여기 같다. 드디어 미

로를 헤치고 올라서니 병풍을 친 듯, 멋있는 빌딩들이 우뚝 우뚝 서있다. 옛날엔 없었는데…, 두리번거린다. 아, 저기! 남대문 시장 입구가 보인다. 고향사람을 만난 듯 반가웠다.

시장은 옛날과 다름없었다. 숱한 세월을 보내고 왔는데도 낯설지 않다. 여기, 입구에 색색의 꽃들이 가득 했었는데. 까맣게 탄 얼굴로 몇 개의 양동이를 앞에 차려놓고 꽃을 팔던 아낙들이 있었잖아. 제철 만난 꽃들이 내노라 술렁댔는데 다 어디로 갔을까? 오라, 꽃 도매시장이 생겼으니 양동이의 꽃들은 필요 없겠구나. 시장의 계절을 화려하게 장식했던 꽃 더미에서 한 아름의 꽃을 사곤 했었지.

상인들은 흥에 겨웠다. 살맛나는 세상이라며 모두 웃는 것 같다. 옷장수 아저씨가 산더미로 쌓인 옷들을 들추며 '싸구려~싸구려! 거저요, 거저.' 고래고래 소리를 지른다. 잔치 분위기의 먹자골목도 여전했다. 기름 냄새 풍기며 지지고, 볶는다. 국수 말이, 장국밥, 빈대떡…. 침이 꼴깍댔지만 차마

앉아서 먹을 용기는 나지 않았다. 여기 기웃, 저기 기웃 재미가 이만저만이래야지. 남대문 시장엔 북한에서 온 삼팔따라지들이 많다고 해서 '아바이 시장'이라고도 했었는데. 미제물건이 판치던, 가짜가 태반이라던 도깨비시장은 지금도 있으려나? 미국에 살아도 먹지 않는 소시지와 스팸, 말랑말랑한 버터를 사곤 했다. 그렇지, 맥스웰 커피도, 귀여운 유리병의 우리 아기 이유식도 숱하게 옮겨 왔었다.

육백 년의 전통을 자랑한다는 남대문 시장은 이만이천 평이란다. 매일같이 사십 만 명이 드나든다는, 볼거리 많고 먹거리가 풍성한 재래시장으로 손꼽히는 관광지의 하나라는데 숫자개념이 없는 나는 그 규모가 얼마인지 가늠 할 수가 없다.

그들은 삶의 고달픔이 온 몸에 배어 찌들고 있었건만 싱글벙글 이었다. 동그랗게 둘러 앉아 배달 된 국수를 후루룩, 주거니 받거니 막걸리도 돌렸다. 꾸밈없는 인정이 오가는 순박한 모습. 오랜만에 본 풍경에 공연히 가슴이 찡했었지. 별로 신날 것도 없어 보이건만 즐거운 양 열심히 사는 모습들이 대견하다고 할지, 존경스럽다고 할지.

인간의 행복이 이웃들과의 살가움에서 오는 것임을 새삼 느끼게 했던 남대문시장 사람들. 아무것도 아닌 것 같은데도 정겨워 보였던 풍경들은 행복한 삶이 과연 무엇일까를 생각하게 했다. 아, 인생의 신선한 바람을 불어넣어준 그 삶의 현장은 눈물겹게 반가운 내 나라의 공개된 따뜻함이었다. 국회에서는 핏대를 올리며 싸움을 하거나, 부자들이 더 많은 부를 축적하려고 서로 헐뜯는, 그런 소란스런 작태에 별 관심이 없어보였다. 그래도 저들의 훈훈하고 소박한 한마당은 활기차게 살아있었다.

짙어가는 황혼에 무미건조하게 주춤거리던 나는 즐거운 남대문시장

나들이에서 내가 사랑해야 할 삶의 의미를 가득 부여안았다. 옛날의 버릇대로 깎아주세요, 너무 비싸요, 두 개 사면 싸게 해 주나요? 헤헤, 남는 게 없는데…. 엇다! 그럽시다. 덤까지 얹어준다. 후덕한 미소를 나누던 그들과의 흥정도 즐거웠다. 정겨운 싸구려들 속에서 세 가지 거짓말 중 하나가 웃었다. 생활력 강한 시장사람들의 모습에도 편안하고 자유로운 여유가 있어보였다. 그렇다. 잔잔한 행복이란 쉽고도, 단순함이라는 것도 터득했다. 제법 두툼해진 잡동사니에 봉지마다 따뜻한 나눔이 사랑이라는 느낌도 함께 넣었다. 나는 속으로 부르짖었다. 아, 즐거운 남대문 시장이여, 소박한 사람들의 따뜻함이여 영원 하라!

소나기 멎은 하늘이 청명하게 열렸다. 진주알 굴리던 나뭇잎들 사이로 가을은 깊고도 조용히 잠기고 붉게 물든 잎들은 살랑대며 은밀한 노래를 부른다.

아, 남대문 시장의 함성이 사라진 내 주위에서도 삶의 기쁨이 샘솟는 이유들이 차고 넘친다. 감사로 충만해진 마음으로 파란 하늘을 바라본다.

앗, 무지개, 무지개가 떴다~. 빨주노초파남보가 빙그레 웃고 있다.

# 고요한 꽃동네

결국, 오고야 말았다. A집사님의 부고가. 집사님의 안타까운 암 투병 소식을 듣고 우리 형제들은 조마조마한 심정으로 하루하루를 보내고 있었다. 전화를 드리자니 위로의 말이 생각 안 나고, 꽃을 보내자니 성의가 없는 것 같고, 찾아뵙자니 용기가 나지 않았다.

예배 장소에 도착하니 슬퍼하는 조객들을 위로하듯 즐비한 꽃들 사이로 바이올린의 흐느끼듯 떨리는 음조가 실내에 흐르고 있었다. A집사님은 우리, 안 씨네 가족들과는 특별한 사이였다. 아버지, 어머니를 위시하여 우리들이 무척 좋아했던 분이다. 아버지가 돌아가시기 전 머킬테오의 한 작은 교회에서 설교하실 때 우리와 교회생활을 같이 하셨다.

A집사 내외분은 순수하고 인자하셨다. 무엇보다 20여 년 동안 안 씨네 크리스마스콘서트엔 한 해도 거르지 않고 오셨다. 음악회 때마다 수줍어하며 내놓으시던 도네이션과 격려가 가득했던 미소는 우리 형제들에게 큰 기쁨이었다. 그런데 지난 해, 크리스마스콘서트에 오시지 않았다. 후에 남편인 A집사님이 항암치료 중이므로 가지 못 해

섭섭했다는 카드가 왔다. 우리는 살아 계실 때 찾아뵙지 못한 때늦은 후회 때문에 더 슬펐다.

그래도 반가운 것은 그 분이 묻힌 곳이 우리 부모님이 계신 공원묘지였기 때문이다. 넓디넓은 파란 잔디를 딛고 누워있거나 서있는 비석들 사이로 색색의 꽃들이 가랑비를 맞고 있다. 여기 저기 천막이 쳐진걸 보니 그새 하늘나라로 간 사람들이 여럿이 있나보다.

하관 예배는 애절하였다. 그나마 위로가 되는 것은 죽음도 삶도 하나님의 사랑 안에선 삶의 일부분이라 하지 않던가. 아쉬운 작별을 하며 던지는 꽃들은 엄숙한 표정으로 살포시 관을 덮는다. 육신은 흙으로 돌아가지만 영혼은 하나님의 품에 계실 것을 믿으며 가족들은 그제야 교우들과 인사를 주고받는다.

나는 꽃을 나누어 주던 L집사에게 몇 송이의 꽃을 달라고 부탁했다. "저어기, 우리 아버지, 어머니께 가려구요." 동생의 친구 L집사는 저만치 우리 부모님의 비석이 서있는 방향으로 눈길을 주다가 웃으며 빨간 장미를 쓱쓱 뽑아 준다.

비를 맞고 있던 비석이 우리가 다가가자 반가워하는지 빗발이 더욱 굵어진다. 우리 아버지가 묻히실 때도 억수비가 쏟아졌는데. 새삼 슬픔이 주마등같이 지나간다. 비석 앞에 꽃을 꽂고 헛일인 줄 알면서도 비석에서 흐르는 빗물을 닦는다. 아버지, 어머니도 반가워하시겠지? 평소에 서로 사랑을 나누던 종씨가 이사 오신 걸. 누군가의 말에 우리들은 쓸쓸히 웃는다. 근래에 우리가 좋아 하던 분들이 많이 가셨구나. 외삼촌도 가셨고 사촌 오빠도 가셨고. 아, 김 목사님도 가셨잖니….

문득, 아직 다 슬퍼하기도 전에/ 또 한 사람의 죽음이/ 슬픔위에 포개져/ 라는 시구가 떠올라 안개 자욱한 허공을 바라본다. 아무리 천국의 소망이 있다 해도 이 땅에서 다시 얼굴을 볼 수 없는 이별은 슬프고 아프다. 형제들의 얼굴에도 다시 눈물이 번져온다. 인생은 '나그네'라 했다. 나그네 길을 마치고 영원한 고향으로 돌아간 분들의 삶은 살아 있는 사람들의 가슴에 잠시 파문을 남기는 것뿐일까.

안 여사가 걸어오신다. "다들 바쁜데 오셨군요. 안 목사님이 이곳에 계셔서 우리도 오래 전에 여기로 결정했어요. 그래도 안 목사님과 사모님이 계시니 위로가 되는군요. 우리 그이가 하늘나라에서 두 분을 만나 즐거워할 거예요. 우리는 안 씨네 크리스마스음악회에 참석하는 것이 큰 기쁨중의 하나였어요. 나 혼자라도 꼭 갈 터이니 앞으로도 계속 연락을 주세요." 평상시의 성품대로 따뜻하게 말씀하신다. 결국 우리는 함께 울먹이며 이제 건강을 챙기며 씩씩하게 사시라고 위로한다. 그분은 점심 장소에서 만나자며 손을 꼭 잡아주신다. 그 따스함에 저리던 마음이 가라앉으며 평정을 찾는다.

쓸쓸하고 고요한 꽃동네, 남아 있는 자들이 할 수 있는 사랑의 표현은 기도하는 마음으로 꽃을 바치는 일 뿐이다. 싱싱하게 나풀대던 꽃들도 이곳에 오면 슬픈가보다. 꽃잎을 포개며 두 손을 모우 듯 겸허한 얼굴이 된다. 아, 고요한 꽃동네여…. 첩첩이 겹쳐져 사방에 출렁이는 꽃물결을 둘러본다. 꽃은 사람의 마음을 어르는 마력을 지닌 것일까. 그래서 죽음을 한 발 물러서서 바라볼 수 있는 여유마저 주는 것 같다.

세상은 분주하게 돌아간다. 여기도 삶의 현장처럼 멈춤이 없을까? 대자연의 소리 없는 움직임이나 삶의 리듬이 끝나지 않는 것처럼. 표면은 죽은 듯 고즈넉하지만 이곳에도 사랑이 있고 노래도 있으리라. 영혼들은 서로 만나고 있을 테니까. 죽어 잠잠하나 살아있는 이곳, 다시 소생하는 부활의 증거를 보여주는 고요한 꽃동네. 삶과 죽음이, 만남과 이별이, 우리들의 사랑이 헛되지 않다는 잔잔한 음성이 꽃동네에 가득 채워진다. 미소를 잃고 있던 꽃들이 활짝 웃는다. 아, 고요하던 꽃동네가 신비의 빛으로 술렁인다. 눈물 고였던 내 마음의 눈이 부시다.

# 불러보면 꽃향기 먼저 오네

중학교 입학 첫날이었다.

"네가 내 앞자리구나." 검은 머리를 총총 땋아 내린 한 소녀가 방긋 웃었다. 나는 첫눈에 그가 너무 좋았고 우린 금세 친한 친구가 되었다. 어느 날 서먹한 우리들의 긴장을 풀어주기 위해서였을까, 담임 선생님께서 말씀하셨다. "누가 노래를 잘 하나, 한 번 나와 불러 봐라." 모두 어리둥절하고 있는데 그가 손을 번쩍 들며 사뿐사뿐 앞으로 나갔다. 그리고 생글거리며 현제명 작곡의 '산들바람'을 멋지게 불렀다. 우리들은 와~ 하며 크게 박수를 쳤다. 친구는 예쁘기도 하거니와 그림도 잘 그리고 영어도 잘 했다.

우리는 점점 더 친해졌다. 그런데 어느 날 부터 친구가 학교에 오지 않았다. 오늘은 올까, 내일은 오겠지. 하며 기다려 보았지만 쓸쓸했던 한 학기가 다 지나가고 말았다. 아무 연락 없이 사라진 친구가 섭섭하고 궁금했지만 알아낼 방법이 없었다.

많은 세월이 흐른 어느 날, 드디어 친구를 만났다. 명동의 시공관이란 극장 앞, 음악회가 끝난 후 밀려나오는 사람들 속에서다. 그 날

내가 음악회에 가지 않았다면 영영 그를 만나지 못했을 게다. 친구는 치렁치렁하게 머리를 내린 아름다운 숙녀가 되어 있었다. 할 말을 잃었던 우리는 조용한 찻집에 마주 앉았다.

"문자야, 나도 네 생각 많이 했어. 대학에 갔구나."

친구는 가늘게 한숨을 쉬며 그 동안의 세월을 이야기했다. 오래 전에 어머니가 돌아가신 후 아버지는 재혼을 하셨고 동생들도 생겨났다. 그런데 갑자기 사업이 기울어지며 가정이 어려워졌고 아버지는 병이나 돌아가셨다. 할 수 없이 자기는 고모에게 갈 수밖에 없었고 고모의 사업을 도우며 야간 중학교에 가게 되었단다. 공부를 계속 할 수 없어 지금은 너무 불행하다고 말했다.

신촌에서 종로까지 오면 버스를 갈아타야 집에 가는데, 종로의 어느 예식장 안에서 친구는 아주 큰, 신부 드레스를 비롯한 그에 따르는 물품들을 갖춘 웨딩 숍을 운영하고 있었다. 이젠 절대로 헤어지면 안 되니까 내가 자주 갔다. 그 곳에는 눈같이 흰 웨딩 드레스가 주루룩 걸려 있고, 진주나 다이아몬드 또는 하얀 공단으로 만든 눈부신 화관이 물보라 같은 면사포와 함께 진열되어 있었다. 나는 예쁜 것들을 구경하는 게 좋았지만 문자가 결혼하면 최고로 예쁘게 해줄게, 하던 그 말이 더 좋았다.

그런데 그보다 더 신나는 것이 있었다. 신부들이 결혼식을 끝내고 옷을 갈아입다가 북새통에 놓고 간 꽃을 나에게 주기 때문이었다. 그 시절엔 부케를 던지고, 받아든 친구가 다음에 결혼 할 거라는 재미있는 이벤트가 없었다. 우리는 깔깔대며 즐겁게 지냈지만 친구는 가끔씩 사는 것이 재미가 없다고 했다.

친구가 스스럼없이 자기의 고민을 이야기하는 게 고마웠지만 위로할 말이 없었다. 어떻게 하면 즐거운 생활이 되게 하나? 머리도 좋고 재주도 많은데 무슨 방법이 없을까? 아! 그런데, 어느 순간 반짝 하고 한 아이디어가 떠올랐다. 그래, 책을 읽게 하자. 제법 신통한 생각이 떠오른 것이 대견하고 기뻤다. 우선 내가 읽은 책들을 골랐다. 무슨 책인지 기억은 안 나지만 도스토예프스키의 『카라마조프가의 형제들』과 괴테의 『젊은 베르테르의 슬픔』이 생각난다.

"숙이야, 우리 같이 책 읽지 않을래? 학교에 다닌다고 교양과 인격을 다 갖출 순 없을 거야. 책 한 권 제대로 읽지 않고 대학을 졸업하는 사람보다 졸업장이 없어도 독서하는 생활 속에 인생의 의미를 찾는 사람이 더 행복한 삶이 될 거야. 책 읽는 즐거움이 얼마나 크고 신나는 일이라구."

친구의 눈치를 보며 말을 좀 잘 해보려고 애를 썼다. 지금 생각하니 너무 잘난 척 해서 창피해지려고 한다. 하여간에, 총명한 친구는 나의 조심스러운 제안을 알아들었을 뿐더러 진심으로 고마워하며 아주 좋아했다. 그때부터 그는 독서광이 되었다. 내가 준 책 뿐만 아니라 자기가 직접 사서 읽기도 했다. 그는 책 읽는 재미로 산다고 했다. 그동안 너무 허송생활을 한 것 같아 아까운 생각까지 들었단다. 지금은 자기의 생활이 무의미하지만 희망을 바라보며 무슨 방법으로든 불행의 조건에 대항하고 싶은 마음도 들었다고 했다.

그뿐인가, 모든 것을 긍정적으로 생각하게 되었다니 친구야말로 독서를 제대로 하는 총명한 사람이었다. 먼 훗날 자기의 슬펐던 과거는 아름다운 추억이 될 거라는 예감까지 든다고 하니 과연 그녀는 얼마나 성숙한가? '나, 영어학원 등록 했어.' 라고 말하며 눈이 반짝 빛나기도 했다. 드디어 그의 꿈은 이루어졌다. 기쁜 마음으로 일을 하니 사업은 번창 해졌고 흐뭇한 고모는 공부 할 수 있는 길을 열어 주었다. 피나는 노력 끝에 대학에선 영문학을 전공했다. 그동안 늦게 겪었을 공부의 고통은 짐작하고도 남는다.

한 동안 우리는 각자의 길을 걸으며 자주 만나지 못했다. 아름답게 성장한 그녀는 상큼한 인상의 외과 의사를 만나 결혼했다. 햇빛 찬란한 어느 겨울 날, 수없이 만지던 드레스 중 가장 예쁜 드레스를 입었다.

그의 가족은 지금 보스턴에 산다. 우리 아들이 그곳에서 공부할 때 자주 불러 한국음식을 먹여 주었고, 아이가 졸업할 땐 온 가족을 초대해 주었다. 그들은 잘 자란 아들, 딸이 결혼하자 아름다운 교외의 별장 같은 집에서 조용히 은퇴생활을 하고 있다. 새 어머닌 돌아가셨고 동생들은 누나를 어머니 같이 의지하며 정답게 오고간다는 따뜻한 이야기도 있다. 아스파라가스 길게 늘어뜨린 꽃다발을 내밀며 받는 나보다 주는 자기가 더 즐겁다.

숙이야! 가만히 불러보면 물보라 면사포 사뿐 날리며 꽃향기 먼저 온다.

# 비엔나의 나부코

음악의 도시 비엔나는 향기로웠다. 가을 색으로 물이든 수채화 같았다. 공항에서부터 눈이 가는 곳마다 귀공자 같은 모차르트의 얼굴이 걸려있고 귀에 익은 그의 음악이 흐르고 있었다. 어디에서나 미소 짓는 모차르트의 초상화는 자신이 작곡한 감미로운 곡들을 즐기며 자랑스러워하는 표정이었다. 장사꾼들의 수단이 빤 한데도 고상하고 차분했다.

죽기 전에 음악의 도시, 비엔나에는 한 번 가봐야 되지 않겠남? 여행 이야기만 나오면 노래를 불렀다. 과연 그곳은 예술이 누릴 수 있는 특권을 준다고 자랑하듯 음악과 조각, 그리고 꽃과 와인, 맥주와 소세지가 소문대로 풍요로웠다. 사람이 누릴 수 있는 최고의 즐거움과 품위를 선사하기에 부족함이 없었다. 딸 부부와 함께 우리 넷은 모차르트가 즐겨 마셨다는 맥주와 모차르트의 얼굴이 그려져 있는 아기의 종아리만한 맥주잔을 높이 들고 '클래식이여 영원 하라!'를 외쳐댔다.

음악회장으로 밀려드는 흥분된 관객들 속에서 두리번거리던 나는, 우리가 지금, 이곳에 있다는 기쁨을 충분히 즐기려고 여기가 어디지? 오~비엔나로구나! 자꾸만 확인하며 신통해 했다.

수준 높은 비엔나 국립 오페라단의 나부코(Nabuco)는 가슴을 조여들게 하는 전율로 온 몸을 감싸 안았다. 클래식이 사라진다고? 클래식 공연장엔 젊은이들은 없고 노인들만 있다고? 천만에다. 공연장 가득 성장한 멋스러운 젊은이들의 기대에 찬 진지함이 대견하고 고맙기까지 했다.

유럽에서 가장 아름답다는 비엔나 오페라 하우스에는 청중들로 입추의 여지가 없었다. 이 오페라야말로 본고장에서 감상하고 싶은, 평생의 소원인 사람들이 많을 게다. 나도 그랬다. 아, 나부코…. 과연 소름이 돋았다.

베르디의 나부코는 4막 오페라다. 이 오페라의 클라이맥스라고 할 수 있는 3막의 '노예들의 합창'은 애절하게 아름다워 가슴을 파고든다. 모르는 사람이 없을 게다.

나부코는 구약에 나오는 느부갓네살

왕의 이야기다. 포로가 된 유대인들을 괴롭힌 왕으로 사랑과 권력에 대한 야심, 그리고 회개, 용서가 깔려있는 유대인들의 시련과 신앙의 승리가 줄거리다. 바벨론에 포로로 잡혀있던 그들이 종교적 탄압에서 하나님을 향한 신앙과 애국을 노래한다.

나는 이 오페라를 감상하다가 갑자기 아버지의 설교가 생각났다. 6·25를 겪은 후 1·4후퇴 때 대구로 피난 온 우리 가족이 제일교회의 수용소에 있었는데 전도사를 구하는 교회의 초청으로 젊은 아버지가 선보이는 설교를 하게 되었다. 설교의 첫마디는 '바벨론 강가에 주저앉아'(시편 137편)였다. 아버지는 자주 울먹이며 설교를 하셨다. 어렸던 나는 바벨론 강가도, 설교의 내용도 몰랐지만 피난민들의 슬픔을 이야기 하시는구나~, 했었다. 수용소에 있던 수 백 명의 피난민들도 교회로 올라와 훌쩍이며 설교에 은혜를 받는 모습이 선명하게 떠올라 나 혼자만의 감회에 젖었다. 공산당의 박해를 피해 피난민들은 하나님을 의지하고 북한을 떠났다. 그들이 부르짖던 기도는 포로가 된 유대인들의 노래와 무엇이 다르랴.

나부코…, 참 이상도 하지. 전혀 무대장치가 없었다. 무대 전체는 안개에 잠겨있고 의자 한 개와 두 어 개의 방석이 놓여있을 뿐이다. 음악의 변화와 강도에 따라 안개가 짙어졌다 흐려졌다 했다. 회색으로 잠긴 무대는 깊은 뜻이 숨어 있는 듯, 색다른 분위기와 멋을 풍기고 있었다. 의상도 의외였다. 왕은 양복에 넥타이를 매었고, 합창단의 의상도 여자는 드레스, 남자는 긴 바지에 와이셔츠나 티셔츠를 입었다. 이런 오페라의 의상은 처음 보았다. 영화나 인터넷에 나오는 오페라는 노예들이 입었던 그 시대의 옷과 노예의 상징인 팔지, 발지를 하고 있었는데 말이다.

그러나 무대장치, 의상은 오늘 날의 이 세상도 다름이 없다는 현실의 암시가 아닐까. 어쨌거나 얼마나 아름다운 천상의 소리를 내던지 눈물이 주루룩~이었다. 사람이 표현 할 수 있는 소리가 이처럼 완벽하게 아름답다는 사실을 다시 실감했다. 오페라를 감상하며 내가 살아 존재한다는 감사가 절로 나왔다.

그 유명한 모차르트의 동상 아래엔 거대한 높은음자리표가 꽃으로 그려져 있었다. 모차르트의 기세에 약간 소외된 듯 했던 슈베르트의 동상도 아름다웠다. 그곳은 팝송이나 재즈는 없었다. 젊은이들의 왁작대는 롹 음악도 듣지 못했다. 시장바구니를 들고도 맥주나 와인 잔이 딩동 대는 촛불사이에도 오로지 모차르트다.

아, 찰스부르크! 사운드 오브 뮤직이 촬영되었던 낯이 익은 성은 온갖 꽃으로 물결쳤다. 에델바이스의 노래 소리는 환청이었을 게다. 그렇다. 찰스부르크의 낭만은 말해 무엇 하리. 천만 년이 흘러가도 변함없으리라.

앗, 여기… 오, 이곳…. 가슴이 뛰었던 아름다운 딴 세상의 이야기들은 한 순간의 꿈처럼 지나가고 말았다. 비엔나의 가을은 아름다웠고 음악은 영혼을 울리며 나를 흔들어댔다. 나는 그저 몽롱한 휘청거림으로 꿈길을 거닐다가 깨어난 기분이다.

아, 비엔나의 나부코여! 모차르트의 사랑스러움이여! 영원한 클래식이여!

음악은 이 세상에서 최상의 아름다운 예술행위이며 인간이 누릴 수 있는 가장 행복하고 고상한 품위다. 설렘이다.

# 기분 좋은 이 아침에

시애틀은 미국에서 가장 살기 좋은 도시 중의 하나라고 한다. 아마 여름 날씨 때문일 게다. 사실은 일 년 중 3, 4개월만 아주 좋고 나머지는 비가 많이 오는데도 말이다. 그러니까 온 도시가 푸르고 청청하여 에버그린 스테이트라고 하지. 한동안 비가 안 오면 기다리게도 되지만 역시 쨍하는 이곳의 여름 날씨는 환상적이라 싱숭생숭 들뜨게 만든다.

화창한 토요일 아침, 문을 열고 나서니 향긋한 풀 냄새가 얼굴을 쓰다듬듯 다가선다. '아, 자연이 숨 쉬고 있구나. 이 달콤한 향기!' 심호흡과 함께 짙은 녹음이 반짝이며 반갑게 인사하는 나무들을 둘러본다. 새삼스러운 감동이 일렁이는 기분 좋은 이 아침. 한국의 추석 날씨, 그렇군, 깔깔한 모시 같구나. 우리 부부는 한껏 즐겁다. 소풍가는 날이다. 남편은 운전대를 익숙하게 잡는다. 산책중인 점잖은 노부부가 활짝 웃으며 손을 흔들고 나도 마주 흔든다.

탁, 켜진 라디오에서 아나운서는 은혜 많이 받으라 한다. 어느 교회에서 부흥회 했나? 나오는 말이 영락없이 부흥목사의 걸걸한 쉰 목소리의 설교가 시작되고 있는 중이다. 첫마디, "다 나를 따라하세요. 아~좋다. 성령을 받으면 돈이 온다."

신이 난 성도들이 크게 따라한다. 남편과 나는 돈? 하며 똥그래진 눈으로 마주본다.

한껏 들떴던 기분에 찬물을 끼얹는 느낌이다.

"그렇다면, 왜 예수를 믿지 않는데도 부자로 사느냐? 하나님께서 돈을 가지고 오셨는데…. 신자는 신자인데 성령을 못 받았으면 안 믿는 사람들에게 그 돈을 줍니다. 그래서 그들이 부자입니다. 여러분 기적을 믿습니까? 왜 나에게 기적이 오지 않습니까? 기적은 있습니다. 나에게 기적을 달라고 기도합시다."

아니, 이럴 수가! 우리는 또 시무룩해졌다. 아직도 이런 부흥사가 있구나. 쯧쯧대며 남편이 라디오 스위치를 탁, FM으로 돌린다. 하늘을 바라보며 잔잔히 흐르는 음악을 듣다가 우리는 동시에 쿡쿡 웃음이 터졌다. 시애들의 어느 교회에서, 흰 양복을 입었던 그 부흥사가 떠올랐으니까. 코미디언 저리가라 하듯 너무 웃겨서 정신없이 따라 웃다가…. 갑자기 웃는 게 부끄러워졌던 일말이다. 이제나 저제나 본론을 기다렸잖아. 어리둥절 하는 사이 목사는 돈을 세고 있었다.

"나는 돈을 좋아합니다. 어느 부잣집 치과의사 부부에게 아기를 낳게 해달라고 기도하니 아들을 낳았어요. 십 년 만에 아이를 낳은 그들이 나에게 감사의 선물로 돈을 주었지요. 나는 시퍼런 돈을 더 좋아합니다. 돈을 세는 것도 좋아 합니다. 오래 오래 세는 것을 더 좋아 합니다. 펄럭, 펄럭."

걸걸한 목소리는 펄럭대고 두 손은 돈세는 흉내를 낸다. 도저히 안 되겠는지 남편이 벌떡 일어났다. 그리고 우리는 뚜벅뚜벅 걸어 나왔다. 하나님, 우리의 교만을 용서해 주소서, 기도하며. 남편은 만약에 마귀들아 게 섰거라. 부흥사가 소리치면 획 돌아서서 쏘아주려고 했다나.

"당신, 강단에서 내려와 구두장사해서 돈이나 버시오!" 라고.('오, 하나님'이란 영화에서 엉터리 부흥사를 향하여 주인공인 가수 존 덴버가 당신, 강단에서 내려와 구두 장사해서 돈이나 벌라고 소리치며 쫓겨나는 장면이 있다.) 가슴이 두근두근 했던 생각을 하니 또 울적해졌다. 두 목사를 통해 성령의 역사는 일어났을까? 성령을 받으면 어떠해야 된다는 것도 가르쳤을까?

어쨌거나 시애틀은 아름다운 곳. 저 잘생긴 나무들을 보라. 이슬에 젖은 푸른 숲 사이로 크게 웃는 구름떼 같은 꽃들도 보라. 유유히 흐르는 호수 같은 바다, 바다 같은 호수. 아, 세미한 음성으로 속삭여 주시는 말씀이 있네.

'쓸데없이 너무 흥분하고 그러지 마라. 성령의 역사와 기적은 예수님의 가르침대로 살려고 노력하는 삶속에서 일어나는 것이란다. 주어진 삶을 열심히 사는 그 자체가 하나님을 사랑하는 것이니 성실히 너의 갈 길이나 잘 가거라. 또 있어. 살아가는 중에 이웃을 만나면 친구가 되고 서로 돕고 나누며 사는 것, 그것이 신앙이라고 누누이 말하지 않던?'

살아있는 온갖 여름의 소리를 듣고 있자니 잔잔히 출렁이던 파도가 또 소리친다. '그러니까 매사에 너무 잘난 척 비판하지 말고 자연이나 즐겨라.' 아니, 너나 잘하세요. 하나? 어느새 물결의 한 가운데서 눈부시게 떠오르는 태양이 웃고 있다.

저만치 사이좋게 어우러진 그늘 밑에서 낭만적인 피크닉 테이블이 우리를 향하여 손짓하고 있다.

# 웃으시는 하나님

『그들은 왜 교회를 떠났을까?』라는 책을 읽었다. 소문으로, 신문으로 퍼진 이야기들도 있었지만 우리가 알지 못했던 사실도 많았다. 원 이럴 수가, 신음소리가 나올 정도의 엄청난 이야기들은 흥미롭기도 절망스럽기도 했다. LA의 모 신문사 편집부 부국장인 J기자가 이 글을 신문에 연재하는 동안 시원하다, 용기가 대단하다는 격려들이 있었지만 감히 목사와 교회를 매도하다니? 협박과 함께 욕을 많이 먹었다고 했다. 만약 한국에서 썼다면 테러의 위협도 있었을지 모른다고.

그런데 J기자는 목사와 교회를 비난하기 위해서가 아니라고 분명히 말했다. 교회와 예수님을 바로 보려고 했고 진정한 신앙이 무엇인지 깊이 성찰했다고 했다.

가장 큰 문제로 지적 된 것은 '교회가 너무 많다. 교회를 돈으로 움직인다. 말씀과 삶이 다르다. 주일엔 쉬고 싶다.'이고 그 속에 더 많은 제목의 놀라운 이야기들은 믿을 수 없을 정도다. 그는 기자였고 그동안 세상에서 떠들고 있던 사실들을 취재한 내용들이었으니 없는 이야기는 아닐 것이다.

책에는 목사님들의 이야기도 많았는데 읽고 나니 착잡했다. 나는 목사의 딸이지 않은가. 많은 교회가 부유한 것 같아도 박봉에 허덕이며 눈물의 기도로 목회하는 목사님들이 더 많은 현실이기 때문이다. 그러나 한국에서 흘러들어 온 부자가 된 교회의 모습들이 미 전역에 퍼지고 있고 극히 일부라고 믿지만 그런 교회를 부러워하며 닮고 싶어 하는 목사들도 있다고 하니 염려가 된다고 쓰여 있다. 평신도의 책임이 중요하다고도 지적했다.

믿고 싶지 않은 사실들 때문에 이것저것 떠오르는 이야기들이 있다. 좀 오래된 일이지만 한국의 모 방송국에서 『교회의 문제점』을 뉴스에 보도한 적이 있었다. 기독교를 비난하는 넷티즌들은 신나게 설쳐대고 대상이 되었던 교회에선 난리가 났다. 비난을 받은 목사는 매사를 비뚤게 보는 작자들의 잣대라 했고 모 목사는 빨갱이 방송국이라고 비난했다. 안티들은 이때다 하고 너도나도 글을 올렸다. 댓글들은 또 얼마나 거칠고 직설적인지. 과장하고 매도하는, 이름 없는 사람들도 문제지만 어쩌다가 교회와 목사들이 그들의 대상이 되었는지.

글을 읽는 동안 우리부부가 좋아했던 목사님이 떠올랐다. 이미 고인이 되신 존경하는 Y목사님. 부목사의 사례비보다 적었다. 신년에 목사님의 사례비가 오르면 "나는 아이들이 다 자라서 돈이 필요 없어요. 자녀들이 공부하는 부목사, 전도사, 사찰에게만 봉급을 올리세요." 라고 호통을 치셨다. 그뿐 아니라 사회적으로도 존경받는 지도자였고 아주 유명한 목사님이셨다. 힘든 교인들을 여러모로 도와주려고 애쓰셨던 Y목사님이 더욱 그리워지는 요즈음이다.

이 책에 나온 실상들은 이민교회의 한 단면이지만 한국의 교회들은 더 많이 비판의 대상이 되고 있다. 오죽하면, 어느 목사는 『맞아 죽을 각오로 쓴 한국교회 비판』이란 책을 출판했을까.

성전 건축을 제일로 여겨 교회의 사명이 흐려진 교회, 예수 믿으면 복을 받아 부자가 되고, 성공도 하고, 천당에 간다는 기복신앙 사상, 예수를 잘못 믿으면 하나님의 벌을 받는다고 협박하는 목사들, 한국에서 은퇴하고 미국에서 목회시작 등, 믿지 못할 사실들을 읽고 나니 머리가 무겁다.

나도 생각해 본다. 가난하지만 부유한 교회, 부유하지만 가난한 교회…. 하나님께서는 어떤 교회를 더 사랑하실까? 이 땅의 일부 교회들이 하나님의 뜻과 진정한 복음의 정신을 잃고 기복신앙과 물량주의로 빠져가고 있음을 한 눈으로 보았다. 어느 목사님은 이 책에 대해서, 쓰지만 몸에 좋은 약으로 알고 크리스천들은 회개해야 된다고 했다.

나는 책을 덮으며 대상이 되었던 이민교회와 한국교회를 바라보고 계실 하나님의 슬픔을 상상해 보았다. 위에서 말한 맞아 죽을 각오로…를 쓴 목사도 '한국교회를 향해 통곡하시는 예수'라고 표현 했다. 교회가 사람들의 욕심으로 만들어 진다면 책에 제시된 수많은 교회의 모습과 다르지 않을 것이다. 책의 제목을 바꾸어 본다. 왜 떠날까? 가 아니고 왜 갈까? 로. 서울에서는 어느 교수가 '아직도 교회에 나가십니까?'라는 설교를 했지만, 너는 왜 교회에 가니? 하고 물었다면 나는 어떻게 대답할까? 모태신앙인데도 머뭇거려진다. 그러나 평생의 노력이니 말 할 수 있다. 하나님과 이웃을 사랑하는 사람이 되려고, 예수님의 삶을 따르려고, 바르게 살려고, 복잡한 생각들과 어려운 일들을 내려놓으면 평화가 오니까, 여러 가지 감사한 일에, 감사드리려고. 반가운 사람들을 만나면 좋으니까. 생각나는 대로지만 진심이다.

우리는 하나님을 사랑하며 힘든 사람들을 사랑하셨던 예수님의 삶을 따르려고 교회에 간다. 우리가 의지하고 바라볼 곳은 하나님뿐이다. 위안을 받고 바르게 살아가는 길을 배울 곳이 교회밖에 어디에 또 있겠는가? 이 세상에 완전한 교회, 완전한 목사님은 없을 것 같다. 그러나 교회는 상처투성이의 사람들을 안아주며 희망을 주는 하나님의 집이다. 서로의 어려움을 함께 나누는 교인, 보잘 것 없는 지체들이 모인교회로 부족한 대로, 약한 대로 서로 관심을 나누는 공동체가 바로 하나님이 기뻐하시는 교회가 아닐까. 구원을 받으면 어떻게 달라져야 하는지, 성경이 말하는 복의 핵심이 무엇인지, 팔복은 어떤 뜻이 있는지를 잘 가르쳐 주는, 예수님을 많이 닮은 목사님이 계시는 교회.

"가난해도 우리교회는 사랑이 많아요. 너무 좋아요. 싸움 같은 건 정말 없어요. 우리 목사님은 진짜 목사입니다. 예수님을 꼭 닮으셨어요. 우리교회는 예산의 절반을 구제로 쓰인답니다. 교인들 각자가 빛과 소금의 역할이 되려고 노력하지요."

이런 교회들이 많다면 슬픔 속에 계시던 하나님이 고개를 끄덕이며 빙그레 미소 지으실 것 같다. 아, 슬프셨던 하나님이 환하게 웃으실 텐데.

# 6

# 축복의 포인세티아

# 크리스마스트리

창고에서 나무를 꺼냈다. 플라스틱 나무는 힘없이 기웃등 대다가 기지개를 펴듯 부스스 잎을 떨군다. 나무는 빛바랜 내 마음 같다. 젊은 시절엔 아이들과 함께 크고 잘생긴 생나무의 풋풋한 향기를 맡으며 들뜨곤 했었는데. 울컥, 콧등이 매워지다가 쿡쿡 웃음이 난다. 어머니의 트리가 떠올라서다. 12월이 되면 어머니 방에도 꼬마 크리스마스트리가 세워지곤 했다. 우리들이 버리는 장식품들을 슬그머니 모아 두었다가 빼곡히 달아놓아 좀 우스꽝스러웠건만 어머니는 상기된 얼굴로 예쁘지? 하시곤 했다. 형제들은 '엄마의 귀여운 트리'라고 했다. 하늘나라에도 어머니의 크리스마스트리가 있을까?

해마다 감사절 다음날이면 눈부시고 화려한 작은 등들이 수없이 반짝이며 온 동네를 밝히는 집이 있다. 마치 무대장치를 끝낸 후 막이 올라가듯 성탄절의 온갖 장식들이 그 부유한 집을 꾸며놓아 오가는 사람들의 눈길을 끈다. 루돌프 사슴들이 이끄는 수레에 산타할아버지가 선물을 실어 나르는가 하면, 작은 천사들이 노래를 부른다. 성탄트리에는 오색 전등이 깜빡인다. 현관으로 이어지는 길가에도 불빛은 쉬지 않고 깜빡인다. 와~와! 탄성이 절로 나왔다. 장식이며 전기세, 비용이 이만저만 아닐 텐데. 금년엔 언제 켜질까? 해마다 기대에 차서 깜짝쇼를 기다렸다. 그런데 웬일일까? 아무리 기다려도 깜깜 절벽이다. 궁금하기 짝이 없다. 저런! 몇 십 년 동안 이어오던 크리스마스 장식은 불행해진 부부의 이혼으로 끝나고 말았다니. 섭섭한 마음은 슬그머니 속은 것 같은 기분이 들었다. 크리스마스 정신이 깃들지 않은 장식은 무슨 의미가 있는가. 집 둘레를 에워쌌던 수 만 개의 꼬마등이 아우성치듯 반짝이다 떨어진 별이 되었다.

내가 좋아하는 『타샤의 정원』이란 책을 쓴 동화 작가에겐 또 하나의 책 『타샤의 크리스마스』가 있다. 책에는 일 년 중 12월이 가장 기쁜 달이고 크리스마스는 가장 성스럽고 의미 깊은 날이라고 쓰여 있다. 100세를 바라보던 타샤 할머니의 즐거움은 강림절부터 시작된다. 일 년 동안 자기를 사랑해준 가족과 친구들, 키우고 있는 동물들, 그리고 인형들에게까지 선물을 차근차근 준비한다. 정원에서 나무를 골라 세우면 1858년부터 대대로 내려오던 장식품들을 정성스럽게 나무에 단다. 타샤 할머니가 해마다 만드는 전설 같은 크리스마스트리는 유명하다. 그녀의 크리스마스는 오로지 베풀고, 나눔의 크리스마스였다.

아이들이 공부할 때만해도 크리스마스는 축제 분위기였다. 부모님과 함께 육남매 가족이 가까이에 모여 살았던 때가 언제였던가. 꼬맹이들은 호기심 가득 찬 눈을 반짝이며 크리스마스트리 아래에 쌓여있는 선물 주위를 맴돌고 은은한 촛불 사이로 오랜만에 만난 가족들이 밀린 이야기로 꽃을 피웠다. 고요한 밤, 거룩한 밤, 가슴 설레던 찬송과 아버지의 간절한 기도는 우리 모두에게 뭉클한 감사와 새로운 희망을 주었다. 그랬다. 우리의 크리스마스트리도 희망의 나무였다.

악기들이 총 동원되어 촛불이 사그라질 때까지 캐롤을 불렀는데. 아, 그리운 그 시절.

아이들이 없으니 크리스마스트리도 만들고 싶지 않았다. 그들이 떠난 첫 해엔 나무를 세워 놓고 며칠을 그냥 지내다가 리본만 달았다. 그 다음해엔 은줄만 걸었다. 그 다음해부터는 아무것도 하지 않았다.

크리스마스나무를 세워놓았다. 오색 전등을 골라놓는다. 흰색은 순결한 예수그리스도와 부활을 상징한다지. 파랑, 동방박사가 파랗게 빛나는 별을 보고 예수님을 찾아갔고, 노랑은 아기 예수께 드린 황금과 유황과 몰약을 의미한다고. 빨강은 나를 위해 흘리신 주님의 보혈이구나. 그렇지, 녹색은 영원한 생명의 상징이라 하지 않던가. 그러고 보니 정성스럽게 꾸민 크리스마스트리에 성탄의 참다운 의미가 다 들어있는 것 같다. 타샤 할머니처럼 크리스마스트리는 가족과 이웃을 위한 사랑이다. 우리를 위해 세상에 오신 하나님의 사랑을 받아 다시 세상을 향해 반사시켜서 어둠을 밝히는 것이 우리에게 주어진 몫이리라.

빛바랜 나무처럼 휘청거리던 나는 정신이 번쩍 들었다. 지나간 추억을 붙들고 쓸쓸해하던 부끄러운 나. 타샤의 크리스마스트리처럼 나의 트리도 사랑의 빛이 멀리 퍼지는 위로의 나무가 되도록 정성스럽게 만들어야겠다.

나는 낡은 나무를 매만지기 시작했다. 나무 꼭대기엔 큰 별을 달아 빛을 찾는 사람들에게 길잡이가 되도록 해야지. 쏴-밀려오는 밀물처럼 나의 가슴이 설렘으로 출렁인다. 초라했던 나무에 생기가 돌았다. 파랗게. 영원한 생명처럼 아주 파~아~랗~게.

# 축복의 포인세티아

포인세티아가 물결친다. 크리스마스의 계절이 돌아 왔다며 숨어있던 빨간색, 분홍색, 하얀색의 예쁜 꽃들이 약속이나 한 듯 짠-하고 모여드는 것 같다. 앞뜰에 낙엽이 쌓이고 쓸쓸한 바람이 우수수 가슴을 스치면, 세월은 속절없이 잘도 가누나. 하며 가슴이 서늘해지다가도 불현듯 포인세티아를 만나면 기분이 좋아지곤 한다.

초록색의 싱싱한 이파리 위에서 활짝 피어있는 포인세티아는 무척 자신 만만한 표정이다. 더군다나 포인세티아가 있는 곳에는 캐롤이 있어서 마치 자기들이 노래를 부르는 것 같다. 그런 포인세티아를 보면 나는 괜스레 싱숭생숭해져서 무슨 좋은 일이 생길 것 같은 기분이 들곤 했는데 언제부터인가 포인세티아가 나를 쓸쓸하게 한다.

크리스마스의 계절인 그 해 12월, 우리는 아버지와 어머니를 모시고 우든빌의 몰-백 화원에 간 일이 있다. 짙은 꽃향기 속에 취해서 들어서니 어머나! 꽃물결이 바다처럼 넘실대고 있었다. 상상하지 못했던 엄청난 규모였다. 크리스마스를 앞둔 화원엔 포인세티아가 꽉 차 있었다. 군데군데 피라미드 같은 모습의 꽃들이 어우러져 쌓여있

었고, 천정에도 주렁주렁 달려 있다. 그뿐인가, 바닥에도 크고 작은 화분에 색색의 꽃들이 방긋대고 있었다. 이 많은 꽃들이 때맞춰 활짝 피어 있으니 그 정성이 오죽했으랴. 장삿속도 있겠지만 관광의 목적도 있는 것 같았다. 얼마나 친절한지 피곤한 다리를 쉬도록 곳곳에 커피와 녹차, 과자까지 예쁘게 놓여 있었다. 꽃으로 장식된 찻집 같았다. 즐거운 우리들은 와, 와…. 감탄하며 꽃 사이를 거닐다가 나른하게 앉아 차를 마셨다. 2001년 12월, 아버지가 돌아가시기 꼭 일 년 전이었다. 그 다음해에 아버지가 하늘나라로 가실 줄 어찌 알았겠는가.

포인세티아는 올해도 어김없이 쏟아져 나와 있다. 이제부터는 내 세상이라며, 크리스마스 장식으로는 뭐니 뭐니 해도 우리가 최고라고 뻐기는 것 같다.

포인세티아는 100년 전 멕시코 남부에서 죠엘 포인세트란 식물학자가 신기한 이 야생화를 발견하여 미국으로 옮겨와 키우기 시작했다고 한다.

자신만만한 표정의 넉넉한 꽃은 분명히 꽃인데 꽃이 아니란다. 꽃을 보호하는 꽃받침의 임무를 띤 잎이라니 고개가 갸우뚱. 그래서 포인세티아를 잎사귀가 녹색과 붉은색으로 된 식물이라고 하나보다. 잎 가운데에 박혀있는 구술 같은 알맹이들이 꽃이란다. 일종의 방울꽃이다. 알맹이들은 한 개의 암꽃과 여러 개의 수꽃으로 뭉쳐있는데 단지 한 개의 암꽃을 위해 많은 수꽃들이 존재한다니 암꽃은 참 행복하겠다. 부잣집 맏며느리 같은 큼직한 잎들은 이 작은 수꽃들과 암꽃을 위해 존재하는 꽃받침일 뿐이라니 얼마나 착한지. 아름다우면서도 겸손한 잎이 방울꽃보다 더 화려하고 예쁘다. 다행이 사람들이 잎을 꽃으로 봐주니 위로가 되려나? 크리스마스를 축하하기 위해 피는 포인세티아는 꽃말까지 '축복'이란다. 방울꽃들을 위해서, 크리스마스의 장식을 위해서, 크리스마스를 축복하는 선물로도 쓰이니 참 기특한 꽃이다. 포인세티아가 속삭인다.

'나는 예수님의 탄생을 축하하기 위해서 열심히 피었어요. 교회의 강단에서, 음악회에서, 병원에서, 식탁에서, 상점에서 나를 예쁘게 사용했으면 좋겠어요. 아픈 사람에게, 외로운 사람에게, 슬퍼하는 사람에게, 용서를 빌며 화해하고 싶은 사람에게 가면 나는 더 행복하답니다. 사랑하는 사람에게 나를 선물하세요.'

크리스마스 캐롤이 은은히 울려 퍼지는 가운데 포인세티아가 살랑살랑 웃고 있다.

그러자 잠시 쓸쓸했던 나의 가슴에 들어와 살며시 속삭인다. '쓸데없는 생각일랑 하지 마세요. 12월은 따뜻한 마음으로 사랑을 나누는 계절인걸요. 나를 고르세요. 멋진 크리스마스 선물이 될 거예요.'

어느새 나도 포인세티아를 닮아가고 있다. 그리고는 그들 중 제일 예쁜 것으로 골라 계산대로 향했다. 향긋한 향기는 서늘했던 나의 가슴을 위로하며 성탄을 기다리는 기쁨으로 채워준다.

# 산타크로스의 꿈

우울한 12월이다. 빗줄기에 지친 낙엽처럼 곤비한 삶의 여정에도 크리스마스는 조용히 다가오고 있다. 가로수에는 별을 닮은 불빛들이 반짝이고 상점마다 시선을 끄는 상품들과 포인세티아의 물결이 손짓한다. 흰 수염 대롱대는 산타할아버지가 상가의 문을 열고 "헬로우, 메리크리스마스! 호 호 호!" 하며 손을 들어 올린다. 산타의 웃음은 보는 이들을 즐겁게 한다.

내가 처음 산타 할아버지를 본 것은 평양에서다. 6·25가 일어나기 몇 년 전이었으니 몇 살이었을까? 어느 겨울, 언니와 나는 아버지 어머니를 따라 전차를 탔다. "얘들아 저-기 산타크로스 할아버지가 있다!" 아버지가 손짓한 곳에 빨간 옷을 입은 뚱뚱보 할아버지가 흰 수염을 날리며 서있었다. 큰 자루를 둘러 멘 산타는 크리스마스 전날 밤에 착한 아이들에게 선물을 주러 온다며 아버지는 우리들에게 노래를 가르쳐 주었다.

'산타크로스 할아버지 오늘 밤에/ 하얀 머리털과 하얀 수염을/ 바람에 휘날리며-오시네/ 붉은 모자 눌러쓰고/ 함박눈 맞으며 오시네. 어여쁜 아이들아/ 기뻐 춤을 추며/ 구세주 아기 예수 탄생 경축하라/ 산타크로스 할아버지 멀리 와서/ 우리에게 선물을 주려 하-네.'

언니는 이 노래를 기억하고 있었다. 곡은 미국 남북전쟁 때의 군가였고 가사는 누구의 것인지 분명치 않다. 전차 안에서 본 산타는 소련에서 왔다고 했다. 그 해 산타 할아버지는 붕어과자와 빨간 줄이 있는 눈깔사탕을 한 봉지씩 놓고 갔다. "너희들이 착하다고 산타할아버지가 왔었어." 크리스마스 날 아침, 젊었던 엄마의 다정한 미소가 어른거린다.

우리 아이들이 서너 살 때부터 나도 산타의 역할을 대신했다. 아이들이 잠들면 산타 할아버지의 몫인 우유와 과자를 남편과 함께 먹어치우고 아이가 써놓은 편지도 살짝 보았다. 가슴이 두군 대던 젊은 엄마는 참 즐겁기도 했지. "산타 할아버지가 너희들이 필요한 것 어떻게 알았을까?" 엄마의 능청은 해마다 늘어갔다. 아이들은 자라면서 엄마가 산타라는 것을 눈치 챈 것 같지만 선물을 받고 싶어선지 묻지 않았다. 아이들의 기뻐하는 모습을 보고 싶은 엄마는 몇 년 더 가짜라는 사실을 덮고 공범자가 됐다. 어느 해 나는 산타의 편지를 선물과 함께 놓았다.

'나 산타는 온 세상에 어린이들이 너무 많아서 이젠 다른 나라의 아이들에게 가야 해요. 우리 아무개 참 착했어요. 공부도 잘했어요. 큰 어린이가 됐으니 다른 사람들에게 선 물을 주는 사람이 되어요. 안녕, 안녕!'

이미 편지를 읽은 큰 녀석은 시침을 뗐고 둘째는 서운한 표정이었다. 다음 해부터 산타는 더 이상 우리 집을 찾지 않았다.

산타크로스는 4세기경 터키 지역에 살았던 성 니콜라스라는 실존 인물의 모델이라고 한다. 불쌍한 어린이들에게 선물을 나누어 주던 이야기가 유럽과 미국에 전해지면서 아이들의 환호 속에 산타크로스가 등장했다.

성 니콜라스는 어느 가난한 귀족의 딸들이 가난이 지겨워 나쁜 유혹에 빠져들고 있다는 소문을 듣고 그들을 돕기로 마음먹었다. 아무도 모르게 창문으로 금이 들어있는 주머니를 던져주어 큰 딸에게 희망을 주었다. 추운 겨울밤, 다른 딸을 위해 다시 창문가로 갔으나 창문이 닫혀있어서 굴뚝으로 금 주머니를 넣었더니 난로 옆에 걸려있던 양말 속으로 쏘옥 들어갔다나. 이때부터 성탄 선물을 양말 속에 집어넣는 풍습이 생겼다고 전한다. 그러니까 산타의 정신은 자기 아이들뿐만 아니라 어렵고 불쌍한 아이들에게 희망과 꿈을 심어주는 것이다.

그렇다면 내가 잘못한 것일까. 아이들이 클 때까지 한 해도 거르지 않고 산타가 온 것처럼 했으니 얼마나 가족이기주의적 사고에 빠져 있었던 걸까. 산타에게 슬그머니 미안한 마음이 들었다. '저런, 불우한 아이들에게 주어야 되는 건데. 나를 빙자하여 자기 아이들에게만 선물을 주다니. 쯧쯧.' 하지 않았을까. 크리스마스가 돌아오면 받는 것보다 주는 사람이 더 착한 어린이라는 것을. 산타 할아버지는 불쌍한 어린이들을 위해 오시는 거라고 가르쳤어야 했는데 이젠 늦었지. 이미 그들도 산타가 되었으니. 그럼에도 꿈을 먹고 자라는 아이들에게 산타할아버지는 동경의 대상이었고 아름다운 추억으로 남아있으리라.

지난 크리스마스에 아들, 며느리가 두 손자를 데리고 왔다. 주문한 산타의 선물이 배달되면 숨겨놓으라고 뉴욕에서 전화까지 했다. 크리스마스 포장지를 사오며 숨겨놔야 된다면서 쉿, 손가락으로 입술을

막으며 부지런히 손을 놀렸다. 나보다 더한 극성에 웃음이 났지만 젊은 날의 우리를 보는 것 같았다. 크리스마스 날 새벽에 꼬맹이들이 방방 뛰며 기쁨으로 흥분하는 모습은 우리만 보기에 아까웠다. 그래, 착한 어린이를 강조한 산타의 선물을 받으며 우리 손자들이, 아니, 이 세상의 모든 어린이들이 착하게 자라 불우한 이웃을 사랑하며 도우는 사람들이 될 수 있기를 마음속으로 빌면서 아이들과 장단을 맞추었다.

누군가 12월을 기다리는 계절이라고 했다. 금년에도 숱한 곳에서 굶고 병든 어린이들을 위해 예수님이 산타 할아버지처럼 오실 게다. 어린이들은 산타 할아버지를 기다리고, 어른들은 어지러운 세상에 평화의 왕으로 오신 아기 예수님을 기다린다. 예수님의 사랑을 품고 크리스마스가 다가온다. 세상에 오셔서 우리를 위해 생명까지 다 주고 가신 예수님의 사랑을 생각하며 나도 그 사랑을 닮아 작은 산타로 살아가고 싶다.

## 크리스마스 선물

선물! 듣기만 해도 기분이 좋다. 크리스마스 선물! 하면 가슴까지 설렌다.

받는 것도 좋지만 누군가에게 줄 때가 더 기분 좋다. 우리 아이들이 선물을 받고 좋아서 깡충거렸을 때, 부모님이 선물을 받고 활짝 웃으며 기뻐하셨을 때, 형제들이, 조카들이, 친구들이, 친지들이 즐거워하는 모습을 보면 얼마나 흐뭇한가. 받을 사람을 생각하며 이것저것 물건을 고를 때부터 신이난다.

내가 제일 처음 받은 선물은 산타할아버지의 선물이었다. 글쎄, 몇 살이었나? 크리스마스 날 새벽, 머리맡에 놓여있던 하얀 봉지속의 눈깔사탕과 붕어과자의 즐거움이 엄마에게서 왔다고는 꿈에도 상상하지 못했다. 선물을 받은 기쁨의 첫 경험이었다. 두 번째는 빨간 양말 한 켤레다. 피난시절 가족과 헤어져 혼자 피난 와 우리 집에서 같이 지낸 집사님이 산타할아버지였다. 얹혀살고 있으니 너무 고맙고 미안해서 식구 수대로 양말을 준비했을 게다. 나는 너무 좋아 양말을 가슴에 품으며 "아이 좋아!" 하고 소리쳤다.

정성이 깃든 선물은 인생에서 기쁨을 주고받는 일 중의 하나다. 받을 사람이 기뻐하는 모습을 그려보며 예쁘게 포장하고 리본을 달아둔다. 그러나 아무리 정성이 담긴 선물일지라도 받는 사람이 맘에 들지 않거나 필요한 물건이 아닐 수가 있다. 그래서 나는 선물을 주며 '필요한 사람에게 주어도 돼요.' 할 때도 있다. 내가 준 선물이 다시 선물로 쓰고 싶어질지도 모르니까. 나의 선물이 돌고 돌아 결국은 나에게 온다는 우스갯말도 있지 않은가.

감격스러운 선물 이야기가 떠오른다. 『바람과 함께 사라지다』의 주인공, 비비안 리의 선물이다. 아름다운 배우, 비비안 리가 얼마나 배려 깊고 심성이 착한지 아는 사람은 많지 않을 것이다.

1960년대에 우리나라에서 고아들로 조직된 '선명회 합창단'은 천사들의 노래로 이름을 떨쳤다. 이 합창단이 처음으로 피얼스 목사의 주선으로 연주여행을 하게 되었다. LA의 어느 강당에서 연주를 할 때 저명인사들이 많이 왔다. 그 속에 비비안리도 있었다. 연주를 다 마치자 환호와 함께 박수가 터졌다. 주최 측에서는 합창단 어린이들에게 선물을 나누어 주었다. 박수는 선물을 나누어 주는 동안 계속 되었다. 그런데, 이럴 수가! 한 개가 모자라 마지막 아이의 선물이 없게 되었으니 말이다. 당황한 주최측과 관객들이 이 난처한 일을 바라보며 술렁거렸다. 이때다. 아름다운 그녀, 비비안 리가 환하게 웃으며 무대 위로 뛰어 올라오지 않는가. 그녀는 자기의 목에 걸려있던 값비싼 진주목거리를 풀어서 그 어린이에게 걸어주며 포옹을 했다. 놀란 사람들은 '아아,' 감탄사를 연발하며 말을 잇지 못했다. 박수소리는 더 커졌다. 그런데… 목걸이를 받은 어린이는 진주목거리의 가치를 모르니까 다른 아이들이 받은 인형이나 강아지를 부러워하며 두리번

거렸다. 그 순간 피얼스 목사가 무대로 뛰어 올라와 흥분한 목소리로 말했다. "우리가 좋은 선물을 소녀에게 주기로 약속하겠습니다. 그러니 이 진주 목걸이는 팔아서 더 많은 고아들을 위해 요긴히 쓰면 어떻겠습니까?" 하고 그녀에게 물었다. 또 다시 갈채가 쏟아졌다. 세계적인 명배우 비비안 리가 한국의 고아를 위해 아낌없이 내 놓은 진주목거리는 전설처럼 기억되는 아름다운 선물이다. 고아들의 노래에 감동한 비비안 리의 큰 눈에서는 눈물이 반짝거렸다고 했다.

안 씨 가족의 선물이야기도 있다. 우리 아버지가 생전에 만드셨던 크리스마스콘서트는 9회까지만 아버지와 함께 했다. 아버지가 가셨어도 계속되어 온 '머킬티오 크리스마스콘서트'가 어느덧 20회를 맞게 되었다. 감개무량하다. 어지러운 세상 속에 소망과 평화를 주기위해 오시는 아기 예수를 축하하는 음악회다. 또한 이민자들이 몸담고 있는 고마운 미국은 우리들의 자손들에게 아낌없이 기회를 주고 있으니 이에 대한 감사의 의미이기도 하다. 우리 형제들은 어려운 가운데서도 아버지를 기리며 미 주류사회 속에서 음악으로 성탄의 기쁨을 함께 나누고 있다. 해마나 우리의 정성으로 준비하여 이웃에게 베푸는 우리 가족의 크리스마스 선물이다.

마음과 마음이 오가는 이 복된 절기의 주인공은 단연 예수 그리스도이다. 어떤 물질로도 환산할 수 없는 놀라운 선물, 그것은 하나님의 독생자 예수님이 가장 낮은 자리에 가난한 아기로 세상에 오신 것이다. 우리를 위해 그 자신을 주신 하나님의 사랑은 해마다 새롭게 다가온다. 이 사랑을 깨닫는 것이 진정한 크리스마스의 선물일 것이다. 어려움을 당했을 때 뜻밖의 사람으로부터 위로와 함께 사랑을 받는 것, 삶의 고통과 슬픔을 서로 나누며 감사와 기쁨을 함께 하는 것, 어두움 속에서 절망하고 있을 때, 예수님께서 주시는 평화를 느낄 수 있는 그 기쁨이야말로 참된 크리스마스의 선물이 아니겠는지.

2014년 12월, 아기 예수가 나에게 주실 가장 의미 있고 희망이 넘치는 크리스마스 선물을 받기 위해 두근거리는 가슴으로 성탄을 기다린다.

# 새해 인사

나는 새해에 '복 많이 받으세요.'를 하지 않는다. 아니, 못한다. 새해 첫 주일 예배 후, '복 많이 받으세요!' 인사가 복도에 가득해서 복이 진짜로 내려오는 착각이 들 정도로 흥분된 분위기였다. 복을 받으라고 하면, 받을 수 있다면 얼마나 좋을까? 복 받을 만한 삶을 살아야 복을 받지. 복, 복, 기복신앙 같아서 나는 어물어물 애매한 웃음만 날린다.

아주 옛날엔(1819)설날이 되면 사흘 동안 남녀노소가 설빔을 입고 길거리를 메웠다고 한다. 서로 인사하기를 새해에 안녕하시오? 올해에는 꼭 과거에 급제 하시오. 승진하시오. 득남 하시오. 이렇게 구체적인 인사들을 했다고 기록되어 있다. 복 많이 받으시오는 없었단다. 그러니까 운이 좋거나 본인이 노력하면 소원이 이루어진다는 것이다. 열심히 일하며 바르게 산다면, 누구에게나 돌아오는 일상의 복들을 서로 빌어주었다.

우리는 흔히 복이라면 '오복'을 생각하지만 나는 성경에 나오는 복을 떠올리게 된다. 예수님께서 가르쳐 주신, 누가복음에 나오는 '팔

복'이다. 우리가 말하는 복을 받으라고 하는 복과 판이하게 다른 복 이야기다. 팔복은 이해하기 어렵다. 예수님께서는 우리가 생각하고 있는 고정관념을 깨 엎으신 일이 많다. 그것 중에 하나가 복이다. 가난한 자가 복이 있다고 하셨으니 얼마나 이상한가? 복을 받는다는 것이 단순하게 받으라, 받고 싶다, 하나님은 내가 이렇게 하면 복을 주시겠지….가 아니라 복을 받기 위해서는 복의 뜻을 알아야 할 필요가 있기 때문에 나는 여기가 늘 어렵다. 복의 개념, 즉 예수님이 말씀하시는 복이 진짜 복이라고 생각되기 때문이다. 그래서 새해에 '복 많이 받으세요.' 라고 인사 하지 못한다는 말이다.

열심히 일하고, 감사하며 먹고, 서로 돕고, 희생하고, 사랑하는 삶, 그러니까 나를 비우고 다른 사람을 이해하며 불쌍히 여길 때, 그 나라와 그 의를 구할 때, 나중엔 원수까지 사랑해야 하나님이 복을 주신다고 예수님께서 가르치셨다. 예수님께서는 가난한 자에게 복을 줄 터이니 이제 부사가 될 거야. 그래서 가난한 사람이 행복하다고 하지 않으셨다. 무슨 말씀일까?

그런데 내가 무릎을 탁 치며 고개를 끄덕이게 되었다. 어느 여 신학자의 설교에서다. 그는, 예수님께서는 가난하기 때문에 행복하다고 말씀하셨는데, 이는 자신의 보잘 것 없는 무력함을 깨닫고 주위사람을 더 귀히 여길 수 있는 마음을 갖게 된다는 뜻인 것 같다. 가난한 자에게는 사랑하는 가족과 친구가 있다고 했다. 부자에게는 친구가 없나? 우리가 깊이 생각해 보자. 부유한 사람들 주위에는 진정한 친구가 없을 것 같다. 가족끼리도 싸운다. 부를 잃어버릴까봐 남을 의심하며 전전긍긍 도사리게 된다. 우리가 가난할 때 형제들의 우애가, 친구들의 우정이 얼마나 깊었나? 서로 기도해 주고 서로 위로하며 눈물을 흘려줄 때가 언제였는지 생각해 보면 안다고 설교했다.

젊은 시절 어느 목사님이 누가복음에서는 가난한 자를 축복했는데 마태복음에서는 부자들이 충격을 받을 가봐 그랬는지 마음이 가난한 자라고 한 것 같다고 해서 교인들이 웃었던 일이 생각난다. 어떻든 그 목사님도 부자가 되게 하는 것이 축복이 아니라고 설교했다. 그러니까 복을 받는다는 것이 부자가 되자고 서로 빌어 주며 인사를 한다면 맞지 않는다. 요즘 한국에서는 '새해에 복 많이 받으세요' 도 아니고 '부자 되세요' 로 바뀌었단다. 더 지독한 것은 '돈 벼락 맞으세요' 라나. 물론 웃기느라고 하는 인사일 게다. 사실 복의 근원은 하나님 자신이지 않는가.

'네가 누리는 복을 세어 보아라.(Count your blessings) 크신 복을 네가 알리라'는 찬송이 있다. 이 찬송은 이미 우리가 복을 많이 받았으니까 세어 보라는 찬송이다. 어려서 이 찬송을 부를 때 보글보글이라며 재밌어했다. 아무리 삶이 고달프고 힘겨워도 받은 복을 세어보면 이미 다 받았다는 것 아니겠나. 나도 받은 복을 세어보면 끝이 없다.

물질적 가난은 삶의 불편함이 많고 인간관계에 오해나 파탄을 가져올 수도 있다. 그러나 진정한 행복을 추구하는 인간관계에서는 가난은 우정의 기초라고 어느 신학자도 말했다.

그래서 가난이 복이라고 생각하는 뜻은, 우리는 누군가의 덕분으로 살아간다고 감사할 수 있다. 이것을 은혜라고 말하는 것이리라. 내가 살아 있는 것은 누군가의 도움이요, 누군가의 사랑으로 사는 것 아니겠나. 누군가가 베풀어 주는 은혜이다. 서로, 덕분에 사는 세상이 행복한 세상일 게다. 이것이 예수님이 가르쳐주신 복이라고 생각한다. 그렇다면 나는 새해 인사를 어떻게 할까? 내가 바라는 세상, 어떤 세상에서 어떻게 살고 싶나? 새해에 내가 바라는 복이란 무엇일까?

아기들은 평화롭게 무럭무럭 잘 자라고, 젊은이들은 희망을 향하여 씩씩하게 살아가고, 어른들은 힘들어도 서로 도우며 기쁘게 살아가고, 늙은이들은 지나온 세월을 감사하며 노년의 즐거움을 누리고 사는 것이 복이라고 생각 한다.

복 받은 사람들의 인사는, 참 좋습니다. 정말 신나는 일이군요. 보람이 큽니다. 세상사는 재미가 있습니다. 감사할 일이 너무 많군요. 등 상대방에게 알맞은 희망을 담아 새해 인사를 건네는 것이 어떨까.

평화로운 세상에서 이런 인사가 오고 가는 새해라면 참 좋겠다.

## 스물한 번째, 꿈과 꿈이 이어지는 삶

《 1 》

가슴 벅찬 스물한 번째의 크리스마스콘서트가 막 끝났다. '오, 거룩한 밤! 별빛이 찬란한 밤!'의 합창은 전설이 된 피날레였다. 파이프오르간의 반주로 미국인 소녀합창단과 한인독창자들, 그리고 세 조카들과의 연주는 웅장하면서도 거룩했다. 연주는 끝났어도 여운에 취한 관객들은 숨소리조차 멈춘 듯 했으나 고요를 깨고 마치 폭발물이 터지듯 우뢰와 같은 박수가 쏟아졌다. 그 속에 아버지의 활짝 웃는 얼굴이 어른거렸다. 2015년 12월, 제21회가 된 안 씨네 크리스마스콘서트는 이렇게 막을 내렸다.

미국인들과 한인들이 어울린 600여 명의 청중들은 기립박수를 보내 주었고 장내엔 흥분된 열기가 가득 찼다. 형제들의 기쁨과 청중들의 감동은 하나가 되었다. 이 크리스마스콘서트는 예수 탄생을 축하하고, 아버지의 뜻을 기리고, 미 주류사회를 향하여 감사하는 안 패밀리의 선물이다.

《 2 》

우리 육남매는 부모님을 중심으로 시애틀의 북쪽, 머킬티오라는 조용한 동네에서 옹기종기 모여 살았다. 넓은 미국에서 동부, 중부, 서부 그리고 한국으로 부모형제들이 흩어져 살며 그리워하는 것이 일반적인데, 우리 가족은 어떻게 한 곳에 모일 수 있었냐고 많은 사람들이 부러워했다. 아버지 어머니, 그리고 육남매 가족, 모두 스물 네 명의 안 씨네들이 이 지역에 뿌리를 내린 지 어언 30년이 넘었다.

아버지는 1973년에 이 작은 도시에 짐을 풀었다. 2002년 아버지가 하늘나라로 가기 전까지 품고 살았던 인생의 꿈, 삶의 희망인 아버지의 가르침은 '꿈을 잃지 마라라. 삶이란 영원한 희망 속에 존재 하는 것이란다.'였다.

아버지가 평양에서 대구로, 대구에서 서울로, 서울에서 미국으로 그리고 시애틀의 머킬티오란 동네에서 뿌리를 내리는 동안, 흩어져 살던 육남매 가족이 부모님 곁으로 한 가족, 두 가족 모여들었다. 형제들은 가난한 이민자들로 다시 시작하는 인생의 길을 걸으며 아메리칸 드림을 꿈꾸었다. 우리 형제는 아들 셋, 딸 셋 육남매다. 삶의 행복은 가정에서, 가정의 행복은 즐거운 인생으로, 이것이 하나님의 은혜라 믿으며 열심히 살았다. 가족은 상처 때문에 돌아서지 않는다. 가족이 있어 감사했고, 세상이 두렵지 않았다. 어느 책의 제목처럼 『가족, 당신이 있어 고맙습니다』 그것은 바로 우리들의 고백이기도 하다. 가족은 희망이며, 평생 고마운 사랑이다.

《 3 》

1·4후퇴, 평양에서…. 피난길에 오르기 전 어렸던 언니와 꼬맹이 나는 다시는 올 수 없다고 생각 했을까? 신통하게도 앨범에서 가족들의

사진을 떼어 냈다. 엄마 아빠의 결혼사진, 할머니와 고모, 삼촌들의 사진들을. 그 속에 누렇게 변한 단 한 장, 일가친척이 다 모여 찍은 사진이 있다. 할머니의 회갑 날이라고 했다. 젊디젊은 엄마는 반 호장 저고리를 입고 꾀죄죄한 아기를 안고 있다. 아기는 맨발에 제멋대로인 짧은 머리다. 단이 뜯어진 뜨개 바지를 입고 있는 그 멍-한 아기는 나다. 할머니, 큰아버지, 큰고모, 작은고모, 사촌오빠, 사촌언니들…. 알 수 없는 친척들도 있다. 피곤하고 지친 모습들은 하나같이 성난 얼굴처럼 웃지 않고 있다. 차렷 자세인 모습들은 남루하기 짝이 없다. 이때는 아마 일제의 수렁에서 해방이 되기 전이었을 게다. 평양의 중화라는 한 시골 동네라 했다. 우리의 조상들은 농사꾼이었고 모두가 가난했다. 사진에는 할아버지가 없다. 이미 돌아가셨으니까. 할아버지는 105인 사건에 연루되어 가족을 이끌고 상해로 이주하였는데 남의 땅을 빌려 농사를 지었다고 했다. 그러나 가난을 견디다 못해 다시 고향으로 돌아오던 중에 들판에서 아버지를 낳았다고 했다.

유명한 독립운동가 도산 안창호 선생과 형제처럼 지내던 독립운동가 안태국 선생은 할아버지의 사촌 형님이다. 할아버지는 이 두 분의 독립운동을 도왔다고 했다. 후에 안태국 큰할아버지가 돌아가실 때 안창호 선생의 무릎에서 숨을 거뒀다는 이야기를 아버지로부터 들은 기억이 있다. 가난을 이기지 못하고 할아버지는 아버지가 열다섯 살 때 빚만 남기고 세상을 떠났다. 그러나 머리가 좋았던 아버지는 환경에 굴하지 않고 보통학교 훈도(선생)가 되는 자격 검정고시에 1등으로 합격하여 고향에서 교사생활을 했다.

해방이 되자 아버지와 어머니는 평양으로 삶의 터를 옮겼다. 특별히 어린이들을 좋아하고 사랑했던 아버지는 그때부터 어린이를 위한 활동을 전개했는데 문인 친구들과 함께 '평양 아동문화사'라는 회사를 만들고 어린이 신문과 잡지를 출판하고 평양 방송국의 어린이 프로그램을 담당했다.

그러나 6·25전쟁이 임박할 무렵 공산당은 어린이 신문과 잡지를 폐간시키고 모든 것을 압수했다. 그리고 아버지를 협박했다. 이미 공산화 된 평양 문교부에서 일하며 교과서 편찬을 맡으라고 강요했다. 아버지는 그들의 요청을 거절하고 감옥에 가느냐? 몰래 월남을 하느냐의 기로에서 고민하게 되었다. 그때부터 아버지는 깊은 곳으로 더 깊은 곳으로 숨어 다녔다.

기독교 집안이었던 안 씨 가족들은 주목의 대상이 되었다. 장로였던 큰아버지는 총살을 당했고 작은고모 가족은 수용소로 끌려갔다는 소문을 들었다. 우리 가족은 구사일생으로 살아남아 1·4후퇴 때 기적적으로 후퇴하던 육군의 트럭을 타고 삼팔선을 넘었다. 군인 트럭에 탈 수 있었던 꿈같은 이야기는 다른 글에 있다. 서울에서 국군들과 헤어져 다시 기차 꼭대기로 대구에 정착했다. 대구에서의 피난살이는 우리 민족 누구나 겪었던 혹독한 세월이었다. 몇 년 후 서울로 이주한 아버지는 평양에서의 어린이 사업을 잊지 못 해 다시 어린이와 청소년을 위한 문서사업을 하며 평양에서 마치지 못했던 신학과 철학을 공부하고 교육자로, 아동 문학가로, 시인으로, 목사로 80여 권이 넘는 책을 출판했다. 아버지의 문서사업으로 어머니와 우리 육남매는 가난과 싸우는 힘겨운 생활을 이어가야만 했다.

우리 부모의 세대는 그 이후로도 계속되는 온갖 어려움과 시대의 수모를 겪으며 우리들을 키웠다. 우리의 조상들은 그 시대의 한민족들과 함께 한국 전쟁과 분단의 희생자들이었다. 민족의 고난은 조상들의 고난이 되었으며 민족의 아픔은 부모들이 겪은 눈물의 역사가 되었다.

사진 속의 초라한 사람들과 우리 육 남매, 그리고 우리들의 후손들은 그분들과 무슨 관계일까? 형제들은 그렇다 치고 미국에 흩어져 살고 있는 아이들은 아무 상관이 없다고 생각할 게다. 아이들은 동족상잔의 비극을, 한반도의 분단을, 피난시절의 가난을, 한 맺힌 조상들의 삶에 대해 알지 못한다. 알 필요도, 느끼지도 않을 게다. 지구촌이라는 이름으로 다민족의 삶을 이루고 있는 미국에서 아이들은 미국 아이들처럼 살아왔다. 이 시대의 이별도 남과 북의 분단으로 이산가족이 된 슬픔도 상관이 없다. 우리의 조상, 한민족들은 가난과 슬픔과 피맺힌 이념의 고통을 품고 새기며 70여 년을 온 세계로 흩어져 살고 있는 디아스포라다.

위에서 이야기한대로 우리 부모는 1973년도에 미국의 서부 워싱턴주 시애틀에 정착했고, 육남매 가족들은 유학과 이민으로 아버지의 곁으로 왔다.

결코 짧은 세월이 아니었다. 강산이 변하고 또 변하는 동안 부모님은 돌아가시고 우리 육남매도 세월을 밟으며 뒤를 따르고 있다. 천방지축이던 아이들은 다 자라 각지로 흩어져 자기들의 삶을 살아가고 있다. 빈 둥지가 된 우리 육남매는 이 땅에 뿌리를 내리고 아이들이 꿈을 펼치고 살도록 너그럽게 품어준 미국에 감사했던, 아버지의 정신을 이어 받아, 꿈과 꿈이 이어지는 삶이 되도록 희망의 끈을 놓지 않고 살아간다.

우리가 자랄 땐 공부를 열심히 해서 국가와 사회에 공헌하는 삶이 바람직한 인생이라고 배웠다. 그런데, 우리의 아이들은 어떤가? 그들은 미국에서 산다. 미국사람이라고 생각할지도 모른다. 정체성의 흔들림으로 외로운 학창시절을 보내기도 했을 게다. 스마트 폰으로, 전자책으로 글을 읽고 기계로 소통한다. 모든 정보를 컴퓨터에 의지하고 있는 그들은 속도의 시대에서 빠른 변화를 숨차게 따라가고 있을 뿐이다. 할아버지의 세대가, 아버지의 세대가 겪은 역사에 대하여, 동족상잔의 비극에 대하여, 한반도의 분단이 자기들과는 아무 상관이 없다. 이것이 또 하나의 분단이 아니고 무엇이랴? 어른들이 쓰는 한국말과 아이들이 하는 영어에 서로가 어리둥절하고 자기들의 정체성을 고민하고 있는 한 이민자들의 가족 관계는 새로운 분단이 되고 말리라.

세월과 함께 선대가 겪었던 역사와 우리 시대가 당했던 경험들이 역사 속으로 묻히고 말겠지. 우리 아버지는 바로 이것을 염려하였다. 고난과 희망이 담긴 이민자들의 삶과 또한 성공은 한민족의 역사로 이어져 왔던 바탕이요, 버팀이었음을 그들이 전혀 모르는 것에 대하여.

아버지는 한민족의 역사적인 사연들과 후손들의 발전이 이어져 가족의 역사로 이어지고 한국인으로서의 빛나는 이민 역사로 남게 되기를 바란 것이다. 아버지가 꿈꾸어 온 이민자들의 보람과 희망이 계속해서 이어지도록 우리 육남매가 한국 사람들과의 삶이 아니라 미 주류사회에서 함께 살아가는 법을 가르쳐주기 위한 한 가지의 실천으로 음악을 생각했다. 아버지가 꿈꾸어 온 이민자들이 살아있음을 알리는 존재감의 증거라고나 할까? 이 의미를 확인시키기 위해 고민하던 아버지의 꿈 중 의 한 가지 임을 이제야 깊이 알겠다.

《 4 》

사람들은 우리 가정을 음악 가정이라고 말한다. 물론 음악을 전공한 연주가들도 있지만 음악을 사랑하는 가족들이란 뜻일 게다.

우리 집에 바이올린이 생긴 것은 1950년대 후반이었다. 아버지가 일본에서 열린 세계기독교교육대회에 참석하고 올 때, 동생과 약속했

던 바이올린을 사왔다. 지금 생각하니 아주 싼 악기였다. 아, 지금도 눈에 선한 젊었던 아버지의 모습. 아버지는 비행기 트랩을 내려오며 우리들을 향해 환한 웃음과 함께 새까만 바이올린 케이스를 높이 흔들었다. 아버지를 부르며 깡충거렸던 가난뱅이 꼬마들의 흥분을 어찌 말로 표현할 수 있을까. 이때부터 안 씨네 가정은 음악과 뗄 수 없는 역사가 시작되었다. 그 시절엔 누구나 다 가난했다. 우리들이 한창 자랄 때도 힘겹고 고달픈 생활들이었다. 그러나 아버지의 타고난 예술적이고 명랑한 성품과 평생 한국의 어린이를 사랑하며 교회학교와 교사들, 한국의 어린이들과 청소년들을 위해 설교와 출판으로 살아온 삶답게 가족에 대한 사랑도 컸기에 우리는 가난하지만 행복하게 자랐

〈음악회를 감상하는 청중들〉

다. 아버지의 손자, 손녀들이 자라고 있던 때도 이민 생활의 고달픔은 크게 달라지지 않았다. 그러나 부모님 앞에 모였다 하면 우리는 마냥 행복했다. 아이들은 악기들을 동원해 가곡, 동요, 찬송가, 크리스마스 캐럴을 연주하고 노래를 불렀다. 온 가족들의 노래와 아이들의 연주를 감상하는 기쁨은 힘겹게 공부하고 있는 아이들에게 격려가 되었고 존재의 의미가 되었다. 또한 음악을 통해서 흩어졌던 마음들이 하나가 되었고 따듯한 위로가 되었다.

《 5 》

20여 년 전 음악을 사랑하는 아버지는 자녀들이 타고난 음악적 재질에 대한 감사와 이역만리 남의 나라에서 새로운 세대를 이어갈 수 있도록 기회를 준 미국사회를 위하여 우리가 할 수 있는 일이 무엇일

〈휘날레 연주〉

까? 고민했다. 고개를 갸웃대던 아버지가 무릎을 탁 쳤다. '옳지! 음악이로구나!' 미국은 우리 아이들뿐만 아니라 모든 이민자들의 아이들에게 재능을 살리며 잘 뻗어 나가도록 품어줄 뿐 아니라 능력을 발휘할 수 있는 기회를 주고 있지 않은가. 그렇다면 우리 가족이 뿌리내린 이 지역사회에 감사의 표현을 해야겠다는 생각이 떠오른 것이다. 동시에 미국인들에게 그러한 마음을 전하면서, 한 편 어려운 이웃을 위로하고 격려할 수 있는 방법이 있다면 뜻이 있는 삶이 될 것이라고 생각했다.

1993년 안 패밀리 콘서트인 제1회 '크리스마스콘서트'가 탄생했다. 음악회는 장소로 사용한 미국교회의 교인들과 이웃들을 초청한 작은 규모로 시작했다. 초창기에는 가족들만 출연했지만 지금은 유명 음악인들도 출연한다. 음악회는 무료다. 그러나 참석자들의 자발적인 후

원금으로 의미 있는 일을 했다. 힐링더 칠드런, 911희생자 가족, 푸드뱅크, 암협회, 홈리스, 중병 어린이 가족 돕기, 장학금 등, 해마다 한 단체에 참석자들의 정성이 보내졌다. 20여 년이 지난 지금은 큰 음악회로 성장했으니 도네이션 금액도 함께 늘어났다. 힘겹게 이어 온 우리의 정성이 시애틀 지역에서 가장 아름답고 사랑이 넘치는 '성탄절 음악회'가운데 하나로 평가받고 있다.

슬프게도 아버지와 함께 누린 기쁨은 2001년 아홉 번째 음악회가 마지막이었다.

2002년 11월, 아버지가 세상을 떠난 해에는 큰 충격으로 음악회를 개최 할 수 없었다. 2008년에는 눈이 없는 시애틀이었건만 역대 가장 큰 눈이 내려 만반의 준비로 기대되었던 음악회가 취소되는 기막힌 일도 있었다. 우리는 매 해 힘겨운 고통의 소용돌이를 겪으면서 음악회를 이끌어왔다. 날짜를 정해놓고 밤을 설친 날이 얼마였는지, 변덕스러운 시애틀의 날씨로 갑자기 폭우가 쏟아지면 어쩌나, 청중들이 옮긴 장소를 잘 못 찾아오면, 외부에서 초청한 출연자가 못 오게 되면, 청중이 너무 적으면 얼마나 민망할까. 아, 길고도 짧았던 20여 년.

아름답게 기억되는 일도 많았다. 음악회가 처음 시작됐던 1993년 1회 음악회에서는 우리 가족들이 출연했다고 이미 말했다. 아버지의 크리스마스 메시지는 단 한 번, 첫 번째 음악회서다. 장소는 머킬티오의 한 작은 교회에서였는데 동네에서 한인들이 개최한 음악회는 처음이라고 했다. 그 교회의 많은 미국인 교인들과 동네사람들이 구경을 왔다. 그들은 한인들의 재능에, 특별히 한 가족인 꼬마들의 연주에 기립박수를 하며 즐거워했다.

그런데 이 작은 교회에는 그랜드 피아노가 없었다. 3회까지 대여해서 사용했다. 이 때 음악회에 참석했던 한 미국 할머니가 병환으로 세상을 뜨기 전 교회에다 그랜드 피아노를 헌금한 일이다. 꼭 그랜드 피아노를 사야한다고 다짐하며 유언을 했다. 한인들이 개최하는 음악회를 위해서라고.

음악회를 개최하는 날은 파킹하기가 어려워 되돌아가는 사람들도 있었다. 순경들이 나와서 정리를 해 준 해도 있었다. 이날은 티켓을 떼지 않았다. 동네의 집 마당에 파킹을 하도록 허락 해준 고마운 집들도 있었다.

음악회는 이 작은 교회에서 16회까지 개최했다. 음악회가 점점 커지게 되어 더 넓고 음향시설이 좋은 장소를 빌려 개최하게 되었다. 가족적인 분위기에서의 작은 음악회를 기억하는 분들이 지금도 온다.

옥에 티라고. 음악회가 거듭될수록 미국인들과 한국인들의 사랑을 많이 받고 있지만 아쉽고도 섭섭한 이야기도 들려왔다. 일부의 한인이겠지만 자기네 가족을 자랑하기 위해서 음악회를 개최한다는 말을 했다. 또, 자기 아버지는 하늘나라에 있는데, 영광은 하나님께 돌려야지 왜 자기 아버지에게 영광이 돌아가게 하느냐고. 크리스천으로서 어긋나는 일이라고 말하는 사람도 있었다. 음악회는 잠정적으로 아버지를 기리는 뜻도 포함되어 있기 때문이다. 그러나 개의치 않는다. 우리가 20여 년 동안 음악회를 이어온 큰 뜻과 의미가 참석자들에게 잘 전달이 되었고 많은 참석자들의 사랑과 격려를 크게 받아 왔으며 지금까지 받고 있기 때문이다.

《 6 》

2014년, 제20회 크리스마스콘서트에서는 역대 가장 많은 육백 여 명의 청중이 자리를 메웠다. 20회를 기념할 때는 과거에 출연했던 가족들이 노래하고 연주 했다. 2015년 12월, 21회의 음악회도 20회 때와 같은 성황을 이루었다. 가족들의 친구와 지인들, 음악회를 격려하는 한인들과 더 많은 미국인들이 모여들어 음악 사랑을 나누었다. 관객들은 인종을 초월하여 모여들었다. '언어가 끝나는 곳에서 음악은 시작된다.'고 말한 것은 악성 모차르트다. 백인, 흑인, 아시안 계, 한국인들, 마치 지구촌의 축소판 같은 청중들이 열광하며 기립 박수를 할 때, 한국인들이 자랑스럽다고 칭찬으로 격려를 할 때, 청중들이 한 마음이 되어 즐거운 얼굴로 함께 캐럴을 부를 때, 전설이 된 피날레, '오 거룩한 밤'의 황홀함에, 아버지를 기억하는 분들이 잊지 않고 찾아 줄 때 나이 들어가는 형제들의 가슴은 떨렸고 눈시울이 붉어졌다. '아버지 기쁘시죠?' 묻는 우리에게 흡족해 하는 아버지의 미소가 화답하는 듯 떠오르기도 한다. 그럴 때마다 우리는 생전에 아버지의 그 숭고했던 정신과 사랑을 다시 느끼며 존경스러운 아버지의 뜻을 기리고자 다짐하곤 한다. 20여 년 동안 어려운 가운데서도 실망하지 않고 계속하도록 축복하신 하나님께도 감사한다.

아버지는 노래와 연주와 감상이 하나가 될 때 음악은 세계의 공통어가 된다고 말했다. 온 세계의 이민자들을 품어주고 성장하도록 기회를 주고 있는 미국을 향한 감사와 그들을 통한 이민 후세들의 희망에 감사해야 한다고도 했다. 음악회를 통해서 가르쳤던 아버지의 뜻이 음악회가 거듭될수록 새롭게 다가온다.

《 7 》

20회에서의 메시지에서, 머킬테오 장로교회 목사인 마크 스미스 목사는 20여 년 동안 이어온 안 패밀리가 위대하다고 말했다.

21회에서는 첫 번의 음악회가 열렸던 작은 교회의 담임이었던 웬트 목사가 특별인사를 했다. 본인은 20여 년 동안 개근을 했는데, 생존에 만났던 안 목사가 그립다고 했다. 손자, 손녀들의 어릴 때의 연주부터 어른이 된 훌륭한 음악가로서의 연주까지 듣게 되어 감개무량하다고 말했다. 20여 년 동안 이끌어 온 안 패밀리의 노력과 저력에 감탄한다고도 했다.

중앙일보에서는 수준 높은 음악으로 제21회 안 씨네 크리스마스콘서트 성황이라고 기사를 써 주었고, 한국일보에서는 성탄의 의미를 전하는 큰 음악회로 최고의 수준이며 고 안성진 목사의 숭고한 뜻을 기리고 베품의 의미도 담겨있다는 기사를 썼다. 시애틀의 Y영사는, 격조 있고 평화스러운 크리스마스콘서트가 청중들의 높은 평가와 호응 속에서 미국과의 문화적 교량 역할을 수행해 오고 있다며, 그런 안 패밀리가 자랑스럽다고, 앞으로도 미 주류사회에서 더욱 사랑받고 발전해 나가길 응원 한다는 감사의 편지를 보내주었다.

이 지역의 중앙일보와 한국일보에서 아낌없는 칭찬의 기사를 첫 해부터 매 해 써주고 있다. 감사하는 마음으로 몇 가지 나열해 본다.

'크리마스스의 정신을 살린 음악회', '뛰어난 음악성에 뜨거운 갈채', '수준 높은 크리스마스콘서트', '미 주류사회에 떨친 한인 음악성', '힘든 사람을 생각하는 크리스마스음악회', '이웃을 생각하는 따뜻한 콘서트', '고 안성진 목사 가족이 해마다 개최하는 사랑의 음악회', '미 주류사회와 함께 성탄축하', '베풀고 나누는 사랑 음악회', '미 주류사회를 향한 안 씨네 크리스마스콘서트 20년', '감동과 나눔의 음악회, 제21회 크리스마스콘서트에 600여 명', '제21회, 수준 높은 음악으로 크리스마스 축하'

아! 해마다 고맙다. 20여 년 동안 한 해도 빠짐없이 열심히 취재하

〈 음악회를 마치고, 안 씨네 가족들〉

여 기사를 써준 두 신문사의 성의를 잊지 않는다. 이 지역의 『비콘』이라는 미국 신문에서도 매 해 음악회의 역사를 기사로 써 준다. 또한 시애틀의 코엠 TV에서도 취재를 해 한인 뉴스에 방영된다. 이렇게 되기까지 우리 형제들의 눈물겨운 노력과 기도, 재정적인 어려움도 감수했다. 처음으로 도움을 받은 두 번의 감격도 있었다. 20회를 축하하며, 21회 음악회를 격려하며 도네이션 해준 시애틀 '아시아나 항공'과 서울의 'YES 24'에게도 감사한다. 그리고 어려운 이웃을 위해 사랑의 마음을 나누어 준 많은 참석자들께 다시 감사드린다.

음악회는 거듭되고 있지만 그 옛날, 부모님과 함께 음악이 가득했던 행복은 그리움으로 남았다. 그러나 음악회는 버거운 삶의 여정에서 흩어졌다가도 함께 모이는 우리 가족의 기쁨이요, 희망이다. 우리는 음악회가 오래오래 계속되기를 간절히 바라고 있다. 우리 육남매에게 음악을 가르치고, 손자 손녀들에게까지 이어진 것, 그들의 눈부신 활동, 아버지가 미 주류사회를 위하여 음악회를 개최한 것, 미약한 우리가 그 뜻을 이어 갈 수 있었던 것은 기적 같은 일이다. 그 옛날 부모님과 함께 했던 가족들, 육남매와 아버지의 손주들은 모두 스물 네 명이었지만 지금은 서른 명으로 불어났다. 안 씨네 가족이 된 새로운 가족들은 부모님은 알지 못한다. 그러나 그들에게도 안 씨네의 얼이 흘러 내려가리라 믿는다.

우리의 후손들은 아마도 미국 땅에서 영원히 삶을 일구어 갈 것이다. 그들이 미국인들과 더불어 살아가야 할, 먼 미래가 아름답게 이어지기를 바란다. 이 꿈이 바로 아버지가 평생토록 부르짖었던 이민자로서의 드림이었다.

비록 넓은 미국 땅 한 모퉁이에서 개최하는 음악회이지만, 영혼을 울리는 아름다운 감동으로 미국인들과 한국인들이 함께 우정을 나누게 되길 바란다. '음악과 리듬은 영혼의 비밀장소로 파고든다.' 고 하지 않던가. 음악이 있어 세상은 더욱 아름답고 풍요롭다. 우리들의 삶 속에 부여된 많은 것들 가운데 음악은 가장 높은 곳에 위치한 축복이며 선물이다. 계속되는 이 음악회를 통해 미 주류사회와의 아름다운 관계는 영원하리라 믿고 싶다.

그러나 부모는 세상을 떠났고 형제들은 늙어간다. 우리의 아이들이 우리의 손주들이 할아버지의 뜻을, 부모의 세대가 이어 온 사명감을 알 수 있을까? 그들은 천지 사방으로 흩어져 자기들의 삶을 이어가느라 전쟁과 같은 생활을 하고 있다. 눈물겹게 이어 온 음악회의 참 뜻을 알고 우리들처럼 이 음악회를 사랑할 수 있을지 모를 일이다. 그들도 나이가 들면 달라지려나? 그들에게도 전염이 되어 영원히 계속

해 주기를 간절히 바라건만. 이런 생각을 하면 슬퍼진다. 할아버지의 꿈과 사랑을 먹고 자란 우리의 후손들은 이미 어른들이 되어 부모들의 고민을 아는지 모르는지, 미국의 각 도시에서 그들의 삶을 이어가고 있을 뿐이다. 아마존에서, 구글에서, 대학 강단에서, 연주가로, 사회사업가로, 컴퓨터, 방송국, 병원 등에서 자기의 몫을 담담하고 있으니 차별 없이 기회를 준 미국에 감사한다.

한 가족의 역사에서 미국사회로부터 받은 사랑과 배려의 삶을 어떻게 누리느냐보다 어떻게 나누는가가 할아버지가 후손들에게 가르치고 싶은 사명이었다. 이 뜻이 대대토록 이어갈, 우리의 후손들이 이끌어갈 인생의 숙제다. 경제적인 부유함이나 어떠한 모습과 형편을 지니고 있는가는 중요하지 않다. 어떻게 살 것인가에 깊은 뜻을 두고 살아야 할 것인가가 우리가 바라는 삶의 의미다. 이것이 아버지가 추구해 온 이민자로서의 삶의 자세였다.

우리 집 아들, 아버지의 외손자는 할아버지를 기리며 「할아버지와의 대화」라는 글을 썼는데 할아버지를 이렇게 말했다. 일부를 소개한다.

> …(중략) 나는 할아버지의 저서를 읽으며 할아버지의 글과 할아버지의 생활이 일치한다는 것을 느낀다. 할아버지의 글 가운데 「이민과 교육」이라는 글을 읽었는데 거기에서 할아버지는 '교육은 인간이 인간되게 하는 것'이라고 정의를 내리신다. 할아버지께서는 그 말씀대로 대화로, 편지로, 그리고 생일이나 졸업축하 카드 등을 통해 좋은 글로 우리를 교훈해 주셨다. 그 가운데 나는 나의 사촌형에게 써주신 시 한 편을 참 좋아한다. 그 시는 할아버지의 인생관이나 교육관을 간단하면서도 아름답게 나타내준다. 할아버지는 그러한 철학을 밖에서는 에세이와 설교 말씀을 통해 강조하시고, 안에서는 나와 사촌들 앞에서 실천하셨다. …(중략)

내가 제일 좋아하는 할아버지의 시 「넌 그저 사람이면 된다」를 인용해 본다.

꽃은 그저 꽃이면 되고/ 물은 그저 물이면 되고/ 사람은 그저 사람이면 된다/ 느낌 있고/ 꿈 있고/ 정 있고/ 눈물 있고/ 그리고 용기 있고/ 그저 그런 것이면 된다/ 넌 그저 사람이면 된다/ 아침 햇살 저녁노을엔/ 왠지 모르게/ 가슴 부풀고/ 그윽한 산언덕 밑에선/ 괜스레 고개가 숙여지면 된다/ 넌 그저 사람이면 된다/ 성적표에 올 에이(A)가 아니고/ 무대 위에 앞자리가 아니어도 좋다/ 그저 한 아름 꿈을 안은 최선의 가슴이면 된다/ 남 속엔 네가 있고/ 네 속엔 남이 있고/ 정의 앞엔 고추 서고/ 불의 앞엔 용맹이 있으면 된다/ 넌 그저 사람이면 된다/ 꽃은 꽃이면 되고 물은 그저 물이면 되고/ 넌 그저 사람이면 된다/

– (대학에 가는 외손자 관빈에게)

이 시는 참으로 부드럽고 사랑이 가득한, 할아버지의 인격을 잘 나타내준다. 줄리어드 음대에 입학하여 바이올리니스트로서 스트레스가 많은 삶을 시작하는 사촌 형에게 확신과 위안을 주었으리라 믿는다. 할아버지의 의도는 잘못해도 좋다거나 성의 없이 적당히 해도 된다는 뜻이 아니다. 할아버지께서는 이 시를 쓰면서 인생을 살아가는 아주 중요한 교훈을 주셨다. 올A는 아니라도 정의와 불의의 차이는 구분할 줄 알아야 된다. 사람을 사랑하고 받을 줄도 알아야 한다. 그렇지 못하면 참 인간이 될 수 없다고 말씀하시는 거다. 너그럽게 보이는 시 속에 강력한 메시지가 숨어 있다. 할아버지께서는 이런 방법으로 우리들을 교육하셨다. 부드러우면서도 옳고 그른 것에 뚜렷하고, 겉보기와는 달리 단호했으며, 언제나 미소를 지으면서도 엄격하셨다. 나는 할아버지와 더 이상 대화를 할 수 없는 것이 아쉽다. 하지만 할아버지가 가르쳐주신 대로 살아가고자 노력하는 한 그 대화는 내 마음속에 살아 있을 것이다. …(중략)

– (외손자 이영재)

《 8 》

아버지와 어머니는 생전에 통일을 바랐다. 아름다운 산천은 변함이 없는데 단절이 있다. 남쪽은 북쪽을 잃었고 북쪽은 남쪽을 잃었다. 이산가족의 솟아오르는 분노는 땅속을 파헤치고 그리움에 지친 가슴 속엔 타다 지친 멍 자국이 살아 있다. '잠간이면 될 거요.' 라고 친척 집 다녀오듯 내딛은 남쪽을 향한 발걸음들이 반세기를 넘기며 한 맺힌 이산가족이 된 우리 조상들. 북에서건, 남에서건 살아있겠거니…. 통일을 향한 간절한 희망을 버리지 않았다. 며칠간의 만남 후 앙상한 손을 흔들며 다시 만나자며 목 메이던 이산가족의 피맺힌 약속은 바람 속에 잠겼다.

어느 문인은 실향민의 아픔을 이렇게 위로했다. '이별은 마침표가 아니고 쉼표라고. 종말처럼 보이는 이별도 새로운 모습으로 거듭나는 쉼표라 했다. 언젠가는 이루어질, 통일에 희망이 있다고 말하는 것이리라.

아버지는 통일의 희망을 놓지 않았다. 눈을 감을 때까지.

우리는 어디서 살든지 한 민족이요, 한 가족임을 잊지 말고 후손들에게 그 깊은 인연을 전해야 한다. '꿈을 잃지 마라. 삶이란 영원한 희망 속에 존재하는 것이란다.' 아버지의 평생 부르짖음이다. 아버지는 일생토록 어린이, 청소년 그리고 우리 육남매에게, 그리고 손주들에게 이 말을 가르쳤다. 이 흐름이 우리들의 후손들에게도 흘러가기를 바란다.

세월과 함께 꿈을 이루고/ 나이와 함께 뜻을 넓히고/ 크고 넓고 부드럽게 살매/ 따를이 없으리 멀리 앞서메

아버지가 우리들을 위해 써준 시다. 아버지는 이민자로서 남의 나라에서 살아가고 있지만 시의 뜻대로 살아가기를 바라신 것이다. 나는 '따를이 없으리 멀리 앞서매'를 읽을 적마다 그렇지 못한 내 모습이 부끄럽다.

두 편의 시는 사람이 어떻게 살아야 한다는 가르침이 있다. 특별히 이민자로서의 살아 갈 방향을, 뜻을 보여 주었다. 그것은 우리의 자존심이며 후손들의 발전은 한 민족과 가정의 핵이다.

2016년 12월, 제22회 안 씨네 『크리스마스콘서트』도 무사히 개최되길 바란다.

이 음악회는, 음악회에 숨어 있는 뜻은 미 주류사회와의 소통이며 우리가 함께 살아가야 할 의미이며 이민자들이 미국인들과 나누며 살아가는 삶의 한 방법이다. 고단한 이민사의 역사를 넘어 지혜와 슬기, 한 시대에 안 씨네가 미국의 서북쪽 한 귀퉁이에서 수놓는 미 주류사회와 함께하는 우정의 상징이다. 이민자들의 미래에 희망을 심는 것이라 믿고 싶다. 우리 아버지, 안성진 목사의 정신과 얼이 영원히 우리 형제들과 후손들에게 함께 하리라는 걸 위안으로 간직하며 우리, 안 씨네들의 꿈과 꿈이 이어지는 삶이 영원히 이어지기를 바란다.

'꿈을 잃지 마라라, 삶이란 영원한 희망 속에 존재하는 것'

'따를이 없으리, 멀리 앞서매'

아버지의 부드러운 음성이 들린다.

새로운 세상을 꿈꾸며

# 성공적 이민, 감사의 콘서트

## -『새로운 세상을 꿈꾸며』를 중심으로

강 석 호
(수필가 · 문학평론가)

I

수필작가 안문자 씨는 미국 이민 30년째 되는 교민작가다. 그는 평양의 비교적 다복한 믿음의 집안에서 태어나 1·4후퇴 때 아버지를 따라 월남하여 서울에서 연세대학을 나오고 기독교 여성기관에서 근무를 하다가 1986년에 부모님이 계시는 시애틀로 이민을 갔다.

그의 아버지 안성진 씨는 목사인 동시에 유명한 동화작가이며 평생을 기독교 아동교육을 위해 사신 분이다. 안문자 씨는 대학에서 신학을 전공하고 음악대 기악과에 편입하여 졸업한 신학자이자 음악가의 자격을 소유한 남다른 재원이다. 그는 2006년 월간 『수필문학』으로 등단했으며 그전부터 기독교 기관에 근무하면서 아동출판물에 글을 썼고 미국에서도 신앙잡지와 신문에 수필을 게재하는 등 문학가로서의 이력이 탄탄한 작가이다.

그의 문학세계는 그의 이력에 따라 전개된다. 어려서부터 아버지의 언행일치된 설교와 즐거운 음악적 분위기, 아버지를 보좌하며 성경대로 자녀들을 가르치는 어머니의 사랑과 자애 그리고 그 길을 잘 따르는 형제 자녀들과 평화로운 가정 분위기 속에서 높은 교양을 쌓은 관계로 작품마다 기독교의 사랑과 동심이 근저에 흐르고 있다.

그가 쓴 글의 소재는 높은 심미안과 관찰력에 의한 꽃의 감상을 비롯한 자연 사랑과 친구 간에 편지와 카드를 주고받는 등의 우정 쌓기, 지식정보를 얻기 위한 독서, 해마다 아버지를 기념하는 가족음악회 개최를 비롯한 다정한 가족 이야기, 그리고 자신의 글쓰기에 한정되어 있다. 이런 주제와 소재는 하나님과 부모로부터 받은 사명과 자기 소양의 실현이다. 대부분 교포 작가들은 고국을 떠나온 추억과 그리움의 표현인데 비하여 왕성한 독서력으로 늘 새롭게 성숙해가는 작가의 진면목을 보여주고 있다.

글의 구성과 전개는 자연스럽고 유려하며 표현기법은 비유와 상징이 두드러지고 매력적 향기와 생동감이 넘쳐흐르고 있다. 앞부분 꽃의 예찬은 문학성이 강한 순수 수필이고 그 외의 것은 한 가족의 자전적 이민사의 글들이다. 자기 현시나 자랑으로 흐르지 않고 '내'가 아닌 객관적 '우리'의 이야기를 전개함으로써 전체 교민 사를 엿볼 수 있고 문학성까지 유로되어 재미를 더해주고 있다. 이런 작가가 우리 교포 문단에 있다는 것은 퍽 자랑스러운 일이다.

그는 이번 수필집에서 35편의 작품을 6부로 나누었다. 1부는 꽃에 대하여, 2부는 가족에 대하여, 3부는 독서편력, 4부는 친구와의 우정에 대하여, 5부는 기행문, 6부는 안 씨 가문의 크리스마스 콘서트를 연작으로 다루었다.

## II

1부 꽃에 대하여는 안개꽃, 작약, 제비꽃, 매화, 민들레, 수수빛 꽃나무, 사과나무에 대한 감상이다. 이 꽃들의 이야기는 상상과 비유와 자기체험의 수필적 요소를 다 지니고 있어 문학수필로서의 완성품이라 하겠다.

「안개꽃」부터 차례로 감상해 본다.

> 사랑하는 사람과 마주 앉으면 탁자위의 안개꽃은 속삭이는 것 같고, 슬픈 사람과 함께 있으면 한숨짓는 것 같다. 행복할 때나 슬플 때, 같이 기뻐하고 같이 슬퍼하는 표정이 된다.
>
> 안개꽃은 신부의 부케에도, 식탁 위의 장식에도, 환자를 위로하고, 생일을 축하하는 꽃다발에도, 사랑을 고백하는 꽃바구니에도, 어머니 날의 코사지에도 그 날에 알 맞는 표정을 짓는다. 안개꽃은 순결한 신부의 너울같이 행복하다. 아침 햇살에 피어난 새싹들을 따뜻하게 어루만지는 맑은 아침의 안개 같은 엄마의 손길이다. 착하디착한 안개꽃, 그래서 나는 꽃 중에 안개꽃을 제일 좋아한다.
>
> -「안개꽃 사랑」중에서

안개꽃 그 꽃 자체도 맑고 깨끗함을 나타내고 있으며 어떤 꽃과도 어울려 주연을 살리는 조연이다. 사람도 그런 사람이 있다. 주연보다 조연, 그 희생적 양보정신이 매력적이다.

「6월의 작약」은 아버지가 전도사로 있던 평양동부교회, 6·25전쟁이 발발하기 전 주일에 어떤 권사님이 불길한 예감을 느꼈는지 아버지인 전도사님께 사진을 찍자고 했다. 성가대원 몇 명과 함께 작약 꽃을 들고 사진을 찍었다. 사진을 찍고 난 후 큼직한 작약 꽃송이는 그 무게로 금세 고개가 기울어지고 있었다. "지금도 평양엔 작약 꽃이 피고 있겠지." 그 한마디에 금방 눈물이 샘솟는다.

「제비꽃의 노래」에서 제비꽃은 봄이 오면 제일 먼저 보라색으로 핀다. 아스팔트길이나 도로 갓길이나 시멘트 담장 아래 척박한 땅이든 아무데서나 자라며 한번 자란 곳에서 계속 퍼진다. 옮겨 심으면 절대로 살지 않는 고집도 있다. 수줍은 듯 숨어서 피어있는 제비꽃 같은 사람이 있다. 덤불 가운데서도 빛을 발하는 제비꽃 같은 사람이 있

다. 그 생태를 인간에 적응하는 비유가 놀랍다

「수수빛 꽃나무」는 하얀 꽃들이 주렁주렁 화사하게 피어날 것이라는 안내 그림만 믿고 뒷마당에 심었다가 실망하여 성급하게 나무 몇 그루를 파버렸다. 그러나 시간이 흐르고 나니 수수빛 꽃들이 빈약하게나마 피었다. 직접 키워보지 않고 그림만 믿는 것은 수필인으로선 큰 실수다. 실수를 고백하는 그것 또한 수필의 미학이다.

「꽃보다 귀한 사람 마음」은 시애틀 근교에서 큰 꽃밭을 가꾸기로 소문난 사람에게 자신의 저서를 전했더니 며칠 후 "그런 책은 수없이 많아 쓰레기통에 벼렸다며 거절하기에 도로 가져 왔다." 그 무례함에 대한 흥분을 조용히 피력했다.

「사과나무」에서는 이사를 하던 해 뒷마당에 사과나무 두 그루를 심고 그 사과나무는 미국에서 공부하며 뿌리내리기를 기다리는 두 아이를 비유했다. 또 피난지 대구에서 친구의 사과밭에서 마음껏 가져가라는 말에 어머니가 만들어 준 깨끗한 속치마에 사과를 담아온 이야기와 시애틀 어느 낭만이 넘치는 그림같이 아름다운 사과밭에서 돈은 알아서 통에 넣고 마음껏 가져가라는 주인의 여유를 예찬한다.

여유란 소유가 아니고 베푸는 것이란 명언을 남긴다.

## III

2부 가족 이야기에서는 엄마의 손맛, 바느질 솜씨, 자녀 교육 등을 다루었는데 재미있고 관심 끄는 글들이 많다. 그 중 「이혼의 사유라고?」 라는 글이 재미있다. 고등어를 태운 것을 두고 "생선을 태우다니, 이혼 증서를 써야겠군." 하는 남편의 조크가 너그럽다. 또한 구약의 이혼 조건과 신약의 이혼 조건의 비교가 흥미롭다.

구약에서의 이혼 조건 중 다른 것은 그만 두고 '예쁜 여자가 나타나면 이혼해도 된다.'는 조건은 어이없고 기가 막힌다. 신학을 전공한 저자다운 사례를 들었다.

「슬픈 토마토」는 어릴 적 이북에서 큰아버지와 함께 야박스런 큰어머니 몰래 토마토를 먹던 추억을 회상한다. 전도사였던 막내 동생인 아버지와 조카인 자기를 유달리 사랑한 큰아버지의 그 다정함을 잊지 못한다. 그리고 결혼하여 마포 아파트에 살 때 임신 중 큰아버지와 함께 먹던 토마토가 생각났는데 한겨울에 어디서 구하나. 마침 실패한 농장이나 납품업체에서 얻은 토마토를 리어카에 놓고 파는 소년이 있었다.

매일 그 얼음 박힌 토마토를 사다먹었는데 어느 날 그 소년이 보이지 않았다. 알고 보니 소년의 어머니가 사망한 것이었다. 토마토를 버리게 된 것도 슬프지만 그 소년을 보지 못한 게 안타까웠다.

「사랑하는 우리 아버지 그리고 동생 형남」이는 아버지의 시에다 동생 형남이의 그림을 넣은 그림문집 『시와 그림』 발간을 축하하는 내용이다. 그에 따라 자신이 발간한 『사랑하는 우리 아버지』도 언급하며 아버지 탄생 100주년을 맞아 아버지 생애와 교훈을 회상하고 존재가치와 행복을 회자하고 있다. 동생의 그림실력을 예찬하는 심사가 아름답다.

「책은 사랑의 배달부」는 박완서 선생의 5주기를 맞으면서 10명의 소설가들이 대담한 내용을 엮은 「우리가 참 아끼던 사람」이란 책부터 박완서 선생을 존경한 사연을 전개한다. 그는 그분이 쓴 책은 거의 다 읽는다는 사연을 고백하고 있다.

작가는 소설가이지만 산문이나 에세이, 묵상, 일기 등의 책도 많다. 글에는 삶에 대한 애정과 철학, 순수한 고백이 있다. 부족하거나 부끄러운 일을 가리지 않고 자기 자신을 다 드러낸다. 사람에 대한 사랑이 흐르는 따뜻하고 검소한 일이 담겨있다. 젊은이나 늙은이나 자기의 정신에 맞게 감동을 느낄 수 있는 글이라고 생각한다. 문학의 거장에 대해 감히 내가 이렇다 저렇다 말하는 자체가 외람되다. 하여간에 나는 박완서 작가가 너무 좋다. ―「책은 사랑의 배달부」 중에서

그리고 30년 동안 해마다 박완서 선생이 쓴 책을 비롯해 신간 한 권씩 보내주는 친구에게 매년 크리스마스와 결혼기념일에 카드를 주고받는 사연도 밝힌다.

그는 책을 많이 읽지만 아무리 많은 책을 읽어도 두 글자 단어의 깊이를 모르면 소용이 없다고 했다. 그것은 '사랑'이라는 것이다. 삶에 대한 사랑, 자연을 향한 사랑, 그 중 사람에 대한 사랑이 가장 중요하다고 했다.

「월든에서 소로우와 거닐고 싶다」는 그 유명한 소로우의 『월든』이란 책을 읽은 독후감이다. 소로우의 『월든』이란 책은 톨스토이나 간디, 우리나라 법정, 함석헌에도 영향을 준 책이라고 전제하고 그 저자 소로우를 소개 한다

소로우는 1895년 하버드대학을 졸업한 철학자이며 시인이며 수필가다. 그는 무엇에나 속박 받지 않는 호숫가에다 통나무집을 짓고 원시적 삶을 살며 자연과 인간을 사랑하는 평화주의자이며 농부, 목수, 예술가 환경애호가라고 평한다. 소로우의 『월든』은 모든 문인 특히 수필가들은 필히 읽어야할 명저로 평가되고 있다.

「책은 삶의 길잡이」는 "책은 사람을 만들고 사람은 책을 만든다."는 말을 인용했다. 그래서 양서를 많이 읽는 사람은 생각이 깊어지고 인품이 다듬어지며 쓰는 말이 달라진다. 사람의 사고 체계는 말에 의해서 지배되는 측면이 많기 때문이라고 했다.

「내 인생을 바꾼 한 권의 책」이 나와 서점가에 베스트셀러가 된 것을 소개한다. 그리고 법정의 「내가 사랑하는 책들」 50권을 소개했는데 그 중 자신이 읽은 책은 『월든』과 『그리스인 조르바』 등 2권뿐이

었다고 고백한다.

또한 책읽기를 권유하는 어느 주례사를 소개했는데 한 달에 산문집 2권, 시집 1권, 신부와 신랑이 각각 사서 돌려 읽고 시집은 하루에 한 차례씩 번갈아 낭송한다. 그러면 1년에 36권의 산문집과 시집이 집안에 가득할 것이다. 라고 소상히 가르쳐 주었다. 감명 깊은 이야기였다.

> 책이, 또는 예술이 가난을 구제 할 수는 없지만 정신적인 풍요로움과 세상을 아름답게 보는 눈을 열어준다. 어느 문인은 '태양이 꽃을 물들이듯 문학과 예술은 인생을 물들인다.'고 했다. 책을 읽음으로써 다른 사람을 이해하고 선악을 분별하게 될 뿐 아니라 삶의 지침을 발견하게 될 것이다. 사람을 어떻게 사랑하고 사랑받을 수 있는지도 터득할 수 있다. 꽃은 바람이 없으면 향기가 번져 갈 수 없지만 독서를 많이 한 사람의 정신과 따뜻한 가슴은 바람 없이도 그 향기는 사방으로 퍼져 나갈 것이다. 독서는 미지의 세계로 떠나는 여행과 같다. 무디어가는 나의 황혼에 다음 행선지가 될 책과의 즐거운 여행을 꿈꾼다.
>
> －「책은 삶의 길잡이」중에서

「천사가 듣는다」는 「네가 어떤 삶을 살아도 나는 너를 응원할 것이다」란 책을 읽고 쓴 감동이다. 그 책 중에는 저자가 딸에게 하는 말이 예사롭지 않다.

"네가 한 거짓말이 사라지지 않고 이 지구 위를 떠돌다가 나무에게, 냇물에, 눈송이에게 내려 앉아 스며들 거다. 우리가 그 나뭇잎이 길러낸 과일을 먹고 그 물을 마실지 모른다."

어느 작가는 「나무에게 말 걸기」란 글에서 사람들이 나무나 꽃들을 정성스레 어루만지며 칭찬하면 더 잘 자랄 것이고 욕하고 싸우며 나쁜 말을 쏟아놓는다면 그 말들이 날아다니다가 나무에 붙어 억울해할 것이라고 말했다.

그리고 탈무드에서 "풀잎마다 천사가 있어 날마다 자라기를 되뇌며 속삭인다. 나뭇잎을 흔드는 바람, 잎을 적시는 무거운 빗물, 목마르게 하는 뜨거운 빗물, 이 모두는 나무를 자라게 하는 우주의 신비한 계획"이라고 했다.

이 글에서 자신이 청소년기관에서 근무할 때 타이피스트와의 실수담을 덧붙였는데 그가 흘려 쓴 글씨를 잘못 읽고 쳐서 설명을 붙이지 않았다면 수필의 영역을 벗어났을지도 모른다. 수필에서의 체험담은 그만큼 중요한 것이다.

「아버지의 기일」은 아버지의 12주기를 맞아 온 가족들이 모였다. 비 오는 날의 정경이 슬픔 되어 내린다. 꽃을 바치며 비석을 닦으면서 그 생애를 회고 한다. 평생에 좋아하셨던 찬송 '주님의 뜻을 이루소서'를 불렀다. 장남의 기도가 은혜롭다.

> "아버지가 살아오신 삶은 고난의 역사였다. 험난했던 시대의 소용돌이 속에서 하나님을 의지하며 오로지 어린이 교육을 위해 헌신하신 성공적 일생은 주님과 동행하신 삶이었으며 평생 우리에게 주셨던 교훈과 사랑을 감사한다"며 울먹인다.

할아버지의 12주기를 맞아 추모하는 손자의 글 또한 감동적이다.

> "할아버지께서는 다른 사람들이 존경하는 목사이며 저술가이신 열정과 권위, 매력을 상세히 표현할 수 없지만 분명히 말 할 수 있는 것은 우리 손자 손녀들에게 참 좋은 할아버지였다는 것입니다."

할아버지의 저서를 읽으며 글로 표현하는 내용과 일상생활이 일치한다는 것에 감동한다.

> "『이민과 교육』이라는 책을 읽었는데 그 글에서 교육은 인간이 인간

되게 하는 것이라 정의하고 그 말씀대로 대화로 편지로 생일이나 졸업 때에는 카드로 우리들을 가르쳤습니다. 할아버지는 부드러우면서도 옳고 그른 것에 분명하셨고 겉보기와는 달리 단호하셨으며 언제나 미소를 띠우시면서 엄격하셨습니다."

이 글에서 아버지 안목사의 인간과 사랑과 성격을 엿볼 수 있다. 어린 손자들의 눈에 언행일치를 보여주는 것은 결코 쉬운 일이 아니다. 안문자 자신의 글이 아닌 동생과 아들의 글을 인용함으로써 더욱 실감나며 한 걸음 뒤로 물러서 있는 겸손을 엿볼 수 있다.

Ⅳ

6부의 「축복의 포인세티아」, 「크리스마스트리」, 「산타크로스의 꿈」, 「크리스마스의 선물」, 「새해 인사」 등은 모두 크리스마스를 둘러싼 이야기이다.

「크리스마스」는 12월 크리스마스 계절을 맞아 창고에서 플라스틱 크리스마스 나무를 꺼내며 젊었을 때 크리스마스트리와 오늘의 그것이 다르다는 정감을 느끼며 진정한 크리스마스트리에는 어떤 마음을 담아야 하는지 반성한다.

「축복의 포인세티아」, 포인세티아는 원래 크리스마스 축하용으로 나온 식물이 아닌 꽃이 크리스마스와 어울리는 화사한 분위기 때문에 사랑을 받는다는 내용이다. 포인세티아는 100년 전 멕시코 남부의 조엘 포인세트 식물학자가 발견한 야생화인데 그 모습이 신기하여 미국으로 옮겨온 꽃이다. 실상은 꽃이 아니라 꽃을 보호하기 위한 꽃받침으로 된 녹색과 붉은 색의 이파리, 그 가운데 박혀있는 구슬 같은 알갱이들이 꽃망울이라고 했다. 그 꽃이 생화냐 조화냐가 문제가 아니다. 그 알맹이에는 한 개의 암꽃과 여러 개의 수꽃이 뭉쳐있는데 수꽃들은 암꽃을 위해 존재 한다는데 의미가 있다.

한 사람의 출중함을 위해 여러 사람이 희생하는 그 정신이 진정한 크리스마스의 삶이 지향하는 바가 아닌가.

「스물한 번째, 꿈과 꿈이 이어지는 삶」은 저자를 중심으로 안 씨 집안의 큰 경사와 성공의 무한한 감격이며 미국 사람에 대한 감사의 표현이다.

이런 가족사를 8부로 나누어 연속 에세이로 썼다. 아버지의 평양 탈출에서부터 대구를 거쳐 서울 정착, 그리고 미국 이민까지의 험난한 경로와 아버지의 투철한 기독교 정신의 이념과 철학 그리고 인생관과 시대 관, 자녀들을 위한 사랑의 교훈, 또한 음악적 분위기에 의한 지도력을 높이 평가하고 존경한 자녀들이 마련한 콘서트 이야기다.

저자의 할아버지는 평양에 살다가 105인 사건에 연류 되어 만주로 이주했다. 상해에서 남의 땅을 부쳐 먹으며 어렵게 살다가 계속 살 수 없어 다시 평양으로 왔다.

할머니는 평양으로 오는 들판에서 아버지를 출산했다고 한다.

그런 아버지는 머리가 좋아 보통학교 교사시험에 합격하였고 선생님이 되어 어린이들을 사랑하면서 문인들과 함께 평양 아동문화사를 설립, 어린이 신문과 잡지를 출판하고 평양방송국의 프로그램을 편성했다.

6·25가 임박할 무렵 인민군들은 아버지의 출판사를 압수하고 이미 공산화 된 평양 문교부에서 일하며 교과서 편찬을 맡으라고 했다. 그것을 반대하니 안 씨 가정은 그들의 주목 대상이 되었다. 그의 큰아버지는 교회 장로로 그들의 말을 듣지 않자 총살형을 당했고 작은고모 가족은 수용소로 끌려갔다.

아버지는 6·25전란 중에 기적적으로 살아남아 1·4후퇴 때 가족을 이끌고 후퇴하던 군인 트럭을 타고 서울에 도착했다. 서울에 오자마자 다시 대구행 기차를 탔다.

몇 년 후 서울로 이주한 아버지는 남은 신학 과정을 이수하고 목사가 되었으며 시인이자 어린이 교육자로 이름을 알렸다. 그리고 1973년에 워싱턴 주 시애틀 북쪽 머킬티오로 이민을 왔다.

> 할아버지의 세대가, 아버지의 세대가 겪은 역사에 대하여, 동족상잔의 비극에 대하여, 한반도의 분단이 자기들과는 아무 상관이 없다. 이런 무관심이 또 하나의 분단이 아니고 무엇이랴? 어른들이 쓰는 한국말과 아이들이 하는 영어에 서로가 어리둥절하고 자기들의 정체성을 고민하고 있는 한 이민자들의 가족 관계는 새로운 분단이 되고 말리라.
>
> -「스물한 번째 꿈과 꿈이 이어지는 삶」 중에서

가족들이 처음은 학업으로, 이민으로, 여기저기로 가서 나름대로 외롭게 살았으나 얼마지 되지 않아 모두 아버지 가까이서 살게 되었다. 이렇게 모여 살게 해준 하나님께 감사한다.

그런데 문제가 생겼다. 조국은 남북으로 분단되었고 세월이 지나면 자녀들은 역사의식이 없어진다. 할아버지 세대와 손자세대는 모든 것이 달라진다. 주류사회와 친선하고 가족들끼리 단합하고 역사의식을 갖기 위해서는 음악으로 하나가 되는 방법이 최선이라고 판단했다. 그리하여 먼저 시작한 것이 가족음악회였다.

가족 콘서트는 매년 12월에 열었다. 처음은 미약했고 아버지가 돌아가시고 이 행사를 지탱하는데 어려움이 많았다. 그러나 자녀들이 아버지를 존경하고 기리는 뜻에서 힘들었지만 해마다 거르지 않고 계속 이어왔다. 스물한 번째가 된 지난 2015년과 그 전 2014년 20회 때의 성공적 성황에 감격하고 환호한다.

관객들은 인종을 초월하여 모여들었다. 마치 지구촌의 축소판 같은 청중들이 열광하며 기립박수로 한마음이 되어 아버지를 기리고 찬양하는 모습에 가슴이 떨리고 눈시울이 뜨거워졌다고 썼다. 그리고 많은 매스컴들이 해마다 취재하여 그 성공을 보도해 주는데 감사를 표하고 있다.

이 콘서트는 안 씨 가문 뿐 아니라 미국 사회에 하나의 큰 족적을 세우는 애국적 경사로 오랫동안 계속되기를 빈다. 미국뿐만 아니라 국내에도 크게 보도 되었으면 한다.

끝으로 모범적으로 이민에 성공한 가족 이야기로 크리스천의 선한 영향력이 미 주류사회에까지 미치고 있다는 것이 매우 자랑스럽다.

더하여 이 사랑이 넘치는 평화로운 가정에서 성장하여 땀과 눈물로 새로운 세상에 꿈을 펼쳐가는 안 씨네 2세들의 모습을 저자의 수필을 통해 이어지기를 바라는 마음 간절하다.

수필문학사 수필선집 / 429

안문자 수필집

새로운 세상을 꿈꾸며

2017년 11월 25일 초판 인쇄
2017년 11월 30일 초판 발행

지은이 / 안문자
발행인 / 강석호

발행처 / 도서출판 敎音社
편집 / 隨筆文學社 편집부

03147 서울 종로구 삼일대로 457 수운회관 1308호
Tel (02) 737-7081, 739-7879(Fax)
e-mail : gyoeum@daum.net
등록 / 제300-2007-52호

* 잘못된 책은 바꿔 드립니다. 값 15,000원

ISBN 978-89-7814-721-7 03810

이 도서의 국립중앙도서관 출판예정도서목록(CIP)은 서지정보유통지원시스템 홈페이지(http://seoji.nl.go.kr)와 국가자료공동목록시스템(http://www.nl.go.kr/kolisnet)에서 이용하실 수 있습니다. (CIP제어번호 : CIP2017031630)